JN440468

유토피아

-낙원에 대한 기억, 혹은 미래에 대한 희망-

이종수 편저

다 산 출 판 사

머리말

사람들이 원하는 이상적인 사회를 지칭하는 단어로 『유토피아』가 일반명사화된 것은 토머스 모어 덕분이다. 그가 희랍어 Ou(no)와 topos(place)를 결합시켜 책의 제목으로 사용한 이후, 그 뜻은 보편적으로 쓰이는 일반명사화되었다.

물론, 유토피아는 '이상향'이라는 뜻과 함께 '아무 곳에도 없는'의 뜻을 가지고 있다. 일차적으로 희망을 의미하는 동시에, 현실적인 절망을 내포하는 것이다. 인간이 희망하는 가장 바람직한 가능태를 지칭하는 동시에 현실적으로는 그것이 존재하지 않는 역설을 모어는 정확히 의도하였던 것이다. 유토피아라는 제목뿐 아니라 책에 등장하는 지명과 인명, 그리고 관직 명칭들에 이중적 의미와 모호성을 모어는 의도적으로 장치하여 놓았다.

인류의 역사나 지성사를 놓고 생각해 볼 때, 많은 경우 희망은 절망에서 잉태되었다. 어려움에 처한 사람들에게 일종의 구원을 위한 현세의 종교로서 유토피아는 구상되었다. 역경에 처한 사람들이 순수성을 상실하지만 않는다면, 이들의 시각은 보다 근원적이다. 이들에 의해 인류의 바람직한 이상향이 설계되어 왔다고 해도 과언이 아니다. 모어 역시 사회적으로는 성공적 경력을 쌓아간 듯 보이지만, 역경과 절망을 뚫고 희망을 직시하고자 했던 인물이었음을 우리는 오늘 공감할 수 있다.

2016년은 토머스 모어가 『유토피아』를 출간한 지 500주년 되는 해였다. 그가 집필했던 유토피아의 의미를 현대인들이 직접적으로 공감하기는 어려울지 모른다. 적어도 이상향으로서 유토피아를 거론하는 것 자체가 목숨을 위태롭게 하는 시대를 살지 않는 사람이라면, 유토피아를 통해 모어가 부르짖었던 가치의 치열함을 동일하게 느끼기는 어렵다. 그렇다고 하더라도, 모어가 품었던 사상과 그가 꿈꾸었던 좋은 사회의 모습을 우리가 간과할 수는 없다. 그가 살아내었던 삶 역시 치열한 순수의 모습을 간직하고 있고, 그가 작품 속에 남겨놓은 사회를 관찰하는 예리한 시각과 작품 속의 문장도 아직 생동감을 선사하고 있다.

모어는 1478년 2월 7일 런던에서 법률가의 아들로 태어났다. 그는 부친의 영향으로 변호사의 삶을 살았지만, 하원의원을 지내고, 성직자가 되는 꿈을 꾸기도 하였다. 그는 좁고 단순한 의미의 법률을 공부한 것이 아니라, 넓은 의미의 인간과 사회를 관찰하였다. 그리고 단순한 직업으로서의 법률가와 정치가의 길을 걸은 것이 아니라, 올바름이란 무엇인지 그리고 정의와 희망이 무엇인지 사유하는 구도자와 삶을 살았다. 그의 글과 삶은 소크라테스를 닮아 있다. 직접적으로 모어는 『유토피아』에서 여섯 번 플라톤을 언급하며, 올바름이란 무엇인지에 대하여 그의 사유를 이어받고 있다.

이 책의 집필에는 여러 명의 필자들이 참여하였다. 먼저, 이화용은 모어의 유토피아 사상을 분석하고 있다. 이 교수는 모어의 오티움(otium)과 네고티움(negotium)에 대한 입장을 설명함으로써 모어가 시도했던 고전에 대한 탐독과 인문주의 사상, 그리고 그것을 벗어나 독창적으로 그리고자 했던 공영공화국의 모습을 일부 드러내고 있다. 당시 담론의 주요 흐름이었던 인문주의를 녹여 내는 동시에 그것의 틀을 넘어서면서 최선의 공영사회에 관심을 기울인 모어를 주목한다. 최선의 공영사회를 만드는 방법 중 정부의 형태에 관한 논의는 당시 담론의 주요 내용이었는데, 공적인 의무로부터의 자유를 뜻하는 오티움(otium)과 공직을 담당하는 자의 삶을 지칭하는 네고티움(negotium)에 대한 논쟁을 포함하여 모어의 핵심적 사유를 정리한다.

홍기원은 최선의 정치체제를 구상하고자 했던 『유토피아』의 집필동기와 내용을 되새긴다. 최선의 삶이 무엇이고, 가장 행복한 나라는 어떤 나라여야 하는지 꿈꾸었던 토머스 모어의 기본적 지향을 요약하고 있다. 이를 위한 현실의 정치체제란 결국 인간의 보편적 이성에 바탕을 두고, 모든 권력이 인민으로부터 나온다는 원리를 확인함으로써 가능해진다. 자유로운 공동체를 위하여 정치를 신앙으로부터 분리시키며, 교육을 통해 시민을 육성할 필요성도 여기에는 포함된다.

윤혜준은 16세기 최초 영어 번역본에 대한 서지학적 추적을 시도한다. 플랑드르 지방의 루뱅(Leuven)에서 1516년 라틴어로 쓰여진 이 책이 영어로 번역되어 영국에 소개되던 긴박한 시대를 되짚어보고 있다. 유럽의 근대초기 문명의 '변방지대'로 머물러 있었다고 볼 수 있는 영국에서, 유토피아 초판 영어본이 랠프 로빈슨에 의해 번역되고 에이브러햄 빌에 의해 출판된 것이 1551년의 일이었다. 모어가 참수형을 당한 것이 1535년이었기 때문에, 그로부터 16년 후, 반역죄로 처형된 사람의 저술이 영국사회에 소개 및 확산되는 과정은 흥미로운 것이었다.

이종수는 『유토피아』를 공동체의 관점에서 해석하고 있다. 유토피아는 인류가 꿈꾸어 온 이상적인 공동체에 대한 생각의 원형질을 담고 있는데, 모어의 『유토피아』는 그 속에서 거대한 촉매제 역할을 하였다. 모어는 단순히 정치체제나 정부형태에 관심을 국한시킨 것이 아니라, 인간관계와 관습 그리고 지역사회를 아우르는 '좋은 사회'를 구상하고 그려보고자 했음을 보여주고 있다.

이준서와 신선영은 유토피아를 실험하는 장소이자 행위로서 연극을 분석하고 있다. 크리헬도르프의 『호모 엠파티쿠스』에서 묘사되는 공감의 공동체를 유토피아 관점에서 해석한다. 원자화로 인한 소외감과 고독감에 시달리는 현대인들에게 새로운 관계와 삶의 가능성을 보여주기도 하지만, 친숙성과 신뢰에 도사리고 있는 배제의 기제, 그리고 이러한 실험으로 이상향을 묘사해 보려는 시도들의 문제점을 파헤치고 있다.

이상헌은 건축에 깃든 유토피아 사상을 논한다. 상상의 땅이었던 유토피아 사상에 18세기 말 중대한 변화가 오고, 건축가들이 당대의 사회문제를 해결하는 제안자로 활동하기 시작하였다. 여기서 부침을 보였던 건축의 역사를 정리하고, 그러한 시도들이 낳았던 성과를 요약하여 평가한다. 그리고는 한국적 상황에서 유토피아적 상상력을 통해 부분적으로나마 개인과 공동체의 삶을 위해 더 나은 비전을 실천해 갈 수 있는 문제제기가 있었는지 스스로 묻는다. 유토피아의 부재(不在)가 결국 근대 한국사회와 건축의 근원적 문제였다고 필자는 평가한다.

서신혜는 동양적 유토피아, 다시 말해 별세계(別世界)에 대한 사유를 소개한다. 현실에 더 나은 이상공간, 행복공간을 구축하자는 목표를 갖는 생각으로 특히 우리나라 조선시대의 유토피아 논의 중 현실에서의 개연성과 사실성을 갖는 기록을 주로 다룬다. 무릉도원형과 대동사회형이 논의의 구체적 내용들이다.

이규성은 토머스 모어의 성인(聖人)됨을 밝힌다. 발타살(Hans Urs von Balthasar, 1905−1988)의 지적대로, 복음의 진리를 이 세상에 표현해 주는 것은 딱딱한 설명서가 아니라 성인들이다. 어떤 교의적인 가르침이나 이론적인 해명이 아니라, 성인들의 증거를 통해서 하느님의 현존이 드러난다는 뜻이다. 이 시각에서, 저자는 시대적 환경을 설명함으로 시작하여 평신도 수도자로 하느님의 거룩함에 참여한 모어의 삶을 이야기한다.

물론, 이 책의 필자들이 모두 동일하게 합의하는 내용은 없다. 분야도 다양할 뿐 아니라, 유토피아와 모어에 대한 생각도 모두 상이하다. 이러한 다양성은 비단 이 책의 필자들에게서만 나타나는 것은 아니다. 현실적 공동체의 차원에서도 유토피아에 대한 단일한 합의는 어디에도 존재하지 않는다. 자유로운, 풍요로운, 정의로운, 연대감이 넘치는 세상에 대한 인간의 욕구와 희망을 다양하게 담고 있을 뿐이다. 사회, 정치, 종교, 도덕, 정신의 측면에서도 유토피아에 대한 보편적 합의는 없다. 대신, 인간이 지향하고 나아가야 할 방향에 대한 열망과 노력의 소중함을 일깨우고 있을 뿐이다.

다양한 해석과 진단에도 불구하고, 필자들이 제시하는 토머스 모어에 대한 해석, 그리고 유토피아 사상에 대한 진단은 흥미롭고 생동감이 넘친다. 이들은 모두 유토피아를 향한 희망과 지향의 소중함을 지적하고 있다. 거기에 쓰여진 'Ou'는 '존재하지 않는 곳'이 아니라, 현실의 부당함을 비판하면서 새로운 가능성으로 나아가는 '갈망해야 할 것'이라고 말하는 바우만(Bauman, 2011)과 같다.

차 례

Chapter 8 왜 토머스 모어는 성인인가? : 토머스 모어에 대한 신학적 성찰 / 이규성

chapter **1**

모어의 『유토피아』: 인문주의의 경계를 넘어

이 화 용

(경희대학교 공공대학원)

모어의 『유토피아』: 인문주의의 경계를 넘어*

이 화 용 (경희대학교 공공대학원)

Ⅰ. 들어가는 말

토머스 모어의 『유토피아』가 출간된 지 500년이 된 지금에도 모어를 기억하고 『유토피아』를 다시 읽는 이유는 무엇일까? 이는 단순히 500년이라는 숫자가 주는 긴 시간에 대한 경외감은 아닐 것이다. 『유토피아』는 오늘날 우리가 살고 있거나 살고 싶은 정치 공동체에 대한 이야기이며, 또한 우리 공동체가 안고 있는 문제점과 모순을 해결고자 하는 절실한 희망의 담론이기도 하다. 이러한 희망과 기대가 500년 전에 출간된 『유토피아』에서 찾아질 수 있음은 16세기 모어가 관찰하고 고민했던 많은 문제들이 여전히 오늘날 우리에게도 고스란히 남아 있기 때문이다. 모어가 살았던 16세기나

* 이 글은 이화용 (2012), "토머스 모어의 세계: 16세기를 넘나든 사상가,"『인문학연구』, Vol. 46, 1-10을 수정·보완한 것임.

우리가 살고 있는 21세기나 어떤 공동체가 좋으며 바람직한 것인지는 쉽게 말할 수 없다. 시대에 따라 사람에 따라 공동체에 대한 다양한 생각을 갖고 있는 만큼 『유토피아』를 읽어내는 해석 또한 동일하지 않다. 그럼에도 이상적인 공동체에 대한 지향 속에서 모어의 『유토피아』를 읽고 그것의 현재적 가치를 찾아내고자 하는 작업은 멈추지 않는다.

서구 정치사상사에서 고전 연구와 해석에 관한 방법론은 주요한 논쟁의 하나이다. 그 논쟁은 크게 두 가지로 대별될 수 있다. 하나는 우리가 읽는 고전 속에 시간과 공간을 초월한 보편적 이념이 있다는 믿음을 갖고 그 고전을 통해 이른바 영원하고 보편적 문제들을 찾아보고자 하는 것이다(Strauss, 1964; McIlwain, 1932). 다른 하나는 고전이 쓰여지고 있던 역사적 맥락과 저자의 저술 의도에 초점을 두고 그 고전이 주장하고자 하는 것이 무엇이었는지를 밝히는 것이다(Skinner, 1969: 3-53; Pocock, 1961: 183-202). 간단히 말해, 고전을 읽는 이러한 두 가지 해석은 고전읽기를 통한 보편적이고 일반적인 이념의 고찰 혹은 특정 텍스트에 대한 역사적 이해로 정리될 수 있을 것이다. 그러나 두 해석 경향이 서로 대립적인 긴장관계에 있는 것은 아니다. 고전을 통해 보편적 문제에 대한 해명을 추구한다 할지라도 이는 근본적으로 역사 속에 드러난 보편적인 문제에 대한 탐구이다. 마찬가지로, 특정 역사적 맥락과 저자의 의도에 초점을 맞추는 고전읽기도 우리가 끊임없이 천착해 온 보편적 문제와 연관된 역사적 탐구라는 점에서 전자와 결코 대립적인 것은 아니다.

모어는 근대가 열리기 전 이른바 르네상스 시대에 살면서 글을 썼다. 모어의 대표적 작품으로 『유토피아』가 꼽히는데, 이는 흔히 유럽 북부 르네상스 시대의 가장 탁월한 작품이라 일컬어진다(스키너, 2004). 그러나 『유토피아』를 읽어본 독자라면 이 작품이 왜 그렇게 탁월한 고전으로 평가되는지 쉽게 납득되지 않을 수도 있다. 어쩌면 『유토피아』는 오늘날 우리에게 크게 호기심을 자극하지도 않고 특별한 통찰력도 주지 못하는 평범한 옛 작품의 하나일 수도 있다. 『유토피아』가 유럽 북부 르네상스 시대의 손꼽히는 고전이었음을 이해하기 위해서 단지 『유토피아』라는 텍스트만 읽어서는 충분하지 않다. 모어가 직접 살고 부대꼈던 16세기 맥락에서 『유토피아』를 읽어내지 않으면 모어의 시대적 고민이 무엇이었고, 어느 면에서 『유토피아』가 탁월하다고 평가되는지를 알기 어렵다. 그러나 고전 『유토피아』 읽기는 여기서 멈추지 않는다. 모어가 『유토피아』를 쓰고자 했던 저술의 동기와 의도를 밝혀내면서, 그것이 오늘날 우리에게 좋은 공동체에 대한 어떠한 희망을 줄 수 있는지 말할 수 있어야 한다.

이러한 이해를 근간으로, 이 글은 모어의 『유토피아』에 나타난 유토피아 사상을 르네상스 인문주의와의 관련 속에서 고찰하고자 한다. 르네상스 시대 인문주의는 매우 넓은 의미에서 스콜라 철학에 대응하여 그리스와 로마 시대 고전의 중요성을 강조하고 이를 학문, 교육과 정치 등에 적용하고자 한 사조를 뜻한다. 르네상스 인문주의는 특히 철학, 사회와 정치에 있어 신의 섭리가 아닌 인간의 자발적 힘을 강조하는 새로운 물결로 이해될 수 있는데, 이에 대한 매우 다양한 분파들이 나와서 인문주의의 합일된 정의를 세우기에는 어려움이 있다. 예컨대, 르네상스 인문주의 연구자 크리스텔러(Kristeller)는 중세와 르네상스 시대를 연결하는 인문주의의 연속성을 주장하는 반면, 바론(Baron)은 중세와 단절된 새로운 인간의 힘을 강조하는 인문주의를 제시한다. 르네상스 인문주의에 대한 다양한 분파 중, 이 글에서는 특히 '시민적 인문주의'와 '크리스찬 인문주의'에 초점을 맞추어, 모어의 『유토피아』가 인문주의의 영향 속에서 저술되었으나 형식화된 인문주의의 틀에 머무르지 않고 최선의 공영사회를 지향한 담론임을 보여주고자 한다.

Ⅱ. 모어의 생애와 『유토피아』

1. 생애와 시대적 배경

모어에 대한 여러 편의 전기 출간과 영화 〈사계절의 사나이〉[1] 덕분에 모어에 대한 생애 특히 그의 생애 후반부는 일반 사람들에게도 잘 알려져 있다. 모어는 1478년 런던 법조계 집안에서 태어났다. 옥스퍼드대학에서 공부를 마치고, 모어는 자신의 부친과 마찬가지로 법률가가 되기 위해 링컨인(Lincoln's Inn)에서 법률 교육을 받았다. 이곳에서 모어는 그의 인생에 매우 중요하고 많은 영향을 준 에라스무스를 만났다. 모어는 법률을 공부하면서 당시 영국에서 부상하던 인문주의에 대해 관심을 가졌다. 에라스무스와의 만남은 모어의 이러한 관심을 더욱 고무시켰던 사건이었고 그 둘은 평생 우정을 유지하였다.[2]

모어는 계획대로 법조계에서 일을 하였고 하원의원으로 선출되기도 하였다. 그러나 모어의 공직생활은 시련을 맞았다. 헨리 7세가 행한 전제정치로 만들어진 과도한 특별세가 모어의 반대로 삭감되자, 헨리 7세는 격노하여 모어의 공직을 박탈시켜 버렸다. 이로 인해 모어는 영국을 떠나야 할 상황에 처하기도 했고, 스스로 수도원에 들어갔을 정도로 충격이 컸다고 전해진다(김평중, 1998: 153). 헨리 7세의 전제정치는 헨리 8세의 즉위로 막을

---

1 1966년 프레드 진네만 감독은 모어의 일생을 그린 영화 〈사계절의 사나이〉를 만들었다. 이 작품은 아카데미 6개 부문의 영예를 안고 관객동원에서도 크게 성공함으로써 모어를 대중적으로 널리 알렸다.

2 이 글에서 모어의 생애는 Kenny, 1983; Mermel, 1977; Guy, 2000을 참조한 것이다. 모어 전기를 최초로 쓴 사람은 그의 사위 윌리엄 로퍼(William Roper)였다. 모어 전기 중 가장 영향력 있는 것으로는 챔버스(R.W. Chambers)가 쓴 것이라 할 수 있고, 가장 최근에 가이(Guy)는 모어의 삶을 개인적, 정치적, 종교적으로 재조명하고자 하였다(Guy, 2000).

내렸다. 헨리 8세가 왕이 된 후 모어는 특사, 왕의 자문위원, 대법관 등 여러 공직을 다시 맡게 되었다. 헨리 8세가 통치한 후, 모어는 공적 영역에서 자신의 역량을 맘껏 발휘하는 듯했고 종교적으로도 헨리 8세와 별 갈등 없이 신앙심 깊은 공직인으로 살아가고 있었다. 헨리 8세와 모어가 당시 일어났던 루터의 종교개혁에 반대하며 종교개혁자들의 주장을 반박하는 글을 썼음은 당시 둘 사이의 순조로운 관계를 보여준다.

1533년 헨리 8세는 첫째 부인 캐서린과 이혼하고 앤 볼린과의 결혼을 감행하였다. 그러나 로마 교황청은 앤 볼린과의 결혼을 인정하지 않았고 이로 인해 헨리 8세는 영국과 교황청과의 관계를 끊고자 하였다. 헨리 8세는 항소법(Act of Appeals)을 제정하여 로마 교황청에 고소 제출하는 것을 금지하고, 대신 영국의 모든 재판권을 자신의 소관 아래 두어 가톨릭과의 단절을 시도하였다. 이어 앤이 딸(이후 엘리자베스 1세)을 낳자 캐서린과의 사이에서 태어난 메리 대신 앤과의 소생에게 왕위를 계승한다는 내용을 골자로 하는 왕위계승법(Act of Succession)을 통과시켰다. 헨리 8세는 신하들에게 왕위계승법을 따를 것을 요구하는 서약을 요구하였다. 나아가, 1534년 헨리 8세는 영국교회의 최고 결정권자는 로마 교황청의 교황이 아니라 영국 국왕인 자신임을 공표하는 수장법(Act of Supremacy)을 선포하고 이의 법률적 보호를 위해 반역법(Treasons Act)을 제정하였다. 모어는 왕위계승법에 대한 서약을 거부했으며, 그 결과 반역법에 의거해 1525년 처형되었다.

2. 『유토피아』와 주요 등장인물 : 휘틀로다이우스 vs 모어

모어의 삶은 결코 길지 않았지만 그가 남긴 저술은 오늘날까지도 고전으로 남아 있다.[3] 특히 모어의 대표작, 『유토피아』는 인간이 원하는 완전한

3 모어의 대표적 저술은 다음과 같다. 첫째, 『유토피아』, 『리차드 3세사』 등의 인문주의적 저

사회를 의미하는 유토피아라는 용어가 처음 쓰여진 저서이자 유토피아 사상의 단초로 자리매김되고 있다. 『유토피아』는 헨리 7세부터 시작된 영국 튜더왕조의 경제 및 헌정 문제들에 관해 폭넓은 논쟁을 벌였던 이른바 공영사회(Commonwealth) 담론 속에서 나온 작품으로 알려져 있다(스키너, 2004: 447). 모어는 공영사회의 실현이라는 당시의 시대적 관심 속에서 『유토피아』를 저술하였다.

활발하던 영국과 카스틸랴의 무역관계가 헨리 8세의 딸인 메리 공주와 카스틸랴의 왕 찰스의 파혼으로 인해 단절되었다. 1515년 모어는 영국과 카스틸랴의 갈등으로 인해 끊어진 무역활동을 재개시키려는 목적을 갖고 무역사절단 일원으로 플랑드르를 방문하였다. 『유토피아』의 첫 구상은 무역사절단 업무를 마치고 체류했던 플랑드르에서라고 알려져 있다. 이곳에서 『유토피아』의 2권이 먼저 쓰여졌고 이후 런던에 돌아와 1권이 완성된 것으로 알려져 있다. 『유토피아』는 1516년 루뱅에서 처음 출간되었다.[4]

오늘날 유토피아는 인간이 지향하는 이상향의 일반명사가 되었는데, 이는 모어의 『유토피아』 작품에서 유래되었다. 유토피아라는 단어는 그리스어 합성어인데, 이는 '없다'는 뜻의 그리스어 ou와 '장소'를 지칭하는 topos가 합쳐져 '어느 곳에도 없는 곳'이라는 의미를 갖고 있다(More, 1999: xi). 모어는 자신의 책 『유토피아』에서 신천지 섬나라를 어느 곳에도 없는 새로운 곳, 곧 유토피아라 명명했다. 모어는 유토피아 섬 이야기를 통해 문제 많던 당시 영국 혹은 유럽의 기존 세계와는 다른 세상을 보여주고자 하였다. 그러나 『유토피아』에서 그려진 유토피아 섬이 곧 모어가 상정하는 이상적인

술. 둘째, 마틴 루터(Martin Luther)와 윌리암 틴달(W. Tyndale) 등의 종교개혁자들을 대상으로 한 논쟁서. 셋째, 『위안의 대화』(*A Dialogue of Comfort Against Tribulation*), 『정신적 위안』(*A Spiritual Consolation*), 『예수 수난에 관한 논고』(*Treatise on the Passion*) 등의 종교적 저술과 기도서이다. 모어의 저술은 예일대학에서 출판된 15권의 『토머스 모어 전집』(*Yale Edition of Complete Works of Thomas More*)에 집대성되어 있다.

4 『유토피아』의 출간에 많은 역할을 하고 실제 모어의 『유토피아』 초고에 대한 수정작업까지 일조한 사람으로 에라스무스가 자주 언급되고 있다.

공영사회인가를 밝히기란 몇 가지 이유에서 쉽지 않다. 이에 대한 설명은 먼저 『유토피아』를 개관한 후 다시 언급하도록 한다.

『유토피아』는 제1권과 제2권으로 구성되어 있다. 제1권의 주요 등장인물은 모어, 안트워프(Antwerp)에서 알게 된 피터 자일스(Peter Giles), 그리고 가상의 인물인 여행가 라파엘 휘틀로다이우스(Raphael Hythlodaeus)이다. 어느 일요일, 이들은 예배를 마친 뒤 만나 정치, 경제, 사회 등 여러 문제들에 관한 대화를 주고받았다. 그 대화의 주요 화두는 다음의 두 가지로 정리될 수 있다. 첫째, 철학자의 정치참여가 적실한 것인가? 둘째, 공영사회에서 정의실현을 위한 공평하고 바람직한 방법은 무엇인가?

첫째, 철학자의 현실참여에 대해 모어는 개인의 지식과 역량을 공적인 일에 쓰는 것은 가치 있는 일이기 때문에 철학자의 정치참여는 바람직한 것이라 말한다. 반면, 휘틀로다이우스는 현실정치의 각박함과 비도덕성으로 인해 현자라 할지라도 성공적인 정치참여가 어렵다는 이유로 이를 반대한다. 둘째, 정의실현 논의를 위해 모어는 논의의 초점을 죄와 벌의 관계에 맞추었다. 죄의 원인이 개인의 게으름에 있다는 영국 변호사의 주장에 대해, 휘틀로다이우스는 죄의 원인이 사회적 구조, 즉 사회 구성원에게 자생할 기회를 만들지 않는 사회구조에 있음을 밝힌다.

『유토피아』 제2권은 모어와 자일스가 자신들과는 다른 생각을 하는 휘틀로다이우스에게 그의 경험을 들려달라고 부탁하면서 이루어진 휘틀로다이우스의 여행기, 즉 유토피아 섬에 대한 이야기이다. 신세계인 유토피아는 폭이 200마일, 길이가 500마일에 달하는 초생달 모양의 섬이었다. 휘틀로다이우스는 이 섬이 영국이나 유럽과 다른 제도와 생각을 갖고 있는 나라임을 밝히며 이 섬의 도시, 행정관리, 생업, 생활상, 여행, 노예, 군대, 종교 등에 관한 자세한 설명을 해 준다. 이 섬은 54개의 도시로 구성되었다. 이 도시들은 서로 유사한 법률과 제도, 관습 등을 갖고 있는데 정치형태는 공화제, 경제는 농업 중심의 사회주의 체제라 하였다.

위에서 『유토피아』에 나오는 유토피아 섬이 곧 모어가 상정하는 이상적인 공영사회인가를 밝히기란 쉽지 않음을 언급한 바 있다. 『유토피아』를 읽은 독자라면 휘틀로다이우스의 새로운 섬 이야기, 즉 유토피아의 제도와 관습에 관해 모어가 항상 동의를 하지 않는다는 것을 알 것이다. 모어는 휘틀로다이우스가 발견한 나라에서 본 것 중 교훈으로 받아들일 수 있는 제도도 있는 반면 쓸모없는 것도 많았다고 말한다(More, 1999: 12).

> "라파엘(휘틀로다이우스의 이름)의 이야기가 끝났을 때, 나는 여러 가지 의문점을 가졌다. 그가 설명한 유토피아의 법률이나 관습 중에 불합리한 것이 꽤 있다는 생각이 들었다. [···] 특히 나는 그들의 공공생활과 화폐를 없앤 경제에 대해 반대를 한다. [···] 나는 그가 말한 모든 것을 받아들이진 않는다. 그러나 고백하건대 유토피아에는 많은 장점이 있으니 우리나라 사람들에게 기대할 수는 없더라도 이것들이 이루어지길 바란다."(*Utopia*, 110–1)

휘틀로다이우스는 유토피아 섬을 최선의 공영사회라 평하지만, 모어는 유토피아 섬에도 우리가 동의하긴 힘든 문제와 부분이 있음을 지적하며 휘틀로다이우스의 유토피아 섬을 무결점의 정치사회로 받아들이지 않는다. 이 지점에서, 모어의 유토피아 사상을 이해하기 위해 풀어야 할 퍼즐이 있다. 작가 모어의 유토피아 사상을 이해하는 데, 『유토피아』의 등장인물 모어와 휘틀로다이우스가 보이는 유토피아 섬에 대한 이견을 어떻게 정리할 것인가이다. 이를 풀 수 있는 몇 가지 가능성 있는 답안이 있다. 모어가 상정하는 이상국가의 그림이 휘틀로다이우스를 통해 에둘러 말해지는 것일 수도 있고, 혹은 모어와 휘틀로다이우스의 동의되지 않는 부분을 의도적으로 남겨두어 『유토피아』를 읽는 독자에게 각자의 생각대로 이상국가의 그림을 완성하도록 하려는 의도일 수도 있을 것이다. 어느 쪽이든, 분명한 것은 자신의 저서에 등장하는 주요 인물의 대화가 저자의 사상과 무관할 수 없다는 것이다.[5] 필자가 생각하기에는 모어 자신이 모순투성이의 당시 유럽 현실을 짚어내는 역할을 맡는 한편, 휘틀로다이우스를 통해 유럽이 반성하고 고쳐가야 할 문제들의 방향을 제시하는 역할 분담이 이루어진 듯하다.

Ⅲ. 모어의 유토피아 사상 : 인문주의와 그 비판

이 장에서는 『유토피아』에서 모어와 휘틀로다이우스의 대화를 통해 나오는 유토피아 곧 이상적인 공영사회에 관한 논의를 인문주의와의 관련 속에서 고찰한다. 모어는 자신의 유토피아 사상에 당시 담론의 주요 흐름이었던 인문주의를 녹여 내는 동시에 그것의 틀을 넘나들면서 상상력과 사유의 폭을 넓히고 있다.

1. 오티움(Otium)과 네고티움(Negotium)

고대 그리스 시대부터 학문을 사랑하는 철학자의 삶과 철학자의 정치참여에 대한 논의는 정치적 담론의 하나를 이루고 있었다. 16세기 프랑스, 영국, 독일의 서유럽에서 인문주의가 대두되었는데 이들 인문주의자들이 취했던 연구방법의 핵심은 고대세계의 원전에 대해 문헌학과 역사학의 세부

---

5 모어 전기를 쓴 챔버스(Chambers)에 의하면 모어의 『유토피아』는 신의 계시 없이도 이성에 따라 최선의 공영사회를 세울 수 있음을 보여줌으로써 기독교화된 유럽이 범한 부도덕을 비판하고자 한 책이었다고 한다(Chambers, 1935: 127). 반면 헥스터(Hexter)는 모어의 이상국가가 크리스찬 인문주의의 부흥을 위해 제시된 것이라 주장하였다(Hexter, 1965: lvii-cv). 모어에 대한 상반된 해석은 휘틀로다이우스의 대화를 모어 사상의 일부로 받아들이느냐의 여부에 일부 기인한다고 할 수 있다. 모어를 사회주의자로 해석했던 카우츠키는 전적으로 휘틀로다이우스의 이야기에 준거한다(Kautsky, 1959).

적인 기법을 동원해 비평을 하는 것이었다(스키너, 2004: 420). 모어가 활동하던 시대의 정치 저술가들은 최선의 공영사회에 관한 많은 관심을 갖고 있었다. 특히 최선의 공영사회를 만드는 방법 중 정부의 형태에 관한 논의는 이들 담론의 주요 내용이었다. 이 논의 속에서 공적인 의무로부터의 자유를 뜻하는 오티움(otium)과 공직을 담당하는 자의 삶을 지칭하는 네고티움(negotium)에 대한 논쟁이 일어났다. 르네상스 시대 인문주의자들은 고독과 명상을 통한 행복한 삶의 추구와 정치적인 현실참여의 삶을 대조하면서 전자를 선호하는 경향을 보였다. 초기 인문주의자들의 이 같은 생각에 변화를 보인 것은 15세기 피렌체 중심으로 이른바 '시민적 인민주의(civic humanism)'가 대두되면서였다. '시민적 인민주의'는 인문주의의 한 분파로서, 이에 따르면 교육과 학문의 목적도 정치참여를 통한 현실의 개선에 있다고 보면서 정치참여에 대한 이해를 고무시키고자 하였다.[6]

오티움과 네고티움의 논의는 모어의 『유토피아』에서 그대로 재현되고 있다. 피터 자일스가 휘틀로다이우스에게 말하는 것을 들어보자.

> "당신이 공직에 들어가지 않는 것은 놀라운 일이오. 당신을 곁에 두는 왕은 정말 기쁠 텐데 말이오. 당신의 학식과 지식은 왕을 즐겁게 할 것이고 당신이 들려주는 조언과 많은 교훈적인 사례는 조정에 매우 도움이 될 것이오. 그리고 이것이 당신에게나 당신의 친구와 친지에게도 혜택을 가져올 수 있을 텐데 말입니다."(*Utopia*, 13)

옆에서 모어도 거들며 휘틀로다이우스의 재능과 능력을 공적인 일에 쓴다면 이는 더욱더 존경받을 만한 철학적 자세라 덧붙였다. 모어는 네고티움의 의미를 강조하며 철학자의 현실정치 참여를 강조한다.

---

6 '시민적 인민주의'에 관해서는 Baron, 1966: 443-62를 볼 것.

"당신이 나쁜 생각을 뿌리 뽑지 못하고 뿌리 깊은 악을 당신이 생각하는 만큼 잘 다루지 못한다 해서 당신이 공공생활을 포기해서는 안 됩니다. 바람을 억제할 수 없다 해서 폭풍우 속에 배를 버리지 마십시오. 그리고 이미 자신의 방식대로 생각하고 있는 사람들에게 새롭고 검증되지 않은 계획을 수행하려고 하지 마십시오. 당신은 정책에 간접적으로 영향력을 행사해야 하며, 당신의 일을 열정적으로 그러나 요령껏 다루어야만 하며, 당신이 바로 잡을 수 없는 일에 대해서는 가능한 한 덜 사악하게 만들면 됩니다. 모든 인간이 선하지 않는 한 세상을 결코 선하게 만들 수는 없습니다. 나는 이것을 크게 기대하지는 않습니다."(*Utopia*, 36)

그러나 피터와 모어의 정치참여 권고에 대한 휘틀로다이우스의 대답 또한 확고했다. 우선 왕들은 평화보다는 전쟁기술에 관심을 갖고 있고 왕 밑의 신하들은 왕의 비위 맞추기에 급급한 자들인데, 이러한 궁정에 들어가서 공적인 일을 맡는다는 것은 아무 쓸모가 없다는 주장이었다.

"궁정에서는 순수한 사람의 의견을 숨기거나 가장할 수는 없습니다. 당신은 가장 보잘것없는 정책에도 공개적으로 찬성하고 아주 추악한 결정에도 동의해야 합니다. 이러한 것들에 대해 충분한 열성을 보이지 않는다면 당신은 스파이나 심지어 배반자 취급을 받을 것이고요. 그러한 동료들과 함께 일하면서 어떻게 무슨 훌륭한 일을 할 수 있겠습니까? 당신은 결코 그들을 바르게 고치지는 못할 것입니다. 당신이 아무리 훌륭한 성품을 가졌다 하더라도 그들이 당신을 부패시키는 것이 훨씬 쉬운 일입니다. 그들은 당신을 유혹하거나, 그럼에도 당신이 여전히 정직하고 순수하다면, 당신은 그들의 우매함과 간악함의 희생물이 될 것입니다. 정책에 간접적인 영향력을 행사할 기회란 없을 겁니다."(*Utopia*, 37–8)

이처럼 철학자의 정치참여에 관해서 모어와 휘틀로다이우스 사이에는 팽팽한 긴장이 있다. 상당 기간 적극적으로 공직생활을 한 모어는 개인의 자유를 즐기며 사유의 시간을 갖는 것이 더 바람직한 일이라 주장하는 휘틀로다이우스에게 동의를 하지 않는다. 모어는 철학자라도 자신이 추진한 공무의 효과나 결과에 관계없이 정치 현실에 참여하여 정치공동체에 기여해야 한다고 주장하였다. 반면, 휘틀로다이우스는 현자의 지혜와 충고가 수용되지 않는 현실정치에서 이러한 일들은 쓸모없는 것이라 반박하였다. 자신의 주장을 받아들이지 않는 휘틀로다이우스에게 모어는 말로써 설득하는 방법 대신 다른 방법을 취하고 있다. 즉 휘틀로다이우스로 하여금 『유토피아』 제2권에서 유토피아 섬에 관한 이야기를 하도록 함으로써, 모어는 그가 주장해 온 "간접적인" 방식으로 휘틀로다이우스를 사회에 참여시키는 방법을 만들었다. 이 점에서 모어는 당시의 인문주의자들처럼 철학자 혹은 덕을 갖춘 자의 정치참여를 지지하는 당시의 인문주의자, 특히 시민적 인민주의자와 크게 달라 보이지 않는다.

2. 형식적 법치주의 비판

고대 플라톤부터 오늘날에 이르기까지 현실정치 참여 문제는 정치적 담론의 핵을 이룬다. 정치사상의 "영원한 문제"인 정치참여의 정당성에 관한 논쟁은 시대와 공간에 상관없이 최선의 공영사회를 이루는 방법에 관한 지침을 위해 끊임없이 이루어져 왔다. 모어가 현실정치 참여를 독려했다 해서 당시 시민적 인문주의자들과 모든 면에서 동일한 입장을 보이는 것은 아니었다. 모어는 정치참여에 관해 현실정치에의 개입을 넘어서는 다양한 방법을 제시하고 있다. 사회적으로 의미 있는 작품을 저술하거나 정치가에게 조언을 주는 것이 그러한 방법의 하나이다. 그러나 모어는 이에 멈추지 않고 정치참여의 방법으로 법에 의한 지배를 제안하고 있다. 이는 죄지은 자를 형벌하는 데 주안을 두는 법의 통치가 아니라 개별적 상황을 이해하고 이에

조응하여 유연하게 법을 적용함을 말한다.

모어 이전의 르네상스 시대에도 가장 좋은 공영사회를 만드는 방법이 자주 논의되어 왔다. 인문주의자들은 법에 의한 통치가 공동체 구성원의 행복 추구를 가져오며 공영사회를 이루는 필요조건이라 주장한다. 그러나 모어는『유토피아』에서 휘틀로다이우스와 영국 변호사와의 대화를 통해 융통성을 갖추지 못한 법의 절대적 처벌이 오히려 바람직한 공영사회 형성에 도움이 되지 못함을 지적하였다. 영국에서 물건을 훔친 도둑에게 교수형이라는 처벌이 가해진 사실을 두고『유토피아』의 등장인물 사이에서 갑론을박이 벌어졌다. 절도범에게 이렇게 과중한 처벌이 가해진 의도는 이를 계기 삼아 영국사회에서 절도범을 근절하고자 하는 시도였다. 그럼에도 불구하고 도둑질이 횡행되는 것에 대해, 영국 변호사가 도둑질의 원인이 개인의 게으름에 있다고 역설하였다. 이와 대조적으로, 휘틀로다이우스는 귀족들의 자립능력 부족, 엔크로저 운동으로 인한 농경지의 감소, 소비를 조장하는 사회적 분위기 등 사회구조적인 이유로 인해 도둑이 늘어났음을 지적하였다. 나아가 휘틀로다이우스는 도둑의 존재와 증가가 생계조차 꾸리기 어려운 자들의 생존을 위한 합당한 활동이라 옹호하였다. 휘틀로다이우스는 사회구조적 변화 없이 범죄추방을 위해 과중한 처벌을 가하는 일은 정의롭지 못함을 주장한다. 영국 변호사와 휘틀로다이우스와의 대화에서, 모어는 휘틀로다이우스의 입장에 무게 중심을 두며 공영사회의 질서를 위해 법의 제정이 필요하나 이것이 무조건 공동체 구성원 행복의 조건이 되지 않음을 역설하고자 하였다. 개인적 사정에 대한 고려 없이 일률적으로 법조항을 적용하는 것은 편의주의적 발상에 불과할 뿐이다. 모어는 정의와 법의 관계를 이해하고 법 제정의 본질을 잊지 않을 때 법치가 의미 있음을 주장한다. 이를 통해 당시 형식적 율법주의에 빠진 영국과 유럽을 비판하고, 나아가 현실정치 참여라는 획일적 정치참여만을 제시했던 당시 인문주의자들과 달리 정치참여의 지평을 확대시키고 있다. 즉 모어는 고착화된 법의 통치가 아니라 개별적 특수 상황을 이해하고 이에 따른 법의 적용을 강조함으로써 시민적 인문주의와는 차별화된 정치참여 방법을 도모한다. 동시에 이는 형식화된 틀 속에서 점차 규격화되어 가고 있는 인문주의에 대한 모어의 도전이기도 하였다.

3. 사유재산

독일의 유명한 마르크스주의자인 카우츠키는 모어를 사회주의, 마르크주의의 새벽을 알린 사상가로 평가하였다. 카우츠키에 의하면, 모어는 자본주의 생산양식의 싹이 트기 시작한 시대에 살았음에도 자본주의의 핵심적 특성을 간파했고 이에 대한 대안을 생각했다(Kautsky, 1959: Part III, Ch. 1). 카우츠키가 모어를 사회주의와 연결시켰던 이유는 무엇보다 모어의 사유재산론 때문이다. 모어가 살았던 16세기 영국에서 양모산업이 발달하자 양모생산을 늘리기 위해 지주들이 이전까지 농민들이 경작해 온 토지와 공유지에 울타리를 치고 농민을 쫓아내거나 토지의 임대료를 높이 올려 받는 일이 빈번하게 일어났다. 농민들은 땅을 잃고 피폐화된 삶을 살았으며 그들 중 많은 수가 농촌을 떠나 어떤 연고도 없는 도시로 자신들의 터전을 옮겨야만 하였다. 휘틀로다이우스는 사회에서 도둑과 같은 범죄가 늘어나는 원인이 이와 같은 엔크로저 운동, 보다 근본적으로는 사유재산의 허용에서 비롯된다고 주장하였다. 휘틀로다이우스는 자신들의 이윤을 위해 부를 축적하는 사유재산제도가 사회구조적으로 확립된 공동체에서 정의 실현이란 이루기 어렵다고 말하며, 사유재산의 사회적 폐단을 다음과 같이 짚고 있다.

> "사유재산을 인정하고 돈이 만물의 척도가 되는 곳에서 국가는 정의롭게도 행복하게도 통치될 수 없습니다. [...] 그곳에서는 재산을 가진 소수들조차 항

상 마음이 편한 것은 아니며 다수의 사람들은 전적으로 비참한 생활을 꾸려 나갑니다. 사유재산이 전적으로 폐지되지 않는 한, 재화가 정의롭거나 균등하게 분배될 수 없고 인간사에 있어 어떠한 행복도 찾아질 수 없다는 것을 나는 완전히 확신합니다. 사유재산이 남아 있는 한, 인류 가운데 가장 수가 많고 가장 훌륭했던 일부가 가난과 걱정이라는 무겁고 피할 수 없는 짐에 의해 압도당할 것입니다."(*Utopia*, 38–39)

『유토피아』에서 모어와 휘틀로다이우스가 가장 날카로운 의견 대립을 보인 것은 사유재산 문제였다. 모어는 사회 범죄를 낳은 구조적 요인이 사유재산에서 비롯된다는 휘틀로다이우스의 주장에 동의하지 않았다. 사유재산에 관한 휘틀로다이우스와 모어의 긴장은 15세기 초 재화가 덕의 형성에 부정적인 영향을 끼친다고 주장한 전통적인 견해와 르네상스 시대 사유재산이 덕의 획득에 기여할 수 있다고 본 시민적 인문주의자들 사이의 대립적 입장을 그대로 재현한다. 휘틀로다이우스와 달리, 모어는 보다 나은 생활을 위해서 풍요로운 물질적 혜택이 중요하기 때문에 개인의 재산을 지켜주는 제도가 인간 행복에 필수적이라고 주장한다.

"저는 모든 것을 공유하는 곳에서 인간의 삶이 좋아지리라 생각지 않습니다. […] 얻을 수 있다는 희망이 인간을 자극시키지 않는다면 그는 다른 사람에게 의지하려 하고 나태해지지 않겠습니까? 인간이 필요에 의해 일하나 자신이 얻은 것을 법적으로 지킬 수 없다면 연속적인 살인과 난동 외에 무엇이 일어날 수 있겠습니까?"(*Utopia*, 40)

모어는 사회주의 생활방식이 개인의 나태함을 가져오고 개인의 자유와 특성을 사라지게 한다고 말한다. 모어가 휘틀로다이우스로부터 전해들은 유토피아 섬 이야기 중 가장 이해할 수 없고 합당치 않다고 생각한 것은 전체주의적인 공동생활과 화폐 없는 경제, 사유재산제도의 폐지였다(More,

1999: 110). 가계의 가장 나이 많은 남자 어른에게 맡기는 공동 육아, 필요한 물품의 분배와 배급, 공동 주택과 식사 제도 등의 공동생활 모습과 다른 나라의 일반 사람들과는 대조적으로 보석과 재화 등에 초연한 유토피아 섬 사람들의 모습이 모어에게는 오히려 자연스런 인간의 모습으로 비추어지지 않았다.

휘틀로다이우스도 재화가 인간에게 불필요한 것이라 말하거나 재화가 인간 행복의 조건이 된다는 것을 부정한 것은 아니다. 그러나 휘틀로다이우스는 자신의 이윤만을 생각하고 공동체의 공공생활을 염두에 두지 않는 사회구조, 즉 자본주의적 생산양식과 분배 구조에서는 사회 전체 구성원의 행복이 이루어지지 않는다고 주장하였다. 또한 자본주의적 사회에서 사람들이 이윤에 대한 과욕으로 인해 지나친 노동을 하여 삶의 여유를 갖지 못한다는 점에서 휘틀로다이우스는 사유재산제도를 비판하기도 한다. 유토피아 섬의 경우 노동 시간은 공적인 일의 양에 따라 결정되므로 필요 이상의 노동이 요구되지 않는다. 이처럼 휘틀로다이우스는 모든 사람의 삶을 위한 수단이라는 점에서 공공성을 지녀야 할 재화가 사적인 소유권으로 고착될 때의 여러 문제점을 보여주고자 하였다.

모어를 사회주의 사상가라 평가하는 근거를 제공하는『유토피아』제2권에서 유토피아 사람들은 모든 것을 공유하고 개인적인 재산을 갖지 않음에도 행복한 공영사회를 이루는 모습이 그려지고 있다. 그러나 모어와 휘틀로다이우스의 의견 대립이 있는 한, 작가 모어가 상정한 최선의 공영사회의 내용이 공동생활과 공동소유가 행해지는 사회주의였는지 혹은 사유재산을 인정하는 사회인지는 분명하지 않다. 왜 작가 모어는 그러한 긴장을 만들었으며, 그러한 대립 속에서 우리는 최선상태의 공영사회의 사유재산에 관한 모어의 견해를 어떻게 정리할 것인가? 필자의 생각으로는, 모어에게도 개인의 사적 재산이 인정되지 않는 공동체가 그리 바람직하게 와 닿았을 것 같지는 않다. 그렇다 해서 모어가 물질적으로 풍요로운 삶이 덕의 고양에 필요한 조건이라는 시민적 인민주의자들의 손을 들어준 것도 아니었다. 모어는 건강한 공동체를 만들 수 있는 시민적 덕을 갖추는 데 물질 중심주의가 큰 방해물이 되리라 생각했다. 그 주장을 에둘러 표현하고자, 모어는 휘틀로다이우스와 같은 사회주의자를 등장시켜 사유재산의 문제를 극적으로 표명한다. 유토피아 섬에서 사유재산제를 인정하지 않는다 하는 휘틀로다이우스의 설명이 가장 불합리하게 들렸다고 말하는 모어는 은연중에 독자에게 공산사회의 가능성을 소개하고 있다. 필자는, 작가 모어가 『유토피아』의 갈등 속의 등장인물, 모어와 휘틀로다이우스와의 대화를 통해 당시 영국과 유럽의 타락되고 물질 중심적인 모습을 비판하고 좀 더 나은 사회에 대한 다양한 상상력을 주기 위한 것이었다고 그 의미를 찾았다.[7] 덕의 발휘와 관련하여 사유재산의 필요성을 언급하지만 물질의 개인적 소유에서 비롯되는 폐해를 예민하게 다루지 않는 인문주의와 모어 사이에는 경계선이 있다고 보여진다.

4. 그리스도교와 인문주의

모어는 일생 동안 신앙 깊은 가톨릭 신자였고 짧은 기간이나마 수도원 생활도 했다. 모어는 중세 가톨릭의 권위적인 예식에 반감을 갖지 않은, 가톨릭의 체계를 전적으로 수용한 중세적인 인물이라 할 수 있다. 대륙에서 시작된 종교개혁의 바람이 영국에서도 일어나자 모어는 헨리 8세와 함께 루터와의 신학적 논쟁을 벌이기도 했다. 면죄부 판매가 도화선이 되어 종교개혁을 일으켰던 루터는 가톨릭교회의 일곱 성사 가운데 세례와 성찬, 고백 성사만이 성경에서 허락한 것이라는 주장을 개진하였다. 루터의 주장을 강하게 반박하며, 헨리 8세는 모든 일곱 가지 성사를 당연히 따를 것과 교황

7 필자의 이러한 입장은 이미 다음과 같은 논문에서 밝힌 바 있다. 이화용, 2002: 91-107.

의 권위를 인정할 것을 주창하였다.[8] 헨리 8세와 마찬가지로, 모어 또한 전통적인 가톨릭의 가르침에 도전하는 루터의 신학적 교리를 강도 높게 비판하였다. 구체적으로 모어는 법조계에 있으면서 루터의 책들을 이단의 저서로 낙인찍어 이를 판매한 런던의 상인에게 형벌을 주었고, 또한 대법관으로 재임할 때 6명의 이단을 처형하기도 하였다(Kenny, 1983: 52, 61). 뿐만 아니라 모어는 가톨릭 교리를 옹호하기 위해 루터의 신학을 비판하는 책을 쓰기도 하였다. 영국에서 루터의 교리를 열정적으로 전파한 틴달의 주장을 비판하고 대중에게 가톨릭의 교리를 다시 알리기 위해 저술한 『이단에 관한 대화』(1529)에 이어, 모어는 『틴달의 답변에 대한 반박』(1532-1533)과 『변명』(1533) 등을 통해 당시 대륙으로부터 들어온 종교개혁의 돌풍에 쐐기를 박고자 하였다.

종교개혁에 관해 한 목소리를 내던 헨리 8세와 모어는 이후 잇단 헨리 8세의 반가톨릭 행위로 인해 파열음을 내기 시작하였다. 무엇보다 가톨릭 신자인 모어가 결코 받아들일 수 없는 비논리적이고 반종교적인 궤변은 헨리 8세의 왕의 수장권 주장이었다. 모어가 보기에 헨리 8세는 영국을 통치하는 세속사회의 일개 왕에 불과하므로 로마 교황청에 대해 어떠한 자치권도 주장할 수 없는 것이었다. 비록 영국에서 정치적으로는 최고의 권위를 갖는 왕이라 할지라도 종교적으로 평신도에 불과한 왕이 그리스도의 보편 교회, 즉 로마 교황청의 법을 거부한다는 것은 모어의 종교세계에서 상상할 수 없는 것이었다. 헨리 8세의 세속사회 통치는 하나님의 법 테두리 내에서, 가톨릭교회 체계의 권위를 인정하는 한에 있어 정당성을 갖는 것이었다. 이를 부정하는 헨리 8세 앞에서 모어가 취한 선택은 헨리 8세의 법이 아니라 하나님의 법이었다. 그러나 이에 대한 세속적인 대응은 모어의 죽음이었다.

---

8 헨리 8세는 『마르틴 루터에 대한 7성사의 옹호』(*Assertio septem sacramentorum adversus Martinum Lutherum*) (1521)라는 책에서 교황권을 옹호하며 루터를 강하게 비판하였다. 교황 레오 10세는 헨리 8세에게 '신앙의 수호자'라는 칭호를 부여하였다.

개인적인 종교의 관점에서 볼 때 모어는 신실한 중세인임이 분명하지만,『유토피아』에서 그려지는 종교적인 관용과 바람직한 그리스도교인의 모습은 모어 개인의 중세적 종교관을 넘어서고 있다. 이 지점에서 모어의 종교적 관용에 영향을 준 학자이자 그의 오랜 친구였던 에라스무스를 언급하지 않을 수 없다. 실제 모어 개인이 지향했던 그리스도교와『유토피아』에서의 종교적 관용과는 거리가 있음은 분명하다. 그럼에도『유토피아』에서 급진적으로 종교적 관용과 그리스도인으로서의 자세가 다루어지고 있는 것은 에라스무스의 '크리스찬 인문주의'의 영향이 매우 컸다.[9] 스콜라 철학자들은 에라스무스가 자신들의 입장과 너무 다른 교리를 주장한다 하여 그를 신학자로 인정하지 않기도 했지만, 에라스무스는 자신의 입장이 초기교회 교부들의 가르침을 전수하고 있다고 주장하였다(Albert, 1955: 121). 교회의 성사를 받아들이고 따르면 구원되리라 한 그리스도의 전통적 입장과 달리, 에라스무스는 "진정한 그리스도인이란 세례를 받은 사람도 서품을 받은 사람도 교회에 가는 사람도 아니다. 진정한 그리스도인은 그리스도를 자신의 마음 내면 가장 깊이 끌어안고 믿음 깊은 행동으로써 그를 모방하려는 사람"이라는 이른바 '크리스찬 인문주의'를 역설하였다(Erasmus, 1965: 153, 스키너, 2004: 47에서 재인용). 유토피아 섬의 종교에 대한 묘사에는 에라스무스의 '크리스찬 인문주의' 특성이 반영되었다. 모어의『유토피아』가 에라스무스와 합작품 혹은 제2권은 에라스무스가 쓴 것이라는 주장이 힘을 받는 것도 바로 이와 같은 종교적 관용으로 인해서이다(Hexter, 1961: 23).

모어는 충실한 그리스도인으로서 로마교회의 권위에 도전한 헨리 8세를 따르지 않는다는 이유로 죽음까지 맞이했다. 그렇다 할지라도, 모어는 성예

---

9 르네상스 시대 인문주의는 스콜라 철학에 대응하여 그리스와 로마 시대 고전의 중요성을 강조하고 이를 학문, 교육과 정치 등에 적용하고자 한 사조를 뜻하는 매우 넓은 의미로 사용한다. 그러나 당시 인문주의는 고전의 의미를 재해석하는 과정 속에서 여러 분파가 생기기도 하였다. 이 글에서 언급하는 '크리스찬 인문주의'와 '시민인민주의' 등도 그 분파의 하나라 할 수 있다.

식이나 종교적 절차가 중요한 것이 아니라 그리스도를 생활 속에서 실천할 때 진정한 그리스도인이 된다고 주장하는 '크리스찬 인문주의'를 수용하였다. 무엇보다 이 점에서, 모어의 사상은 더이상 중세적 그리스도교의 틀에 갇혀 있지 않다. 『유토피아』가 그 구성방법과 글쓰기 스타일에 있어 스콜라 철학자들과 유사하여 모어의 중세성이 노정된다 해도, 모어의 종교사상은 진정한 그리스도교인이 누구인지를 성찰한 '크리스찬 인문주의'를 따라갔다.

그러나 모어의 유토피아에 대한 사유는 '크리스찬 인문주의'와는 또 다른 차별성을 보인다. 다시 『유토피아』의 이야기로 돌아가 보자. 유토피아 섬은 그리스도와 성경을 전혀 알지 못하고 다신교가 허용되는 곳이었다. 그러나 모어(혹은 휘틀로다이우스)는 유토피아인들이 그리스도를 모른다는 이유로 이들을 참된 인간이 아니라고 밀어붙이지 않았다. 오히려 모어는 휘틀로다이우스를 통해 자신들과 다른 종교에 대해서도 관용을 베푸는 유토피아인의 모습을 인상적으로 전하고 있다.

> "유토포스(유토피아의 왕)는 어느 특정 종교를 숭배하도록 하지는 않았습니다. 하느님은 여러 가지 다른 방법으로 숭배받기를 바라므로 사람에 따라 다르게 믿을 수도 있다고 생각했기 때문입니다. 자신의 종교를 믿도록 다른 사람에게 위협을 가하고 폭력을 쓰는 것은 어리석고 오만한 일이라고 생각했지요. 진정한 종교가 하나밖에 없더라도, [⋯] 궁극적으로 자체의 힘에 의해 진리는 승리를 거두기 때문입니다."(*Utopia*, 97-8)

위의 인용 구절에서 보듯이, 모어는 절대적 존재로서의 하느님을 믿고 있다. 그러나 모어는 여러 상황에 따라 하느님을 믿는 방식과 형태가 동일하지 않을 수 있음을 인지하였다. 이는 하느님을 믿고 숭배하는 방식이 반드시 당시 유럽, 다시 말해 하느님의 말씀과 동떨어진 모습을 보여주고 있는 타락된 유럽과 동일할 필요가 없으며 억압적으로 이를 강요해서도 안 됨을 함축한다. 그러나 하느님을 믿는 그리스도교와 다른 종교나 방법이 있음을 인정하면서, 모어는 또한 결국 진정한 종교와 진리가 승리를 거둔다고 주장한다. 모어의 이 주장은 다양한 종교도 방식은 다르나 그 본질에서는 하느님에게로 통합될 수 있음을 시사하고 있다고 볼 수 있다. 실제로 종교적 비관용과 갈등은 자신들이 믿는 신을 동일한 방식으로 믿어야 한다는 배타적인 신념에서 비롯된다. 유토피아 섬에서처럼 하느님을 다양한 방법으로 믿을 수 있음을 서로 인정한다면, 갈등과 배제가 없는 평화로운 최선상태의 공영사회, 곧 유토피아에 이르는 길이 훨씬 가까워질 수 있을 것이다. 모어는 그리스도인의 실천 부문을 강조한 에라스무스류(類)의 '크리스찬 인문주의'처럼 종교적 관용을 보이되, 그 관용에도 하느님의 절대적 존재가 부정되지 않고 오히려 하나로 통합될 수 있음을 보여주었다. 이로써 평생을 진실한 그리스도교인으로 살았고 그 믿음에 대한 충성으로 죽음까지 맞이했던 모어의 삶이 설명될 수 있다.

그리스도교, 구체적으로 가톨릭교에 대한 개인적 충성을 보였던 모어가 유토피아 섬에서와 같은 종교적 관용을 보여주고 있는 이유는 무엇일까? 모어가 당시의 잣대로는 이교도라 할 수 있는 유토피아인들의 종교적 관용을 전면에 내세운 이유는 이를 통해 도덕적으로 타락하고 있는 유럽을 향해 강한 메시지를 던지고자 했기 때문이라 할 수 있다. 다시 말해, 유토피아 섬의 사람들이 행했던 다름의 방법을 인정하는 유연한 종교 생활을 통해 모어는 진정한 그리스도인의 모습을 그려보고자 했다. 모어는 예수를 통한 은총과 구원이 그리스도교의 핵심임을 강조하고 덕스러운 삶의 실천이야말로 진정한 그리스도인의 모습임을 밝히고자 하였다. 이를 통해 모어는 그리스도의 이름으로 가해지는 온갖 형식적인 독단에 일침을 가하고자 했다.

Ⅳ. 나가는 말

『유토피아』에서 보여준 삶의 다양한 모습과 서로 다른 의견들은 유토피아에 대한 모어의 풍부하고 치밀한 상상력을 그대로 반영한다. 모어가 제시하는 유토피아, 즉 최선의 공영사회를 실현하는 방법은 덕의 회복과 정치참여, 화폐 사용의 금지와 사유재산제 폐지, 절제된 노동 등이었다. 모어가 살던 16세기에 이것들은 휘틀로다이우스의 입을 통해서 전달해야 했을 정도로 매우 급진적인 것이었다. 모어는 자신의 상상력이 너무 앞서 있어 유토피아라는 이상의 섬을 만들어 거기에다 자신이 하고 싶은 이야기와 정치적 상상력을 쏟아내었는지도 모른다. 그러나 시대적으로 혁명성이 담긴 메시지와 해결책을 내놓고자 했던 모어는 동시에 전통과 역사도 무시하지 않았다. 모어는 자신의 시대가 이미 중세의 다리를 건너 르네상스로 가고 있음을 인지하면서도 중세 가톨릭의 권위에 복종하였다. 헨리 8세의 정치에 의해 만들어진 영국 국교회는 모어가 알고 있던 종교적 믿음의 본질과는 무관한 것으로, 모어는 이에 저항하고 의연한 죽음을 택하였다.

모어의 유토피아에 대한 묘사는 당시 르네상스 인문주의의 반영이자 그것에 대한 도전과 비판이기도 하다. 르네상스 인문주의에 대한 단일화된 정의가 있는 것은 아니지만, 다양한 종류의 르네상스 인문주의는 신의 섭리에 대한 전적인 의존에서 벗어나 인간의 창조적 힘에 대한 확신을 공통분모로 갖는다. 인문주의는 하느님을 믿는 중세적 종교관을 거부하는 사조가 아니라 삶의 무게중심을 사람의 의지와 실천으로 옮겨놓았을 뿐이다. 르네상스 인문주의의 영향 속에서, 인간이 행하는 덕을 중시하고 그것에 기반한 정치참여를 주장하며, 인간의 삶에 재화가 제일 중요하지는 않으나 필요한 것이며, 그리스도인이라 말하면서 그리스도 예수의 삶을 따라하지 않느니 예수와 성경을 몰라도 그리스도적인 삶을 사는 것이 중요하다고 본 '크리스찬 인문주의'를 모어는 수용한다. 그러나 모어의 유토피아 사유는 거기에 머무르지 않았다. 모어의 『유토피아』를 인문주의라는 틀에 묶어 놓기에는 그의 사상이 매우 다양했다. 모어는 덕에 기반한 현실정치와 더불어 특수 상황을 고려하는 법의 적용을 주창했던 인문주의자였다. 모어는 혈통과 부에서 나오는 고위함과 덕을 말하는 당시 인문주의자들을 비판하며 진정한 덕에 대한 성찰을 시도한 인문주의자였다. 모어는 종교적 관용을 수용하되 진리의 궁극은 하느님임을 믿었던 인문주의자였다. 모어는 공정한 정치 공동체를 형성하기 위해 귀족의 세습권에 반대하고 화폐와 사유재산의 폐지를 제시한 마르크스주의자였다. 이처럼 모어의 유토피아는 르네상스 인문주의의 힘에 마냥 눌리지 않고 경계의 확장을 통해 희망의 유토피아를 만들어가는 이상향이었다. 모어는 중세적 틀에 갇혀 있지 않고, 르네상스의 인문주의를 수용하면서 이를 비판할 줄 아는 유토피아 사상가였다.

모어가 타계한 지 거의 반세기가 되어 간다. 모순과 대립의 유럽을 살리기 위해 제시되었던 모어의 유토피아에 대한 갈망과 기대는 몇 세기를 걸치면서 여러 정치적 실험을 거쳐 실현되거나 혹은 실패하였다. 종교적 관용, 자본주의 모순을 비판하는 마르크스의 등장, 사회주의 경제, 노동시간의 축소, 복지국가의 실현 등은 모어가 그렸던 유토피아 청사진의 모습이기도 하다. 21세기의 우리는 16세기 모어가 당시 유럽을 비판하면서 꿈꾸었던 유토피아를 어느 정도 이루었는가? 오늘날 우리는 인간의 가치가 나락 속에 떨어지고 더욱 황폐화된 상황 속에 있다. 『유토피아』 출간 500주년이 무색할 정도로, 종교적인 무관용에서 비롯된 심각한 갈등이 빈번하고 물질에 대한 탐욕과 경쟁이 끝을 모르고 치열해지고 있다. 유토피아, 새로운 공동체를 위한 성찰이 더더욱 필요한 시점이다. 유토피아는 어느 곳에도 없는 새로운 곳을 의미한다 할지라도, 유토피아를 위한 지향은 어느 곳에나 있어 더 나은 공동체를 위한 희망을 포기하지 않기를 바랄 뿐이다.

참고문헌

김평중 (1998). 튜더 초기의 정치 상황과 토머스 모어. 전주사학. Vol. 6. n. 5. 145-163.

스키너, 퀜틴 (2004). 근대 정치사상의 토대 1. 박동천 역. 파주: 한길사.

이화용 (2002). 토머스 모어의 이상국가론. 정치사상연구. Vol. 7. 91-107.

Baker-Smith, D. (1991). *More's Utopia*. London: Harper Collins Academic.

Baron, H. (1996). *The Crisis of the Early Italian Renaissance*. Princeton.

Chambers, R. W. (1935). *Thomas More*. London: Cape.

Erasmus, D. (1965). *The Education of a Christian Prince*. trans. & ed. by L. K. Born. New York.

Guy, J. (2000). *Thomas More*. Oxford University Press.

Hexter, J. H. and Surtz, E. (1965). "Introduction." More. *Utopia*. The Complete Works of St. Thomas More. Vol. 4, eds. J. H. Hexter and E. Surtz. New Haven: Yale University Press.

Kautsky, K. (1959). *Thomas More and His Utopia*. trans. by H. J. Stenning. New York.

Kenny, A. (1983). *Thomas More*. Oxford: Oxford University Press.

Kristeller, P. O. (1979). *Renaissance Thought and Its Sources*. New York: Columbia University Press.

McIlwain, C. (1932). *The Growth of Political Thought in West: From the Greeks to the End of the Middle Ages*. New York: Macmillan.

Mermel, J. (1977). "Preparations for a Politic Life: Sir Thomas More's Entry into the King's Servic." *Journal of Medieval and Renaissance Studies*. VII. 53-66.

More, Thomas (1963-1986). *The Yale Edition of the Complete Works of Sir Thomas More*. New Haven: Yale University Press.

More, Thomas (1999). *Utopia*. eds. G. M. Logan and R. M. Adams. Cambridge.

Pocock, J. (1962). "The History of Political Thought: A Methodological Enquiry." *Philosophy, Politics and Society*, ed. by P. Laslett and W. G. Runciman. 2nd ser. Oxford: Basil Blackwell. 183−202.

Roper, W. (1962). "The Life of Sir Thomas More." *Two Early Tudor Lives: the Life and Death of Cardinal Wolsey by George Cavendish: The Life of Sir Thomas More by William Roper*, ed. by R. S. Sylvester and D. P. Harding. CT: New Haven.

Skinner, Q. (1969). "Meaning and Understanding in the History of Idea." *History and Theory*, 8. 3−53.

Skinner, Q. (1978). *The Foundations of Modern Political Thought*. Vol. I. Cambridge.

Skinner, Q. (1990). "Sir Thomas More's Utopia, and the Language of Renaissance Humanism." *The Languages of Political Theory in Early-Modern Europe*. ed. by A. Pagden. Cambridge.

Strauss, L. (1964). *The History Political Philosophy*. ed. by L. Strauss and J. Cropsey. Chicago: Chicago University Press.

chapter **2**

모어의 '최선의 정부형태'론 : 『유토피아』의 일독해

홍 기 원

(서울대학교 대학원 법학과)

모어의 '최선의 정부형태'론 : 『유토피아』의 일독해

홍 기 원 (서울대학교 대학원 법학과)

1478년 2월 7일 런던에서 법률가(John More, c.1451–1530)의 아들로 태어난 토머스 모어는 부친의 영향으로 자신 역시 변호사로서 직업생활을 시작하지만, 그의 인문주의적 학문관은 그의 삶을 좁은 의미의 (즉, 실무봉사적) 법학에만 머물게 하지 않고 한때에는 성직자의 길을 걷고자 꿈꾸게 하기도 하는가 하면 또 그와 동시에 문학 · 역사 · 철학 · 수사학 등 인문학의 다방면, 특히 정치철학에 관심을 갖게 한다.[1] 1510년 런던에서 판사직에 임명되고 나서 성실법원(星室法院, Star Chamber)에서 사회문제에 연관된 사건들을 다수 맡게 되고,[2] 또 1514년 청원담당판사(Master of Requests)로 임명된 이후에는 자연스럽게 하층민의 청원사건을 맡게 되는데, 이러한 직업적 경험이 그로 하여금 정치와 사회에 대해 지속적으로 관심을 갖게 하여 1516년 『유토피아』를 저술케 하고 자신의 개혁사상을 다듬어 나갈 수 있게

1 그의 어린 시절 가족환경과 청년 시절의 학업에 관해서는, Wegemer, 1995, 제1–2장 참조.

2 그의 맏사위(William Roper, 1496–1578)가 남긴 전기 참조 (1822, p.11 이하).

해 주는 자양이 됐을 것이라 충분히 짐작할 수 있다. 흑사병 이래[3] 이제 16세기 초에 또 다시 크나큰 인구 · 경제적 위기를 맞은 잉글랜드는 도농(都農)을 불문하고 사회 구석구석 빈곤층의 불행을 목도하게 만들었고, 그리하여 일찍이 사회경제적 문제에 깊은 관심을 갖고 있던 서른여덟 살의 판사는 빈농을 도둑으로 내몰고 있는 진정한 원인은 무엇인가에 대해 진지하게 고민하지 않을 수 없었던 것이다.[4]

그렇다고 해서 『유토피아』를 16세기 초 잉글랜드의 특수한 사회경제적 상황만을 배경으로 해서 출현하게 된 저작물이라 여긴다면 토머스 모어의 사상 일반과 『유토피아』의 토대를 이루고 있던 범유럽적 인문주의의 경향을 저평가하는 독해가 될 것이다. 당대 최고의 인문주의자 중의 한 사람으로 손꼽히고 있던 로테르담의 에라스무스(Desiderius Erasmus, 1469-1536)는 젊은 시절부터 유럽 각지를 유학하며 각국의 문인들과 교류의 폭을 넓히고 있었는데, 1499년 처음으로 토머스 모어와 교제를 이룬 이후로 1511년 『우신예찬』이 출판될 때까지 두 인문주의자는 서로의 관심을 공유하며[5] 유럽사회가 공통적으로 처한 병폐를 치유할 방법을 함께 모색해 나가고 있었다. 즉 에라스무스의 『우신예찬』이 당대 지성계와 종교계의 인습을 단지 냉소적으로 풍자하는 것 이상의 의의를 지녔던 것과 마찬가지로 『유토피아』 역시

---

3 중세말 잉글랜드의 빈곤상태와 그에 연관된 문화일반에 대한 연구로는, Kate Crassons, *The Claims of Poverty: Literature, Culture, and Ideology in Late Medieval England*, Notre Dame: University of Notre Dame Press, 2010 참조.

4 *Utopia*, ed. 1518, p.55 ff.; 김남우 역, 86면 이하. 마르크스가 『자본론』 제1권 제27장에서 자본의 "이른바 시초축적" 과정과 농민의 토지수탈 간의 관계를 논하면서 모어의 기술을 언급하고 있는 부분(김수행 역, 2015년 개역판, 서울: 비봉출판사, 985-986면; 1872년판 제24장)은 이런 관점에서 주목할 만한 가치가 있다. 이후 『유토피아』는 사회주의자들에게 공산주의 사회의 이상향을 그린 작품으로 평가되어 왔다: Karl Kautsky, *Thomas More und seine Utopie*, Stuttgart: J.H.W. Dietz, 1888; William Morris, "Forward," *Utopia*, Hammersmith: Kelmscott Press, 1893.

5 에라스무스는 토머스 모어에게 보내는 『우신예찬』의 서문에서 자신이 이탈리아를 떠나 잉글랜드로 향하던 중에 "우리 공통의 관심사"(communia studia nostra)에 관해 계속해서 숙고했음을 이야기하고 있다.

당대 유럽사회의 정치 · 사회 · 종교의 개혁을 지향하고 있던 한 인문주의자의 지적 활동의 산물이었던 것이다(Grace, 1985: 125). 에라스무스의 학문적 기획은 "전통적 인문주의" 혹은 "신(新)스토아"(키케로)를 옹호하는 데 있었음을 논하는 연구들[6]의 관점을 따를 것 같으면 그와 "공통의 관심사"를 갖고 있었다고 얘기되는 토머스 모어 역시 키케로의 덕치사상을 주장한 것으로 볼 수도 있겠으나, 본고에서는 『유토피아』가 신(新)스토아철학의 노선을 따르고 있는지 아니면 15세기 이탈리아의 신(新)로마주의를 추종하고 있는지의 문제에 대한 논쟁 자체에 참여하는 데에 목적을 갖고 고찰하기보다는 이 작품에서 저자가 그리고 있는 섬나라의 정치제도의 성격을 그의 전체 정치사상 속에서 파악해 보고자 하는 데에 주된 목적이 있다.

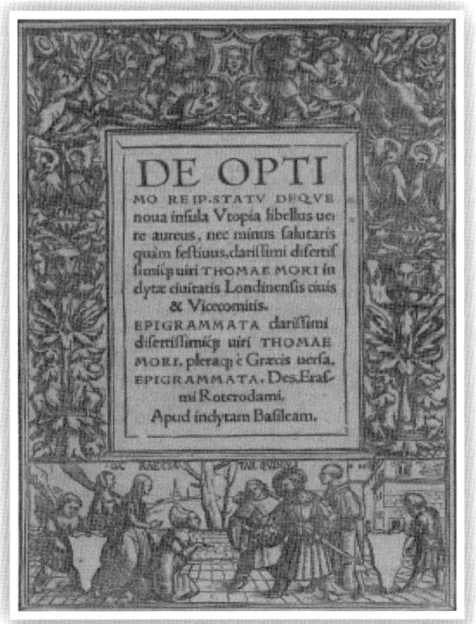
DE OPTI
MO REIP. STATV DEQVE
noua insula Vtopia libellus ue
re aureus, nec minus salutaris
quàm festiuus, clarissimi disertis
simiq; uiri THOMAE MORI in
clytæ ciuitatis Londinensis ciuis
& Vicecomitis.
EPIGRAMMATA clarissimi
disertissimiq; uiri THOMAE
MORI, pleraq; è Græcis uersa.
EPIGRAMMATA. Des. Eras
mi Roterodami.
Apud inclytam Basileam.

그림 1 『유토피아』 (1518년판) 표지

6 Surtz, "Introduction," 1964; White, in: *Albion*, Vol. 10 (1978), pp.135-150; Logan, 1983, p.111; Skinner, 1987.

이 작업을 위해 우선 우리는 토머스 모어가 『유토피아』를 저술하게 된 동기에 대해 잠깐 생각해 볼 필요가 있다. 저술동기를 철학의 보편적 문제 중의 하나인 '삶의 최선의 방식은 무엇인가'란 물음에 대해 저자 나름대로의 해답을 제시하려는 시도 속에서 찾으려는 입장에서 볼 것 같으면, 『유토피아』는 분명 키케로적 관심의 연장선상에 있다고 볼 수 있을 것이다. 즉 『유토피아』는 사회 속에서 개인의 덕과 공동체의 덕 간의 관계를 밝힌 것이며(Murray, 2012: 159-160), 궁극적으로는 (키케로에서와 마찬가지로) 인간의 본성에 대한 탐구이자 어떻게 하면 공동체적 삶 속에서 개인이 인간의 본성을 완성할 수 있을까, 달리 말하면 어떻게 행복에 이를 수 있을까의 문제에 대한 실천적 탐구라고 파악하는 것이다(Wegemer, 1996: 113). 하지만 그렇다고 해서 (이러한 입장에서 쉽게 단정하고 있듯이) 최고선(summum bonum)에 관한 이론적 탐구는 『유토피아』에서 부차적인 위치를 차지한다고 보는 파악이 즉각적으로 당연시되는 것은 아니다. 오히려 단순히 『공화국의 최선의 상태에 관하여』라는 『유토피아』의 원래 제목만 상기해 보더라도 토머스 모어의 의도는 키케로가 『공화국에 관하여』에서 보여준 실천적 구상을 그 이론적 원천이라 볼 수 있는 플라톤의 『국가』와 『법률』에 기대어 재구현하는 것이었다고 보는 것이 타당하지 않을까 한다. 그리고 이 점은 저작의 말미에서 화자(話者) 라파엘 휘틀로다이우스가 다음과 같은 말로 자신의 이야기를 끝맺음하고 있음에서도 여실히 드러난다고 하겠다.

> "이제까지 나는 여러분께 가능한 한 정확하게 제가 보기에 가장 훌륭하게 공익에 기여하는 국가를, 그리고 정당하게 그런 이름을 얻을 만한 유일한 국가를 설명했습니다."(ed. 1518, p.156; 김남우 역, 253면)

자신들이 살고 있는 나라가 "가장 행복한 나라"이고 "가장 진실한 종교"를 갖고 살아갈 수 있는 곳임을 잘 알고 있기에 유토피아의 시민들은 하나님의 은총에 감사하지 않을 수 없는 것이며, 또한 더 나아가 그들은 "세상 다른 종족들도 그들과 같이 삶을 영위하고 그들과 같은 종교를 믿게 해 주실 것"을 기원한다고 화자는 전한다.[7] 토머스 모어는 유토피아의 시민들과 이러한 이상을 관념적으로 공유하고 있었고, 잉글랜드의 땅 위에도 이러한 일종의 신국이 건설될 수 있기를 바라는 절실한 염원을 자신의 작품 속에 담아냈던 것이다.

Ⅰ. 이성(理性)의 원리에 기초한 공화국

1. 유토피아의 주권은 인민에게 있고, 모든 권력은 인민으로부터 나온다

『유토피아』의 제2권이 "가장 행복한 나라" 유토피아의 법제에 대해 분야별로 구체적으로 기술한 부분이라면, 제1권에서는 올바른 정치란 여하한가에 관해 "플라톤과 같은 분"[8] 라파엘 휘틀로다이우스의 입을 통해 일반론이 전개되고 있다고 할 수 있다. 앞서 언급한 바 있는 빈민구제법에 관해 논하는 중에 자연스럽게 분명해지는 정의론(正義論)을 시발로 해서 철인정치론(哲人政治論)·평화주의(平和主義) 등이 차례로 논해지고 있는데, 본고에서 특히 주목하고자 하는 부분은 왕과 인민 간의 관계를 논한 부분이다. 왜냐하면 색슨족의 왕정 이후로 왕가(王家)가 바뀌지 않는 한 그 혈족 안에서 왕위세습이 이루어져 왔던 잉글랜드에서, 그리고 헨리 7세(재위 1485-1509)에

7 *Utopia*, ed. 1518, p.155; 김남우 역, 252-253면.

8 "imo velut Plato": *Utopia*, ed. 1518, p.28; 김남우 역, 76면.

서 8세에로 이제 막 튜더왕조의 왕위세습이 이루어진 나라에서 일개 판사가 (비록 허구적 인물의 입을 통해서이긴 하지만) '정상적 왕국에서는 왕위계승은 세습이 아니라 선거에 의해 이루어짐'을 당연한 원칙으로 여기고 있는 듯 기술을 하고 있는 것은 매우 과감한 일이 아니지 않을 수 없기 때문이다.

> "백성들은 자신들의 이해 때문에 왕을 선택하지, 왕의 이해 때문에 선택하는 것이 아니며, 결국 왕의 노고와 인내를 통해 자신들이 유복하고 안전하게 살아가기를 바란다. [···] 자신의 행복보다는 백성들의 행복을 돌보는 것이 왕의 의무이며, 이는 목자가 스스로를 먹이기보다 양떼를 먹이고자 고민하는 이치와 같다. [···] 왕은 허울뿐인 왕국을 유지하되 위엄을 실추시키는 수단으로 왕위를 유지하지 말 것이며, 차라리 자리에서 물러나야 합니다."[9]

위 구절에서 또한 읽을 수 있는 것은 토머스 모어는 올바른 군주정이란 군주가 자신의 안위를 위해서가 아니라 인민(populus)의 안녕을 위해 정치를 하는 체제를 지칭한다고 하는 고대 그리스의 정치사상을 계승하고 있는 한편, 더 나아가 군주가 이러한 정치의 목적을 다하지 못할 때에는 스스로 자리에서 물러나야 함을 주장하고 있다는 점이다. 군주가 한 나라의 주인(主人)이 아니라 인민의 선거를 통해 정권을 위임받은 국가의 목자(牧者)라면 그가 능력과 의지의 부족으로 더 이상 자신의 소임을 다할 수 없을 때에는 더 이상 권좌에 연연하지 말고 스스로 사임해야 한다는 것이다. 군주의 권위는 무력(武力)과 혹형(酷刑)으로써 유지되는 것이 아니라 소임을 성실히 이행함으로써 유지된다고 하는 진실을 화자 라파엘 휘틀로다이우스는 다음

9 *Utopia*, ed. 1518, p.59: "regem sibi deligere sua causa, non regis, videlicet uti eius labore ac studio ipsi commode vivant, tutique ab injuriis. eoque magis ad principem eam pertinere curam, ut populo bene sit suo, que ut sibi, non aliter ac pastoris officium est, oves potius que semet pascere, quatenus opilio est [···] illi profecto regno abdicare, que his retinere artibus, quibus queque imperii nomen, retineat, certe amitrit majestatem"; 김남우 역, 118-119면.

과 같은 비유로 계속해서 표현한다: "못난 의사가 질병을 치료한답시고 또 다른 질병을 안겨주듯이 생명을 이어갈 것들을 빼앗는 것 말고는 백성을 살릴 다른 길을 알지 못하는 못난 왕은 자신이 자유민을 다스릴 능력이 없음을 고백해야 합니다."[10]

그렇다면 만약 군주가 능력과 의지의 부족으로 자신의 소임을 다하지 못하고 있음에도 불구하고 무력과 혹형으로써 자신의 권좌를 유지하고 있으려고만 한다면 인민은 어찌해야 하는가? 결론부터 말하자면, 부당한 무력에 대해서는 정당한 무력을 통해서 대항할 수밖에 없다는 것이 토머스 모어의 답이었다. 우선 1497년 헨리 7세 때 가정맹어호(苛政猛於虎)의 혹세(酷稅)에 저항하여 콘월(Cornwall) 지역민들이 반란을 일으켰던 실례를 언급하고 있는데, 비록 이들이 "가련하게도 무참히" 도륙당하고[11] 자신들의 주장을 관철시키지는 못했지만, 이 사건은 잉글랜드의 정치계에 커다란 경종을 울려주었다고 모어는 보는 것이다. 즉 왕권은 불가항(不可抗)의 절대적인 권위를 지니는 것이 아니라 폭정(暴政)에 이르렀을 경우에는 인민이 그에 저항하고 무력적 억압에 대해 정당방위로서 무력으로 대항할 수 있다는 것이다. 토머스 모어의 폭군방벌론(暴君放伐論)은 이상적 헌정질서를 구체적으로 묘사하고 있는 제2권에서 더욱 급진적인 방식으로 제시되고 있다. 즉 유토피아의 시민들은 폭정의 "굴레와 노역"으로부터 해방시키기 위해서는 내전이나 전쟁도 불사한다는 것이다.

> "유토피아 사람들은 전쟁을 짐승의 일이되, 짐승보다는 인간들이 더욱 열심인 일이라고 믿어 이를 경멸합니다. [… 하지만 그들도] 선한 이유에서 전쟁에 참여합니다. 조국을 지킨다거나, 우방국의 영토를 침범한 사람들을 퇴치한다거나, 인간존엄의 이름으로, 독재자에게 억압받는 사람들을 억압의 굴

---

10 *Utopia*, ed. 1518, p.60: "is se nescire fateatur imperare liberis"; 김남우 역, 120면.

11 *Utopia*, ed. 1518, p.54; 김남우 역, 85면. 에드워드 홀의 『연대기』(p.477ff.)의 기록에 따르면, 블랙히스(Blackheath) 전투에서만 2,000명 이상의 콘월인들이 목숨을 잃었다고 한다.

레와 노역에서 해방시킬 경우입니다."[12]

폭정에 대한 무력저항은 자유(libertas)와 인간존엄(humanitatis gratia)의 수호라는 목적하에서 정당화될 수 있는 최후의 수단이므로, 자국의 군주가 폭군으로 타락했을 때에 그에 대항하여 군대를 일으킬 수 있는 것은 물론 우방국의 인민들이 폭정에 시달리고 있을 때에도 같은 목적에서라면 이에 무력으로 개입하여 그들을 폭정으로부터 해방시킬 수 있다고 한 것인데, 이는 매우 선구적인 주장이라 하지 않을 수 없다. 왜냐하면 "국가를 억압하거나 망치고 있는 군주에 대해서는 어느 정도까지 저항할 수 있는가"의 문제는 훗날 이른바 종교전쟁기에 프로테스탄트 진영은 물론 가톨릭 진영의 여러 이론가들이 각기 골몰하게 되는 문제이며, 더군다나 후자의 문제, 즉 "어떤 군주의 신민이 참된 종교 때문에 명백한 폭정으로부터 처벌을 받거나 억압을 받는 경우에 이 신민을 이웃나라의 군주가 구조할 권리를 가질 수 있거나 구조할 의무를 지는가"의 문제는 (인도적 개입(人道的 介入)의 정당성과 한계에 대한 논란이 끊이지 않고 있는 오늘날의 견지에서 보더라도) 보편적 논거에 기대지 않고서는 타당하고 납득할 만한 결론을 내기가 매우 지난한 문제인데,[13] 토머스 모어는 마치 이에 대해 상세한 논거를 제시할 필요도 느끼지 못한다는 듯이 자유와 인간존엄의 수호라는 명분으로 이를 간단명료하게 정리하고 있기 때문이다. 화자 라파엘 휘틀로다이우스는 전언하기를, "과거에 유토피아 사람들은 주변 이웃나라 사람들을 독재자들에게서 해방시켰는데 이웃나라 사람들은 유토피아 사람들의 탁월함을 높이 칭송하여 자발적으로 자신들을 관리할 행정관을 파견해 줄 것을 요청"할 정도였다고 한다.[14] 네펠로게테스人들을 억압으로부터 구해 주기 위해 아라오폴리테스

12 *Utopia*, ed. 1518, p.129: "populum quempiam tyrannide pressum, miserati, (quod humanitatis gratia faciunt) suis viribus Tyranni jugo, & servitude liberent"; 김남우 역, 217면.

13 필립 드 모르네의 저서로 알려져 있는 『폭군방벌론』(1579) 참조.

14 *Utopia*, ed. 1518, p.126: "Multos enim ipsi iam olim tyrannide liberaverunt"; 김남우 역,

人들과 전쟁을 한 것이 그러한 예에 속한다.[15]

2. 유토피아는 민주공화국이다

"지극히 현명하며 지혜로운 유토피아의 국가제도"는 위에서 본 것처럼 군주와 인민 간의 올바른 관계에 기초해 있고 또한 자유와 인간존엄을 지고(至高)의 정치이념으로 삼고 있기에 정치를 함에 있어 복잡한 법령의 산적(散積)을 필요로 하지 않는다. 그들은 오로지 "최소한의 법률로써" 정치를 함에도 불구하고 "국가의 모든 일이 최선에 이르도록" 하여서 "만사가 형평성을 잃지 않으니 모든 이들이 풍성하게 살아"갈 수 있는 것이다.[16] 또한 그렇기 때문에 화자는 "유토피아처럼 잘 조직된 나라"는 다른 어디에서도 찾아볼 수 없을 것이라고 하는 것이다.[17] 이러한 국제(國制)의 구상이 기본적으로 상당 부분 플라톤에게 빚지고 있음에 대해서는 이미 많은 지적이 있어 왔다.[18] 이것은 『티마이오스』에서는 화자 소크라테스가 이상국가 아틀란티스에 관해 이야기하고 『유토피아』에서는 화자 라파엘 휘틀로다이우스가 유토피아에 관해 이야기한다는 구조적 유사성을 발견하는 것 이상의 의미를 갖는다. 아래에서는 제2권에서 기술된 유토피아의 국헌(國憲)을 좀 더 상세히 살펴봄으로써 토머스 모어의 이상국가론은 결국 플라톤의 정치철학의

213면.

15 *Utopia*, ed. 1518, p.130: "belli quod pro Nephelogetis adversus Alaopolitas"; 김남우 역, 218면. 여기서 네펠로게테스나 아라오폴리테스 모두 가공의 나라들인 것은 물론이다. 희랍어 νεφέλη (구름) + γείτων (이웃), 그리고 ἀλαός (눈먼) + πολίτης (시민).

16 *Utopia*, ed. 1518, p.65: "Quam ob rem quum apud animum meum reputo, prudentissima atque sanctissima instituta Utopiensium, apud quos tam pauvis legibus, tam commode res administrantur, ut & virtuti precium sit, & tamen aequatis rebus omnia abundent omnibus"; 김남우 역, 127면.

17 *Utopia*, ed. 1518, p.67: "populum recte institutum nusque alibi te vidisse que illic"; 김남우 역, 132면.

18 Cottcrill, "Introduction"; Wolf, pp.335–344.

재현이었음을 보고자 한다.

그런데 제도적 고찰을 시작하기에 앞서, 유토피아가 일견 가공물로서 구상된 듯한 외양과 형식을 띠고 있지만, 기실 많은 점에서 유토피아가 환경과 제도의 구조 면에서 잉글랜드와 많은 유사성을 보이고 있음을 지적하는 것은 흥미로운 일이 될 것 같다. 먼저 "신천지 유토피아의 위치와 모양"에 대해 보자면, 유토피아 섬은 중앙부가 가장 폭이 넓고 그 길이는 200마일 정도에 이른다고 묘사되고 있는데[19] 이는 대략적으로 잉글랜드의 브리스톨(Bristol)과 노위치(Norwich) 간의 거리와 유사하다. 거기에 유토피아의 둘레가 500마일에 이른다는 부가적 정보[20]는 양자 간의 유사성에 관한 우리의 가정에 어느 정도 확실성을 더해 주며, 그리고 유토피아인들이 용병으로 선호하는 자폴레테스人들의 고장이 유토피아에서 동쪽으로 500마일 떨어져 있다는 언급[21]과 실제로 캔터베리(Canterbury)에서 헬베티아의 바젤(Basel)까지의 거리가 약 500마일 정도에 이른다는 사실은 (추가적으로 유토피아의 최고도시(最高都市) 아마우로툼과 잉글랜드의 런던 간의 유사성을 확인해 볼 필요도 없이) 토머스 모어가 그리고 있는 유토피아는 사라진 섬 아틀란티스와는 달리 (또 한 번 떠나면 다시 찾을 수 없는 무릉도원(武陵桃源)과는 달리) 실제로는 모어 자신과 그 동족이 발을 딛고 살고 있는 잉글랜드의 가능태(可能態)로서 또는 희망태(希望態)로서 설정하고 있음을 확증케 한다.

---

19 Utopia, ed. 1518, p.70; 김남우 역, 139면.

20 같은 곳.

21 *Utopia*, ed. 1518, p.134: "praesertim ex Zapoletis. Hic populous quingentis passuum millibus ab Utopia distat"; 김남우 역, 223면. 여기서 자폴레테스도 역시 가공의 나라. 희랍어 *ζά* (매우) + πωλητής (채권추심인). *Utopia*, ed. 1517, fol. 82^{v}, 방주(傍註)에 "이 민족은 헬베티아 사람들과 다르지 않다"(Gens haud ita dissimillis elvetiis)고 한 것으로 보아, 토머스 모어는 지리적 위치로 보나 그 직업적 성격으로 보나 자폴레테스의 모델로 헬베티아를 염두에 뒀던 것임에 틀림없다고 하겠다 (당시에 그리고 그 이후에도 스위스인들 중에 외국의 용병으로 복무하는 이들이 많았음은 유명한 사실이다).

그림 2 「아브라함 오르텔리우스 作 「유토피아 지도」(1595년경)

그렇지만 유토피아의 이론적 모델은 앞서 언급했듯이 플라톤으로부터 (그리고 경우에 따라서는 아리스토텔레스로부터) 가져왔다고 보아야 할 것이다. 우선 행정의 구획 및 운영체계를 볼 것 같으면, ① 유토피아는 모두 54개의 "넓고 웅장한" 도시들로 이루어져 있다고 하는데,[22] 이는 물론 이미 7-11세기에 확립된 잉글랜드의 도(道, county) 제도와 구획의 원리를 같이하는 것이겠지만 여기서 54란 수로부터 플라톤이 『법률』에서 이상적(理想的)인 영농가구(營農家口)의 총수[23]로 얘기한 5,040이란 수를 떠올리는 것도 자연스러운 연상이 아닐까 한다. 또한 플라톤의 이상국가에서 각 가구가 농지의 점유경작 주체(γεωμόρος)였던 것과 마찬가지로 유토피아의 각 도시도 "토지를

22 *Utopia*, ed. 1518, pp.69-70: "civitates [⋯] quatuor & quinquaginta"; 김남우 역, 142면.
23 『법률』 제5권 737e. 5,040이란 수의 의미에 관해서는 박종현 역, 374-375면, 역주 54; Antonis Vardulakis and Clive Pugh, "Plato's Hidden Theorem on the Distribution of Primes," *The Mathematical Intelligencer*, Vol. 30, No. 3 (June 2008), pp.61-63 참조.

재산으로 생각하지 않으며, 다만 경작지로" 여긴다.[24] ② 각 도시는 그 자체 내에 동일한 구조의 행정조직을 갖고 있는데, 그 전체조직은 피라미드적 구조를 갖고 있지만 그 구성은 상향식 민주적 구성원리에 따라 조직된다.[25] 즉 매년 30가구가 모여 한 명의 촌장 필아르쿠스(구(舊) 촌장 쉬포그란투스)를 뽑고,[26] 다시 10인의 촌장 필아르쿠스는 한 명의 군수 프로토-필아르쿠스(구(舊) 군수 트라니보루스)의 지휘를 받는데 후자 역시 매년 선출된다.[27] 그리고 마지막으로 200인의 촌장 필아르쿠스가 모여 각 도시 사방을 대표하는 네 명의 후보자 중에서 한 명의 총독을 비밀투표로 선출한다.[28] ③ 이처럼 각 행정관은 자신의 관할 내의 사무를 자신의 책임하에 수행하지만, 같은 급의 복수의 행정단위에 공통적으로 해당되는 사안이나 도시 전체에 해당되는 일반적 사안의 경우에는 공동체적 회의체를 통해 의사결정을 한다. 먼저 촌장들이 모여 회의하는 기구를 코미티아(comitia)라고 부르는데, 각 촌장은 그 관할 30가구들과 의논하고 중의를 모아 코미티아에 참석한다.[29] 또한 총독과 군수가 모여 회의하는 기구를 콘킬리움(concilium, senatus)이라 부르는데, 3일에 한 번 이상 개최되어 주로 국사 전반에 관해 토의하고 (드

---

24 *Utopia*, ed. 1518, p.70: "Quippe quos habent agricolas magis eorum se, que dominos putant"; 김남우 역, 143면.

25 이하 유토피아의 행정조직에 관해서는, *Utopia*, ed. 1518, pp.70-94; 김남우 역, 142-168면.

26 Syphograntus, phylarchus. 단임제. "법적으로 노동에서 면제되어 있지만, 노동하는 나머지 사람들에게 훌륭한 모범을 보이기 위해 이런 특혜를 누리지 않"는다. 각 촌에 설치된 마을회관(aulas capaces)에 거주한다.

27 Traniborus, protophylarchus. 연임제 ("Traniboros quotannis eligunt. Caeterum haud temere commutant").

28 Princeps. 종신제 (단, 독재의 혐의가 있는 경우에는 예외: "Principis magistratus perpetuus est in omnem illius vitam, nisi tyrannidis affectatae suspicio impediat"). 사신(使臣) · 사제(司祭) · 군수(郡守) 등과 마찬가지로 총독(總督) 역시 학자층(學者層)에서 선출한다 ("Ex hoc literatorum ordine legati, sacerdotes, Tranibori ac ipse denique deligitur princeps").

29 "quicquid magni momenti judicatur, ad Syphograntorum comitia defertur, qui cum suis familiis communicata re, post inter se consultant, ac suum consilium renunciant senatui."

문 경우이긴 하나) 사인(私人) 간에 분쟁이 발생한 경우에 이를 다루기도 한다.[30] 입법절차상 특기할 만한 점은 국사에 관한 사안으로서 이 3일의 회의기간 안에 충분한 논거를 갖고 토의된 연후가 아니면 비록 의안이 통과되더라도 이것이 승인된 것으로 보지는 않는다는 점이다.[31] 이와 같이 각 도시 내에서 공동체적 사안은 작게는 코미티아, 크게는 콘킬리움을 통해서 의결되도록 제도화되어 있는데, 만약 이 두 의결기관 이외의 다른 장소에서 국사를 논의하는 경우에는 사형(死刑)을 받게 된다. 이런 극단적 규정이 정해진 것은 혹 총독과 군수가 공모하여 독단적인 결정을 내리거나 "정부형태를 바꾸어 인민대중을 노예로 만들지 못하도록 하기 위해서"인 것은 물론이다.[32] 즉 유토피아 각 도시에서의 의사결정 방식은 촌 단위의 회의에서뿐만 아니라 광역단위 또는 전체 차원의 회의 모두에서 민주적인 원리가 관철되도록 제도화하고 또 강제하는 것이다. 정치적 의사결정 과정에서의 민주적 원리의 시배에 내한 도머스 모어의 관심은 콘킬리움의 매회에 두 명의 촌장이 번갈아 참관하게 되어 있다는 점[33]을 부기한 데서도 엿볼 수 있는데, 이는 이론적으로는 상급 의결기관에서의 토의가 민주적 감시하에 이루어질 수 있도록 하는 장치를 마련해야 함과 실제적으로는 당시 잉글랜드에서 입법이 추밀원(樞密院, Privy Council)에서 이루어지던 절차를 염두에 둔 것으로 볼 수도 있을 것이다.[34] 종합해 보자면, 유토피아의 각 도시는 민주제적

---

30 "Tranibori tertio quoque die, interdum si res postulat saepius, in consilium cum principe veniunt. De rep. consultant. controversias privatorum [si quae sunt] quae perquam paucae sunt, mature dirimunt."

31 "ne quid ratum sit quod ad remp. Pertineat, de quo non tribus in senatu diebus ante agitatum, quam decretum sit."

32 "Extra senatum, aut comitia publica de rebus communibus inire consilia capitale habetur. Haec eo ferunt instituta, ne proclive esset, conjuratione principis, ac Tranibororum, oppresso per tyrannidem populo, statum reipub. mutare."

33 "Syphograntos semper in senatum duos adsciscunt."

34 Wolf, p.336. 토머스 모어는 청원담당판사로 임명된 지 한 달 만에 기사작위를 받았으며, 1518년에는 추밀원의 고문관이 된다(Roper, p.11).

구성을 근간으로 하고 거기에 귀족제적 요소와 약한 군주제적 요소를 혼합한 정치체제라 파악해 볼 수 있다.[35] 즉 아리스토텔레스가 『정치학』에서 역설한 최선의 정부형태로서의 혼합정체의 원리와 플라톤이 『법률』에서 구체적으로 제시한 세 가지 정치체제 간의 혼합정체의 조직방식이 유토피아에 적용된 것이라 볼 수 있다는 것이다.

요컨대, 유토피아의 정치체제는 평등의 원리가 최대한 작동될 수 있도록 행정조직 각 요소의 수와 규모를 (먼 훗날 프랑스혁명에서나 실현된 수준에 버금갈 만큼) 수학적 · 기하학적으로 정하고, 모든 단위에서의 의사결정이 일정한 회의기관을 통해 이루어지도록 하는 동시에 그 과정에서 다양한 이해관계와 의견이 조정과 조화를 이룰 수 있도록 혼합정체의 원리를 채택하고 있는 것이 특색이라고 하겠다.

Ⅱ. 신앙(信仰)의 실천을 위한 공화국

1. 유토피아에서 국교는 인정되지 아니하며, 종교와 정치는 분리된다

1534년 3월 23일, 의회는 잉글랜드의 왕위가 헨리 8세와 앤 불린 사이의 자녀에게 상속된다는 왕위계승법(Act of Succession)을 통과시킨다. 이 법은 국내의 종교사안에 관해서는 교황이 아니라 의회가 입법권을 갖는다는

35 유토피아에서 민주제적 요소와 귀족제적 요소를 혼합한 제도의 예로서는 또한 유토피아 54개의 도시 중 최고도시라 할 수 있는 아마우로툼에 매년 각 도시에서 "사리에 밝은" 세 명의 원로가 파견되어 유토피아 전체에 관한 사안을 함께 토의하도록 한 제도를 들 수 있다("Cives quaque ex urbe terni senes ac rerum periti tractatum de rebus insulae commnibus, quotannis conveniunt Amaurotum").

내용의 서문으로 시작하고 있었고, 덧붙여 잉글랜드 신민에게 이 법 자체와 국왕의 우월성을 인정하는 선서를 할 의무를 부과하고 있었다. 국새상서(國璽尙書, Lord Chancellor)에서 사임한 지 2년 만인 같은 해 4월, 토머스 모어는 이 법에 선서할 것을 거부하고 그 결과 반역죄로 런던탑에 투옥되고 익년 7월 6일 궤수(斬首)를 당한다.[36] 이후 모어는 영국교회에 대항하여 교황의 우월권을 옹호한 순교자로서 인식되고 평가되어 오곤 했는데, 말년의 불행한 이 사건에 근거하여 모어의 종교사상 전체를 단순히 교황주의로 규정하는 것은 어쩌면 매우 성급한 파악일 수도 있다. 더군다나 우리가 살펴보고 있는 『유토피아』가 집필되고 출판될 당시에는 로마교회로부터의 영국교회의 분리에 관한 논쟁이 아직 점화되기 훨씬 이전이었고, 실제로 『유토피아』에 국한해서 보자면 우리는 어디에서도 교황주의자 모어의 모습을 찾아볼 수 없기 때문이다. 오히려 그가 참수되기 직전에 발언했다고 전해지는 "나는 국왕의 충복(忠僕)으로서, 그러나 하나님의 제일신복(第一臣僕)으로 죽는다"는 말이 그의 종교사상, 특히 국가와 교회의 관계에 대한 그의 생각을 가장 압축적으로 보여주는 말이 아닐까 한다. 즉 이 짧은 말 속에는 익히 알려져 있다시피 '신법(神法)이 인법(人法)에 우선한다'는 모어의 법사상이 담겨 있고, 다른 한편으로는 "가이사의 것은 가이사에게, 하나님의 것은 하나님께 바치라"는 예수의 가르침[37]이 밑바탕에 깔려 있는 것이다. 따라서 모두에 언급했다시피 에라스무스와 마찬가지로 교회개혁의 필요성을 절감하고 있던 모어가 단지 교황주의자였기 때문에 위의 왕위계승법에 동의하지 않았다고 보는 것은 설득력이 작다. 세속국가가 아직 신국(神國)의 완성이라고 보기에는 불완전한 측면이 많고, 더군다나 통상적인 절차를 걸쳐 제정되지 못한 인간의 법이 신법이나 자연법에 비해 그 정당성을 결여하게 된다는 것은 부언의 여지가 없었던 것이다. 이에 아래에서는 『유토피아』에서 제시

36 이 배경에 관해서는, Derrett, 1960; Elton, 1968 참조.

37 마태복음 제22장 제21절. Gregg, 2007 참조.

되고 있는 종교제도를 살펴봄으로써 모어의 '최선의 정부형태'론이 어떻게 그의 종교사상에 기반하고 있는지를 보도록 한다.

> "유토피아 사람들이 어떤 관직보다 존경하는 직책은 사제직입니다. 사제는 죄를 범하더라도 법정에서 재판받지 않으며, 오로지 신과 사제 자신의 양심에 따라 처결하도록 맡길 정도입니다."[38]

여기서 우리는 우선 교회관할권과 세속관할권의 엄격한 분리를 볼 수 있는데, 위에서 본 것처럼 만약 모어에게서는 신법이 인법에 우선한다면 이러한 성속이원론(聖俗二元論)은 더 나아가 신법과 양심의 법에 따라 재판하는 것이 인간이 제정한 법에 따라 재판하는 것보다 더욱 공정성을 확보할 수 있다는 논리에까지 이르게 됨을 알 수 있다.

세속적 행정조직에 적용되었던 수학적 평등원리는 교회를 조직하는 방식에도 그대로 적용된다. 각 도시별로 열세 개 이하의 교회당이 있고 각 교회당에는 한 명씩의 사제가 배속되어 있다. 전쟁이 발발하면 사제도 전쟁에 참가하게 되는데, 모든 사제가 전쟁에 참여하여 교회의 업무를 담당할 정식 성직자가 민간에 부재하게 됨을 방지하기 위해 전쟁에는 일곱 명의 사제만이 참가하고 그 자리도 궐석으로 방치하는 것이 아니라 임시로 대리인을 지명하여 교회업무의 계속성이 보장되도록 한다. 그리고 앞에서 언급했던 것처럼 사제 역시 사신 · 군수 · 총독 등의 세속 행정관과 마찬가지로 학자층에서 선출되며, 이때 선거는 (총독선거에서와 마찬가지로) 비밀투표로 진행되는데 이는 사제직이 갖고 있는 중대한 성격 때문에 혹 선출과정에서 과도한 경쟁이 발생할 것을 방지하기 위함이다. 사제직에 관한 언급 중 특이한 사항은 유토피아에서는 사제직이 여성에게도 열려 있다는 것이다. 물론 여성

---

38 *Utopia*, ed. 1518, p.150: "Neque enim ulli apud Utopienses magistratui major habetur honos usqueadeo"; 김남우 역, 245면.

이 사제가 되는 것은 매우 드문 일임을 덧붙이고는 있으나, 만약 여성이 교회에 봉직할 만한 자질과 의지를 갖추고 있다면 성직에의 여성의 진출을 절대로 금지하지 않으며, 대부분 나이 많은 미망인 가운데서 여성사제가 배출된다는 점 이외에는 남성사제 후보와 마찬가지로 동등한 피선거권을 갖는다. 이는 또한 여성 역시 학자층에 속하여 사회생활을 영위할 수 있다는 말이기도 하다.[39]

사제의 업무는 예배 기타 종교행사를 주관하는 것인데, 부가적 업무로서 시민들의 품행을 감찰하는 일을 맡고 있기도 하다.[40] 성속이원론의 관점에서 보자면, 토머스 모어는 풍속에 관한 사항은 세속권력의 관할하에 놓이는 것이 아니라 교회의 관할 안에 속한다고 본 것임을 알 수 있다. 또한 교회의 관할 안에 속하는 것으로 도덕교육을 들 수 있는데, 이것은 사제가 풍속을 감찰하는 일을 담당한다는 것과 일맥상통하는 측면이 있다. 즉,

> "사제들은 어린아이와 청소년들의 교육을 담당합니다. 도덕성을 함양할 수 있도록 지도하는 것은 다른 정규교육 못지않게 중요한 일입니다. 사제들은 심혈을 쏟아 아직 여리고 말을 잘 따르기 마련인 어린 영혼들에게 바람직한 생각과 사회에 유익한 원리들을 심어 줍니다. 이렇게 어린 나이에 마음속 깊이 자리 잡은 좋은 습관은 어른이 되어서까지 평생 한 사람을 따라다니는데, 이는 사회를 튼튼히 하는 열쇠라 할 수 있습니다. 실로 국가몰락의 원인을 거슬러 올라가 보면 언제나, 잘못된 습관에서 자라난 악행을 만나게 됩니다."[41]

---

39 *Utopia*, ed. 1518, p.150: "neque ille sexus excluditur, sed rarius, & non nisi vidua, natuque grandis eligitur"; 김남우 역, 245면. 모어에게는 세 딸(Margaret, Elizabeth, Cecily)과 막내아들(John)이 있었는데, 여기서 우리는 모어가 외아들에게뿐만 아니라 세 딸에게도 모두 고전교육을 시켜 주었다는 사실을 상기하게 된다. 모어의 여성관에 대해서는, Jones and Seibel, in: Albion, Vol. 10 (1978), pp.67-77.

40 *Utopia*, ed. 1518, p.149: "Hii rebus divinis praesunt, religions currant, ac morum veluti censores sunt"; 김남우 역, 244면.

41 *Utopia*, ed. 1518, p.149: "pueritia inventusque ab illis eruditur, nec prior literarum cura, quam morum ac virtutis habetur"; 김남우 역, 245면.

이로써 볼 때에 모어에게 있어서 성속이원론은 좁은 의미에서의 정교분리를 의미하는 것이라기보다는 포괄적인 의미에서 육신의 영역과 정신의 영역 간의 분리를 뜻하는 것이었다고 봄이 타당하다.

2. 유토피아의 모든 인민은 종교의 자유를 가진다

모어의 종교관이 맹목적 교황주의와는 달랐다는 것을 보강적으로 증명해 주는 것은『유토피아』에 나타난 그의 다원적 또는 관용적 종교관이라 하겠다. 독실한 기독교 작가로서의 토머스 모어가 이상사회를 묘사함에 있어 유토피아에는 섬나라 전체뿐만 아니라 각 도시마다에도 다양한 종교가 존재한다고 기술하는 것, 심지어 "어떤 이들은 태양을 숭배하며, 어떤 이들은 달을, 어떤 이들은 하늘에 떠도는 별들 가운데 하나를 마치 신처럼" 모시며 또 "어떤 이들은 과거 훌륭한 덕 혹은 명예로 빛났던 인물을 신으로" 모신다는 얘기를 쓰고 있음을 보는 것은 매우 의외라 여겨질 수도 있다. 그러나 이것이 기독교적 유일신 사상을 부정하는 것이 아님은 물론이다. 화자 라파엘 휘틀로다이우스는 덧붙이기를, 유토피아에는 위와 같은 다양한 형태의 종교행태가 병존하고 있지만 그럼에도 불구하고 유토피아인들의 대부분은 현명하여 오로지 유일신을 믿는다고 한다. 그리고 혹 유일신을 믿지 않는 소수 유토피아인들조차도 다른 모두와 함께 동의하는 한 가지 생각이 있는데, "그것은 우주의 창조자이며 통치자는 오로지 한 분이라는 생각"이다("미트라"라는 고대 페르시아 신의 이름을 갖고 있다고 한다).[42] 그 유일신을 정의하는 방식이 교파마다 차이가 있기는 하지만, 최고존재로 여겨지는 것은 무엇이든지 간에 동일하게 "유일무이한 만물의 주재자라는 신성이 부여되어야 한다는 데는 누구도 이론의 여지가 없"으며 더군다나 유토피아인들은 종전

---

42 *A Treatice upon the Passion of Chryste*, ed. 1557, p.1287, col. 2에 인용된 니콜라우스 데 리라의 견해 참조. Chambers, 1958, p.129.

의 다양한 신앙형태를 지양하고 한 가지 신앙형태로 수렴되어 가고 있다는 추세를 전하는 것을 화자는 잊지 않는다.[43] 이렇게 볼 때에 토머스 모어가 종교에서 중요하게 생각했던 것은, 유일신을 무엇이라고 칭하느냐 또는 어떻게 정의하느냐의 문제라기보다는 만물의 창조주이자 주재자로서의 최고 존재를 인식하고 관념하는 것이었다고 생각했음을 알 수 있다. 따라서 (그리스도라는 이름을 유럽에서 온 항해인들을 통해 처음 접하게 된) 유토피아인들이 기독교를 즉각적으로 수용하는가 여부는 그리 심각한 문제가 되지 않는다.[44] 중요한 사실은 이미 그들의 다원적 종교행태에서 볼 수 있었다시피 그리고 그럼에도 불구하고 그들이 공통적으로 유일신 관념을 갖고 있었다는 것에서 알 수 있었다시피, 이들 중 아직 기독교를 모르는 사람이 있다 하더라도 그 이웃이 기독교를 받아들이는 것을 서로 막거나 비판하지 않는다는 점이다.[45] 바로 그렇기 때문에 이러한 관용적 종교행태보다 유토피아에서 더욱 문제가 된 유일한 사례가 있다면 그것은 (역설적이게도) 기독교로 개종한 어느 유토피아인이 세례를 받자마자 "지나치다 싶을 정도의 열성으로 그리스도교를 대중에게 전도하고자 했"던 사건이었다. 이로 인해 마침내 그는 유죄판결을 받고 추방되게 됐는데, 죄목은 기독교를 숭상하여 다른 종교를 폄하했기 때문이 아니라 그가 전도과정 중 공공장소에서 소란을 일으켰기 때문이었다: "누구도 종교적인 이유에서 핍박받지 않는다는 것이 유토피아에서 가장 오래된 원칙 가운데 하나입니다."[46]

입헌주의의 일반적 특징 가운데 하나는 헌법을 새김에 있어 필요한 경우에는 국가창립의 정신으로 되돌아가 시조(始祖)의 뜻을 참조한다는 데 있

---

43 *Utopia*, ed. 1518, pp.140–141; 김남우 역, 232–233면.

44 이는 훗날 각 문명권에 파견된 예수회 선교사들 적지 않은 수가 취한 입장이기도 하다. 라이프니츠, 『라이프니츠가 만난 중국』, 이동희 편역, 서울: 이학사, 2003 참조.

45 *Utopia*, ed. 1518, pp.142–143: "Quin hi quoque religioni Christianae, qui non assentiunt, neminem tamen ab sterrent, nullum oppugnant imbutum"; 김남우 역, 235면.

46 *Utopia*, ed. 1518, p.143: "siquidem hoc interim antiquissima instituta numerant, ne sua cuiquam religio fraudi sit"; 김남우 역, 236면.

다. 모어가 유토피아의 다원적 · 관용적 종교행태의 기원을 설명하는 방식이 바로 이러하다. 유토피아가 아직 유토피아라는 이름을 갖지 않았을 때에 이 땅에 발을 딛게 된 유토푸스란 장군이 파악하게 된 사실 중의 하나는 원주민들이 종교적인 문제로 서로 극심한 갈등을 겪고 있다는 것이었다고 한다. 그리하여 그가 유토피아를 다스리게 됐을 때 우선적으로 취한 정책이 바로 "각자가 나름대로 자신의 종교를 따를 권리"가 있으며 아울러 각자가 타인을 "자신의 종교로 끌어들이기 위해 열심히 전도할 권리"가 있음을 공포하는 것이었다. 단서조항이 있다면 그것은 "종교를 전도함에 있어 평화롭고 온건한 방식을 택하고 여타 종교를 비방하지 말아야 하며, 전도에 실패할지라도 폭력을 행사하거나 상대방을 비난하는 언사를 사용해서는 안 된다"는 것이었다. 만약 이를 어길 시에는 위의 사례에서 보았다시피 추방형이나 노역형을 받게 된다.[47] 이것이 세속정권이 종교적 사안에 대해 제정한 가장 기본적이고 유일한 규정이며, 종교 분야의 나머지 사안에 관해서는 전적으로 인민의 자유와 교회의 자율에 일임되었다. 국조(國祖) 유토푸스가 종교문제에 있어 "성급하게 이렇다저렇다 단정짓지 않"은 이유는 신은 유일하시되 그 믿음의 양태에 있어서는 다양성이 이루어질 수 있기를 원하셨다고 믿었기 때문이며 또한 "자신이 참이라고 믿는 것을 다른 모든 사람들도 참으로 믿으라고 강요하고 위협하는 것은 참으로 오만하고 어리석은 일이라고 믿었기 때문"이라고 한다. 종교의 전도는 조급함과 강요로써는 달성되기 곤란하며, "만약 하나의 종교가 참된 것이고 나머지 종교가 거짓된 것이라면, 합리적이고 온화한 방식으로 사태가 흘러갈 때 머지않아 결국 참된 것이 자연스럽게 힘을 얻고 빛을 발휘할 것"이라고 믿었다는 것이다. 이상이 유토피아에서 다원적 · 관용적 종교가 국헌으로 정해지고 전통으로 확립되게 된 연원이었다.[48]

---

47 *Utopia*, ed. 1518, pp.143-144; 김남우 역, 236-237면.
48 *Utopia*, ed. 1518, p.144; 김남우 역, 237면.

Ⅲ. 교육(教育)을 통한 공화국 시민의 육성 : 맺음말을 대신하여

이상으로 토머스 모어가 그리고 있는 유토피아의 이상적 정치체제를 행정조직과 교회조직의 두 부분으로 나누어 살펴보았고 또 그러한 제도의 밑바탕을 이루는 평등의 원리에 관해서도 간략히 살펴보았다. 이 모든 구성원리와 제도는 궁극적으로 정의와 평화의 실현을 목표로 하고 있다. 남은 문제는 어떻게 하면 이러한 이상적 정치체제를 구현하고 유지해 나갈 수 있는가 하는 것이다. 이 문제에 답하기 위해서는 모어의 인간관을 먼저 살펴보아야 할 것인데, 간단히 결론부터 말하자면 모어는 인간의 본성을 매우 현실적으로 파악하고 있다고 하겠다. 인간은 물론 기본적으로는 선을 지향하고 있지만 때로는 매우 이기적이기도 하다는 사실을 간과해서는 안 될 것이다. 모어 당대의 잉글랜드인들이 단지 선하지도 악하지도 않았듯이 유토피아의 인민도 쾌락과 덕을 동시에 추구한다고 보았다. 이상향에 사는 시민들의 품성을 이렇게 파악하고 규정했다는 것은 모어가 인간의 본성의 이중성을 기본적으로 그렇게 파악했다는 것이다. 모어가 사유재산제도에 플라톤과 마찬가지로 부정적인 입장을 보였던 것도 위와 같은 인간본성론을 전제로 했기 때문이 아닌가 한다. 요컨대 법의 궁극적 목적이 공동선이라면 법의 내용은 개별적 · 사회적 인간본성을 반영하여 확정되어야 한다는 것이다.

그렇다면 이러한 본성적 조건 위에서 인민을 이상적 사회상태에로 이끌고 이상적 정치체제를 구현할 수 있게 해 주는 수단은 무엇일까?[49] 모어에게 있어서 그 주효한 방법 중의 하나는 바로 교육이었다. 앞서 사제의 역할을 살펴볼 때에 유토피아에서는 시민교육과 도덕교육의 중요성이 똑같이

49 이하 Murray, 2012, pp.160, 178 참조.

강조되고 있었음을 보았고, 이러한 교육관은 저자의 실제 생활에 있어서도 자녀교육에서도 그대로 실천되었음을 보았다. 모어는 시민교육과 도덕교육 양자의 균형적인 실시를 통해 한 사회의 청소년들을 미래의 유토피아를 건설하는 데 한발짝 더 가까이 나아갈 수 있게 해 주는 주역으로 양성할 수 있다고 믿었던 것이고 또한 자신의 믿음대로 실천했다.

신국을 지상에 건설하는 데 공민교육 못지않게 주효한 수단이 있다면 그것은 바로 법과 사회관습을 통한 시민의 계도였다. 그리고 이것은 일반시민에게는 물론 자신의 삶을 공공에 대한 봉사에 헌신하고자 하는 이들 또는 그래야만 하는 이들에게 특히 중요한 의미를 갖는다. 법률가로서의 토머스 모어는 평생 '법과 정치는 공동선을 추구하는 수단이 되어야 하며, 이 수단은 또한 자연법에 부합해야 한다'는 것을 표어로 삼고 자신의 직업생활을 영위했음은 주지의 사실이다. 또한 그가 국새상서로서 2년 반 동안 헨리 8세를 보위할 때에도 그는 항상 '왕이 무엇을 할 수 있는지에 관해서보다는 왕이 무엇을 해야 하는지에 관해 왕에게 간언을 해야 한다'는 것을 자신의 제일원칙으로 삼았다고 한다(More, 2004: 232). 이것은 앞서 보았다시피 '신법이 인법에 우선한다'는 그의 법이념과 일치하는 것으로서, 위에서 살핀 바를 종합하여 말해 본다면, 모어에게 있어 신법은 피조물의 입장에서는 곧 자연법에 다름 아니었고 인간의 입장에서 본다면 그것은 양심의 법에 다름 아니었다. 따라서 모어에게 있어 군주의 역할은 자신의 의지에 따른 정책의 수립과 집행이 아니라 국정을 운영함에 있어 항상 이성의 법칙을 참조해야 한다는 것이었다. 이렇게 할 때에만 인법이 단지 실정법의 수준에 머물지 않고 공동선을 추구하고자 하는 인민과 군주의 진실한 노력의 산물이 되는 것이며 더 나아가 정치에서 정의를 실현하는 길이 된다고 믿었던 것이다.

이런 관점에서 보자면, 모어의 『유토피아』는 그보다 약 8개월 전에 출판된 에라스무스의 『기독군주교육론』과 마찬가지로 이제 막 왕위에 오른 젊은 군주를 위한 정치교육서로 구상됐던 것은 아닐까 하고 생각해 보게 한다.

즉 『기독군주교육론』이 1516년 3월 스페인의 왕이 된 카를로스 1세[50]의 고문관(councillor) 에라스무스에 의해 편찬된 것이라면,[51] 『유토피아』는 1509년 잉글랜드의 왕이 된 헨리 8세 치하의 추밀원 고문관(Privy Counsellor) 모어에 의해 구상된 군주교육론이라는 생각이다. 여기서 우리는 모어가 고대 철학자들은 물론 당대 인문주의자들이 이상적으로 여겼던 정치고문관의 역할을 실제에서는 물론 자신의 저술을 통해서 수행하고 이루고자 했음을 알 수 있다.

> "전반적으로 보아 장차 공화국의 정무를 맡아 보려고 하는 자들은 필히 플라톤의 두 가지 교훈을 명심해야 된다고 생각한다. 첫째 항상 시민의 이익을 염두에 두고, 무슨 일을 하든지 간에 사리사욕을 떠나 시민의 복리를 증진시킨다는 것이고, 둘째는 공화국 전 시민단을 일일이 보살펴야 하는 것인데, 이때 어느 일부 계층의 사람들만을 돌보다가 다른 계층의 사람들을 무시하지 않도록 각별히 조심해야 한다. 왜냐하면 국가경영은 후견인의 일과 같이서 그것을 위탁한 사람들, 말하자면 전체 시민의 이익을 위해 수행되어야 하기 때문이다."

위 구절은 키케로의 『의무론』(1989: I, xxv, 85)에서 인용한 것이지만,[52] 내용적으로만 보자면 이것이 키케로가 로마의 정치인들을 염두에 두고 한 말인지 아니면 모어가 젊은 왕 헨리 8세를 비롯한 잉글랜드의 정치인들을 향해 말한 것인 분간이 되지 않을 정도라는 점만 보아도 우리는 『유토피아』의 군주귀감적(君主龜鑑的) 성격을 쉽게 확인할 수 있다(Harmon, 2004). 요컨

---

50 1516.3.-1558.2. 훗날 신성로마제국의 황제 카를로스 5세 (1519.6.-1558.2.).

51 『기독군주교육론』의 저술배경 및 내용에 대한 간략한 설명으로는, Neil M. Cheshire and Michael J. Heath, "Introductory Note," *The Education of a Christian Prince*, in: *Collected Works of Erasmus*, *Literary and Educational Writings*, vol. 5(Toronto: University of Toronto Press, 1986), pp.200-202.

52 또한 『국가론』, II, xxix, 51에도 같은 취지의 정치가상(政治家像)이 제시되고 있다.

대 모어는 『유토피아』의 저술을 통해 최선의 정부형태에 대한 이론적 고찰(제2권)과 함께 그 현실적 필요성(제1권)에 관해 조국의 정치가들을 위한 하나의 정치철학적 귀감을 남기고자 했던 것이다.[53]

53 『유토피아』의 화자 휘틀로다이우스의 논점과 화자 모어의 논점 중 어느 것이 작자 모어의 사상을 대변하고 있는가에 관해 종종 논의가 이루어져 왔다. 이 점에 관해 사족을 달자면, 최소한 섬나라 유토피아의 정치제도를 이상적 헌정질서로 바라보고 있다는 점에서 우리는 휘틀로다이우스의 정치적 지향("hanc Reip. formam, quam omnibus libenter optarim," ed. 1518, p.160)과 모어의 정치적 지향("in Utopiensium republica, quae in nostris civitatibus optarim verius, quam sperarim," ed. 1518, p.162)이 일치함을 최종적으로 확인할 수 있고, 따라서 모어의 정치사상의 이해를 위해 양 화자의 논점 간의 비교로부터 얻을 수 있는 바는 그리 크지 않을 수도 있다는 점이다.

참고문헌

모어, 토머스 (2007). 고난을 이기는 위안의 대화. 성찬성 역. 서울: 가톨릭출판사.

모어, 토머스 (2011). 유토피아. 김남우 역. 서울: 문예출판사.

모어, 토머스 (2012). 영원과 하루 : 토머스 모어 서한집. (附 : 윌리엄 로퍼, 『토머스 모어 경의 생애』), 이미애 역. 서울: 정원.

에라스무스 (2011). 우신예찬. 김남우 역. 파주 : 열린책들.

키케로 (1989). 의무론 : 그의 아들에게 보낸 편지, 허승일 역, 서울: 서광사.

키케로 (2007). 국가론. 김창성 역. 파주: 한길사.

플라톤 (2000). 티마이오스. J. Burnet 편. 박종현 · 김영균 역. 서울: 서광사.

플라톤 (2009). 법률 (부록 : 『미노스 · 에피노미스』). 박종현 역. 파주: 서광사.

플라톤 (2013). 국가. 천병희 역. 고양: 숲.

Albion, Vol. 10. (1978). *Quincentennial Essays on St. Thomas More.*

Chambers, R. W. (1958). *Thomas More*. Ann Arbor.

Derrett, J. Duncan M. (1960). "Neglected Versions of the Contemporary Account of the Trial of Sir Thomas More." *Historical Research*, Vol. 33, Issue 88 (November 1960). pp.202–223.

Elton, G. R. (1968). "Sir Thomas More and the Opposition to Henry VIII," *Historical Research*. Vol. 41, No. 3 (May 1968), pp.19–34.

Erasmus, Desiderius ([1511]). *Moriae encomium Erasmi Roterodami declamatio.*

Erasmus, Desiderius (1516). *Institutio principis Christiani, saluberrimis referta praeceptis*, Basileae: apud Joannem Frobenius, mense Aprili 1516.

Grace, Damian (1985). "Thomas More's *Epigrammata*: Political Theory in a Poetic Idiom," *Parergon*. No. 3, pp.115–129.

Gregg, Samuel (2007). "Legal Revolution: St. Thomas More. Christopher St. German, and the Schism of King Henry VIII." *Ave Maria Law Review*. Vol. 5, No. 1, pp.173–206.

Hall, Edward (1809). *Chronicle*, containing the history of England, during the reign of Henry the Fourth, and the succeeding monarchs, to the end of the reign of Henry the Eighth, in which are particularly described the manners and customs of those periods, carefully collated with the editions of 1548 and 1550, London: J. Johnson.

Harmon, A. G. (2004). "Sacrifice in the Public Square: Ciceronian Rhetoric in More's *Utopia* and the Ultimate Ends of Counsel." *Law and Literature*. Vol. 16, No. 1 (Spring 2004). pp.93−126.

Logan, George (1983). *The Meaning of More's Utopia*. Princeton: Princeton University Press.

McConica, James (1978). "Thomas More and the Restraint of Power." *San Diego Law Review*, Vol. 15, No. 4 (July 1978). pp.677−686.

More, Thomas ([1518]). *De optimo Reip. statu deque nova insula Utopia libellus vere aureus, nec minus salutaris quam festivus*, apud inclytam Basileam : [Johannes Froben] (the 1st edition: Libellus …, [Louvain]: [Theodoricus Martinus], [1516]).

More, Thomas (1557). *A Treatice upon the Passion of Chryste*, (unfinished) made in the yere of our lorde 1534, by syr Thomas More knyght, whyle he was prisoner in the tower of London, in: *The Workes of Sir Thomas More Knyght*, sometyme Lorde Chauncellour of England, wrytten by him in the Englysh tonge, London: John Cawod, John Waly, and Richarde Tottell, pp.1270−1349.

More, Thomas ([1556]). *A Frutefull Pleasaunt, [and] Wittie Worke, of the Beste State of a Publique Weale, and of the Newe Yle, Called Utopia*, translated by Raphe Robynson, London: Abraham Vele (the 1st tr. by Ralph Robinson, 1551; modernized ed., in: *The Utopia of Thomas More*, with introduction and notes by H. B. Cotterill, London: Macmillan, 1952; *Three Early Modern Utopias*, edited by Susan Bruce, Oxford: Oxford University Press, 1999).

More, Thomas (1965). *Utopia*, edited with introduction and notes by Edward Surtz, New Haven: Yale University Press (Complete Works of St. Thomas More, Vol. 4).

More, Thomas (1989). *Utopia*, translated and edited by George M. Logan and Robert M. Adams, Cambridge: Cambridge University Press (the 1st tr. by Adams, 1975).

More, Thomas (2004). *A Thomas More Source Book*, edited by Gerard B. Wegemer and Stephen W. Smith, Washington, D.C.: Catholic University of America Press.

[Mornay, Philippe de] (1579). *Vindiciae, contra tyrannos: sive, De principis in populum, populique in principem, legitima potestate*, Stephano Junio Bruto Celta, auctore.

Murray, Brian M. (2012). "Chicken Soup for the Legal Soul: The Jurisprudence of Saint Thomas More," *Journal of Catholic Legal Studies*, Vol. 51, pp.145−206.

Nelson, Eric (2006). "Utopia through Italian Eyes: Thomas More and the Critics of Civic Humanism." *Renaissance Quarterly*, Vol. 59, No. 4 (Winter 2006). pp.1029−1057.

Roper, William (1822). *The Life of Sir Thomas More*, with notes, and an appendix of letters, a new edition, revised and corrected, Chiswick: R. Triphook.

Rudat, Wolfgang E. H. (1981). "More's Raphael Hythloday: Missing the Point in Utopia Once More?" *Moreana*, No. 69 (March 1981), pp.41−64.

Sheldrake, Philip (1979). "Authority and Consensus in Thomas More's Doctrine of the Church." *Heythrop Journal*, Vol. 20, No. 2 (April 1979), pp.146−162.

Skinner, Quentin (1987). "Sir Thomas More's *Utopia* and the Language of Renaissance Humanism." in: Anthony Pagden (ed.), *The Languages of Political Theory in Early-Modern Europe*, Cambridge: Cambridge University Press, pp.123−158.

Stillman, Robert E. (2015). "Philip Sidney, Thomas More, and Table Talk: Texts/ Contexts [with illustrations]." *English Literary Renaissance*, Vol. 45, No. 3 (Autumn 2015), pp.323−350.

Wegemer, Gerard B. (1995). *Thomas More: A Portrait of Courage*. Princeton: Scepter Publishers.

Wegemer, Gerard B. (1996). *Thomas More on Statesmanship*, Washington, D.C.: Catholic University of America Press.

Wolf, Erik (1971). "Social Utopia and Political Reality in Thomas More," *Toledo Law Review*, Vol. 3, No. 1 (Fall-Winter 1971). pp.327−352.

chapter **3**

토머스 모어 『유토피아』의 최초 영어번역본에 대한 서지학적 소고

유 혜 준

(연세대학교 영문과)

토머스 모어 『유토피아』의 최초 영어번역본에 대한 서지학적 소고

윤 혜 준 (연세대학교 영문과)

Ⅰ. 개 요

'유토피아'라는 말을 한국어를 비롯한 여러 언어들의 어휘목록에 넣어준 토머스 모어(Thomas More)의 작품 『유토피아』(*Utopia*)는 오늘날 여러 언어와 여러 판본의 형태로, 또한 온라인 인터넷 텍스트의 형태로도 존재한다. 이 작품이 처음으로 출간된 지 500주년이 되는 2016년, 국내의 완역 단행본만 살펴보아도,

(1) 권혁 옮김, 돋을새김, 2015년
(2) 전경자 옮김, 열린책들, 2012년
(3) 김남우 옮김, 문예출판사, 2011년
(4) 김용석 옮김, 글누림, 2011년

(5) 박병진 옮김, 육문사, 2011년
(6) 류경희 옮김, 웅진씽크빅, 2008년
(7) 황문수 옮김, 종합출판범우, 2008년
(8) 주경철 옮김, 을유문화사, 2007년
(9) 원창엽 옮김, 홍신문화사, 2006년
(10) 김용일 역주 옮김, 계명대학교출판부, 2001년

(인터넷교보문고 홈페이지)

이상 10개나 유통되고 있다. 이 중에서 모어가 쓴 라틴어 원전에서 그대로 옮긴 판본은 김남우 역이 유일하고 나머지는 영역본에서 직접 옮겼거나 크게 의존한 것들이다. 본고의 관심사는『유토피아』한국어 번역본들을 비교하고 품평하는 것은 아니다. 다만 오늘날 대한민국에서 이처럼 양적으로 풍성하게 제공되는『유토피아』번역의 역사를 거슬러 올라가서 그 시발점을 방문하고자 한다. 모어가 영국인이라는 이유에서 일종의 정전의 권위를 누리며 많은 한국어 번역본들의 원전 노릇을 하는 영역본만 하더라도 최근의 판본까지 그 번역의 품질을 검토하는 것은 방대한 작업이 될 수밖에 없다. 라틴어가 아마추어 수준인 필자로서는 모어의 라틴어 원전에 대한 감각이 부족하기에 그러한 작업을 할 자격을 애초에 갖추지도 못하였다. 이 글에서는 영어 번역본의 최초 판본인 랠프 로빈슨(Ralph Robinson) 역과 그 이면에 깔린 출판의 역사를 간략히 살펴볼 것이다. 오늘날 독자들이 읽어도 논란거리가 넘쳐나는 이 작품의 내용은 이 책의 고전적인 지위를 담보한다. 그러한 내용을 다루지 않으면서 모어의 이 유명작품이 영국 출판시장에 등장하는 과정을 다루는 이 글은 기괴해 보일 수 있다. 그러나 국내 학계나 출판계의 관행에서는 대개 이 작품이 고정된 몸체를 타고 났고 늘 그러한 몸체를 유지해 온 것으로 추정하는 경향이 있기에, 처음으로 영어의 몸을 입고 본국의 출판시장에서 존재하기 시작한 형태를 되새겨보는 것도 전혀 의미

없는 일은 아닐 것이다. 문학사와 사상사에서 저술들의 내용이 중요하긴 하나, 그 이면의 미세한('미미한'이란 표현으로 대체해도 좋다) 텍스트 생산과 재생산의 역사를 이따금 되짚어 보므로, '관념'과 '사상'이 종이에 묻어난 활자들의 자취에 의지하고 있음을 상기하는 것도 때로는 필요하다. 이러한 생각을 품고, 이 글의 필자는 영어권 학자들의 공동 작업으로 탄생한 「영어 간편 제목 카탈로그」(English Short Title Catalogue, 이하에서는 ESTC)의 웹 목록과 「초기 영어 서적 온라인」(EEBO: Early English Books Online) 데이터베이스가 제공하는 원문을 1차 자료로 삼아 『유토피아』의 초기 영역본과 관련된 몇 가지 특이사항들을 소개하고자 한다.

Ⅱ. 16세기 영국 출판시장에서의 모어

1. 근대초기 영국 출판시장의 조건과 특징

토머스 모어의 『유토피아』는 '작품'의 이름이기 전에 '책'의 이름이기도 하다. 이 글의 전제는 이와 같은 극히 상식적인 명제이다. 후대가 기억하는 모든 명저들은 출간된 당시의 숱한 다른 책들 사이에서 살아남은 예외적인 책들이긴 하나, 특정 시기와 공간, 사회적 조건하에서 만들어진 역사적 산물들이라는 점에서는 다른 출판물들과 근본적으로 다르지 않다. 또한 이들이 '살아남는' 과정 자체도 특정 조건하에서 다시 출간되는 과정이기에, 해당 작품의 출간의 역사를 기억하는 것도 무의미하지 않다. 토머스 모어의 『유토피아』의 경우, 잘 알려져 있다시피 그 탄생은 영국 런던의 출판시장 밖에서 일어났다. 플랑드르 지방의 뢰번(Leuven)에서 1516년에 라틴어로 쓴

이 책을 맞이한 독자층도 일반적인 런던 출판시장의 고객들과는 달랐다. 출판업자가 예상한 독자들은 모어의 친구인 에라스무스(Erasmus)의 『우신예찬』(*Encomium Moriae*, 1511)을 반겼던, 라틴어가 능숙할 뿐 아니라 이 작품에 등장하는 그리스어 말장난들의 의미를 간파할 정도로 그리스어도 좀 아는 네덜란드와 플랑드르의 지식인들이었을 것이다. 애초에 에라스무스가 아니면 이 책이 태어나지 않았을지도 모른다. 에라스무스는 『유토피아』 집필을 장려했고 제목도 제시해 주었을 것으로 추정된다(Baker-Smith, 2014: 492). 이 라틴어 판본은 유럽 내에서 또 다른 라틴어 판본 및 유럽어 번역본들을 낳은 원조가 된다. 반면에 모어의 조국인 영국에서 이 책이 라틴어 원본으로 다시 출간된 것은 라틴어 초판본 출간보다 거의 한 세기 반이 지난 1662년이었다. 그 사이 네덜란드, 프랑스, 스위스, 이탈리아, 독일 등에서 12개 이상의 라틴어 판본들이 개별적으로 출간되었다(Peggram 1940: 330). 영국에서 처음으로 라틴어 판본이 출간된 도시도 출판시장의 중심지인 런던이 아니라 대학도시 옥스퍼드였다(*Thomæ Mori Utopia, amendis vindicata*, [Oxonii, 1663]). 게다가 이 판본은 1629년 암스테르담 판본을 재간행한 것이니, 유럽 출판시장에서 이미 확고한 명성을 즐기던 이 책을 뒤늦게 라틴어가 통하는 대학도시의 독자들을 위해 찍어낸 것에 불과하다. 『유토피아』의 속어 번역본에서도 영어 번역은 유럽어 번역본들에 비해 늦게 등장했다. 최초의 속어 번역은 1548년의 이탈리아 번역본이고, 2년 후인 1550년에 최초의 프랑스어 번역본이 나왔다. 프랑스어 번역본보다 한 해 늦게 1551년에 드디어 최초의 영어 번역본이 런던 서점가에 등장했다. 1516년 라틴어 초판본이 나온 지 거의 반세기 가까운 세월이 흐른 뒤에야 모어의 모국어로 『유토피아』가 옮겨진 것이다(Peggram, 1940: 330).

『유토피아』의 라틴어 원본이나 영어 번역본이 유럽에 비해 영국에서 뒤늦게 출간된 것이 저자 개인에 대한 인지도가 떨어지거나 그의 정치적인 성향 때문이라고 보기는 어렵다. 이어지는 절에서 소개하겠지만, 이미 모어는 제법 출판계에 잘 알려진 이름이었다. 객관적인 원인은 16세기 초 영국이 르네상스의 발원지인 이탈리아는 물론이요 남부 독일, 프랑스, 네덜란드, 플랑드르에 비해 낙후한 '변방'이었다는 데서 찾아야 할 것이다. 16세기 영국 출판시장은 19세기와 20세기를 거치며 영어가 전 세계를 지배하는 언어로 군림한 시대의 런던과 뉴욕 출판계의 위세와는 전혀 비교할 수 없는 극히 미미한 규모였다. 애초에 영국 자체가 유럽 근대초기 문명의 '변방지대'였던 시대였다. 『유토피아』의 영역본이 등장한 1550년대는 영국 출판시장이 성장하기 시작한 시점이긴 하다. 1557년에 런던 인쇄출판업자들의 조합인 "서적출판업조합"(the Stationers' Company)이 국왕의 공인(royal charter)을 얻어내므로 이들이 소유한 저작물 출판에 대한 권리를 보호받게 되었다. 국왕 쪽에서는 런던 출판업자들의 권리를 보호해 주므로 출판물 시장을 통제할 수 있다는 계산이 있었고, 이들 업자들은 출판물에 대한 권리를 '특허'(patent)의 형태로 보호받으므로 안정적인 수입을 기대할 수 있었다(Barnard, 2002: 9-10). 조합 자체는 다양한 종류의 출판물에 대한 다양한 규모의 권리를 소유한 업자들의 카르텔이었고, 각자의 이해관계에 따라 협력하기도 하고 경쟁하기도 하는 느슨한 조직이었다(Barnard, 2002: 12-13). 그러나 이들이 조합을 결성해서 지배하고자 하는 1550년대 런던의 인쇄물 시장은 제법 정착된 수요-공급의 패턴에 따라 움직이고 있었다. 출판물들은 법학 관련서, 초등교육 교재, 찬송가, 기도서, 설교문, 학교 교재, 연감 등의 장르로 나누어져 있었고, 해당 수요자들을 겨냥해서 다양한 크기와 두께의 인쇄물들이 제작되어 유통되었다(Barnard, 2002: 4). 인쇄기술의 도입으로 출판물 생산력도 증가했기에, 시장의 규모는 16세기 후반부부터 점차 늘어나서 17세기가 끝나는 1699년에는 (수입하는 종이의 양으로 측정할 때) 1550년대에 비해 약 여섯 배로 팽창했다(Barnard, 2002: 18-19). 그렇긴 해도 출판물 시장은 다른 업종에 비해 규모가 큰 시장은 아니었다. 법학 관련서들을 제외하면 국내 출판물에 대한 수요는 해외에서 출간된 라틴어 서적에 대한 수요에 비해 약한 편이었다. 이러한 형편은 라틴어를 읽는 영국의 지식층들이 이미 라틴어본『유토피아』와 친숙했을 가능성을 열어놓는다. 17세기 말까지도 존 로크(John Locke) 같은 지식인들은 라틴어 서적을 수입하여 구입하는 데 돈을 썼음을 그의 사후 정리된 소장한 도서들의 목록을 보면 알 수 있다(Barnard, 2002: 7). 유럽에서 나온 깔끔한 라틴어 책들과 경쟁을 하지 않더라도, 16-17세기에 영어로 된 출간물을 통해 돈을 벌려는 업자들은 대체로 투자한 자본을 회수하는 데 시간이 많이 걸리고 수익률 자체가 높지 않다는 제약을 감수해야 했다(Raven, 2002: 569-70). 책 자체가 일종의 사치재이지 생필품은 아니었고, 책을 살 여유자금이 풀리는 것도 아직은 농업에 기반을 둔 국가경제 구조상 계절적인 요인의 영향을 받았다. 런던에서 책을 찍어내어 전국으로 배포하는 것도 상당한 비용이 들어가는 일이었고, 금융체계가 정비가 덜 된 시대라 대금 결제와 신용 거래도 불편한 점이 적지 않았다(Raven, 2002: 573-74, 577, 568). 이러한 판매와 유통, 금융상의 어려움 때문에 16세기 초에 출판업계에서 큰 목소리를 내던 인쇄업자들은 16세기 후반부에는 점차 서적상 겸 기획 출판업자들에게 주도권을 빼앗기게 된다(Barnard, 2002: 15; Raven 2002: 570). 이러한 역사는 18세기까지도 출판업자들을 '책판매업자'(bookseller)로 지칭하던 관행에 배어 있다.

2. ESTC에 의거한 16-17세기 모어의 출판물

모어는 영국 사법부의 수장이자 인문주의자 지식인으로서 지식인의 공적인 책임에 대한 인식이 분명했던 인물이다. 헨리 8세의 심복이었음에도 불구하고 국왕의 부당한 종교개혁에 동참하지 않은 죄로 목숨을 내주었다는 사실 하나만으로도 이를 증언할 수 있을 것이다(그러한 '순교' 덕분에 모어는 이후 시대에 가톨릭의 성인으로 등극했다). 공인 모어로서는 내용이 상당히 유별나고 파격적인 『유토피아』를 지식인들만이 읽을 수 있도록 라틴어로 써서 그것도 해외에서 출간한 것은 당연한 일이었다. 만약 누가 이를 영어로 그의 생전에 번역하려 했다면 누구보다도 모어 본인이 나서서 이를 금지했을 법하다(Baker-Smith, 2014: 493). 모어는 대중들이 아는 속어로 이들이 이해할 수 없는 복잡하고 어려운 문제들, 예컨대 신학적인 논쟁을 소개하거나, 심지어 성서조차도 속어로 옮겨놓다 보면 사회의 질서와 전통을 해할 수 있다고 보고 이를 통제하고자 했고 그러한 이유에서 종교개혁을 열렬히 반대했다. 아직까지 그가 중요한 공직에 오르기 전, 또한 루터의 종교개혁이 촉발한 논란이 발발하기 전에 ESTC가 파악한 모어의 최초의 저술은 1510년으로 추정되는 해에 나온 번역서, 피코 델라 미란돌라(Pico della Mirandola)의 전기이니, 별로 정치성을 띠지 않는 책이다. 책의 제목은 "여기에 조한 피쿠스 미란둘라 백작의 삶이 담겨져 있는데 그는 이탈리아의 큰 귀족으로 온갖 학문에 정통한 뛰어난 인물"(Here is co[n]teyned the lyfe of Johan Picus erle of Myra[n]dula a grete lord of Italy an excellent co[n]ning man in all scie[n]ces)이다. 이 책은 1525년 이후에도 몇 차례 더 출간된 것을 보면 나름대로 인기를 누렸던 것 같다. 출판연도를 1530년으로 ESTC가 추정하는 루키아노스의 대화편, 『네크로만티아, 시인 루시안이 즐거운 오락거리로 지은 환상적인 이야기 대화편』(*Necromantia, a dialog of the poete Lucyan for his fantesye faynyd for a mery pastyme*)은 토머스 모어가 그리스어 원본을 라틴어로 옮긴 것을 다른 사람이 다시 영어로 옮긴 것이다. 이 번역작업도 아마 피코 전기와 비슷한 시기에 수행했을 법하다. 그리스어와 라틴어에 정통한 인문주의자 모어는 루터의 종교개혁이 발발한 이후인 1523년에는 『루터에게 대답함』(*Responsio ad Lutherum*)을 런던에서 출간하여, "영국과 프랑스의 군주"이자 가톨릭 "신앙의 수호자" 헨리 8세의 이름으로 이 이단자를 공격한다. 종교개혁과 맞선 가톨릭 지식인이자 영국의 법과 질서를 수호할 책임이 있는 공직자 토머스 모어의 활동이 본격적으로 시작된 것이다.

모어의 라틴어 저술은 국제무대를 겨냥한 것인 반면, 영국 국내 상황도 모어가 보기에는 안심할 수 없었다. 이에 그는 영어로 쓴 반종교개혁 저술들을 1520년대부터 출간하기 시작한다. 루터가 1522년에 신약성서를 독일어로 번역한 데 자극 및 영감을 받은 영국인 종교개혁가 윌리엄 틴데일(William Tyndale)이 해외에서 1526년에 신약성서를 영어로 옮겨서 출간하자, 이 책은 영국으로 몰래 반입되기 시작한다(Norton 2011: 8-9). 이러한 와중에 1529년에 모어는 『기사 토머스 모어 경의 대화편』(*A dyaloge of syr Thomas More knyghte*)이라는, "루터와 틴데일의 전염병 같은 종파"를 공격하는 책자를 집필하여 출간했다. 이 책은 1530년에 재판을 찍었을 정도로 인기가 있었다. 그로부터 2년 후인 1532년에 『틴데일의 대답에 대한 반박, 잉글랜드의 국새상서 기사 토머스 모어 경 지음』(*The co[n]futacyon of Tyndales answere made by syr Thomas More knyght lorde chau[n]cellour of Englonde*)을 출간했고, 1533년에는 또 다른 종교개혁파인 존 프리스(John Frith)를 공격하는 『기사 토머스 모어 경의 편지, 존 프리스의 잘못된 글에서 축복받은 제단의 성례를 비판한 데 대해 의문을 제기함』(*A letter of syr Tho. More knyght impugnynge the erronyouse wrytyng of Iohn Fryth agaynst the blessed sacrament of the aultare*)을 내놓았다. 같은 해(또는 그 다음해)에 틴데일을 비판하는 『저 독약 같은 책의 첫 부분을 반박함, 한 익명의 이단자가 주님의 성찬 운운한 바에 대해』(*The answere to the fyrst parte of the poysened booke, whych a namelesse heretyke hath named the souper of the lorde*)를 "기사 토머스 모어 경"의 실명으로 출간했다. 1533년에는 그밖에도 『틴데일의 반론을 반박하는 두 번째 속편으로 여기에서 틴데일이 도모하는 교회를 반박함』(*The second parte of the co[n]futacion of Tyndals answere in whyche is also confuted the chyrche that Tyndale deuyseth*), 그리고 교회와 세속 권력의 관계를 다룬 『기사 토머스 모어 경의 변론』(*The apologye of syr Thomas More knyght*)을 출간했다.

이렇듯 1533년에 열정적으로 정치/종교 논쟁가로 활약한 "기사 토머스 모어 경"의 저술 기록은 1533년을 기점으로 갑자기 ESTC 목록에서 끊긴다. 가톨릭 "신앙의 수호자" 헨리 8세는 개인적인 야욕에 사로잡혀 교황청에 등을 돌리고, 의회를 부추겨서 1534년 "수장령"(Act of Supremacy)을 통과시켜서 본인이 영국교회의 최고 통치자로 군림한다. 교회의 분열을 어떻게든 막아보려 했던 모어로서는 생각할 수 없는 참담한 사태가 벌어진 것이다. 새로운 체제에 영합한 간신배들과 행동을 같이하지 않은 모어는 결국 1535년에 처형된다. 그의 죽음 이후 그가 쓴 반종교개혁 저서들도 새로운 판본으로 이어지지 않았다. 한동안 그의 이름은 영국의 정치판은 물론 출판계에서도 뒷전으로 밀려나는 신세가 된다. 영국 출판역사에서 그가 다시 등장한 것은 1551년, 영역본 『유토피아』의 저자로서의 토머스 모어이다. 가톨릭 지식인으로서 모어가 성인의 대열에 오른 것은 1935년이니 역사의 수레바퀴가 여러 차례 굴러간 뒤의 일이다. 그 긴 세월 내내 모어는 『유토피아』의 저자로서 추앙되고 기억되었다. 정작 그의 대표작인 된 『유토피아』를 해외에서 라틴어로 출간해서 소수의 지식인들끼리 돌려볼 책으로 여겼던 모어, 열과 성을 다해 영국이 "루터와 틴데일의 전염병 같은 종파"에 물들지 않도록 진력을 다했던 모어로서는 별로 달갑지 않은 후대의 명성일 법하다.

Ⅲ. 랠프 로빈슨 영역본

1. 1551년 초판본 출판의 배경

흔히 영국 출판시장이 정착된 시발점으로 꼽는 1557년 서적출판업조합의 국왕 공인보다 몇 해 앞선 1551년, 당시 영국의 왕좌에는 영국교회를 가톨릭 유럽에서 분리시키고 토머스 모어를 처형시키고 수도원의 재산을 강탈했던 헨리 8세가 죽은 후 그의 어린 아들 에드워드(Edward) 6세가 앉아 있었다. 왕이 미성년자였기에, 그를 대신 해서 서머셋 공작(Duke of Somerset), 워릭 백작(Earl of Warwick), 노섬벌랜드 공작(Duke of Northumberland)으로 이어지는 귀족들이 대리섭정을 하며 본인들의 이권을 맘껏 챙기던 시대였다(Guy 2009: 248-51). 이러한 시기였던 1551년 런던 출판계에 등장한 여러 책 중에는 한 진기한 출판물도 포함되었다. 당시 관행대로 제목은 해제의 성격을 띤 긴 문장이기에, 이를 의역하면 다음과 같다.

> 이 유익하고 쾌적한 작품에는 공적인 이득의 최선의 상태와 유토피아라고 불리는 새로운 섬이 소개됨. 기사 토머스 모어 경이 라틴어로 쓴 것을 래프 로빈슨이 영어로 옮겼는데, 그는 런던의 시민이자 금세공업자로, 조지 탤로우, 같은 도시의 시민이자 남성복업자의 알선과 간절한 청원에 의해서 수행되었음. 런던에서 출간, 출판인은 에이브러햄 빌, 세인트폴스 교회마당에서 양 간판 가게에서 거주함. 1551년.
>
> A fruteful, and pleasaunt worke of the beste state of a publyque weale, and of the newe yle called Vtopia: written in Latine by Syr Thomas More knyght, and translated into Englyshe by Raphe Robynson citizein and goldsmythe of London, at the procurement, and earnest request of George Tadlowe citezein haberdassher of the same citie. Imprinted at London: By Abraham Vele, dwelling in Pauls churcheyarde at the sygne of the Lambe, Anno. 1551.

번역자 "래프 로빈슨"은 "랠프 로빈슨"(Ralph Robinson)이 정확한 이름이니, 철자나 인명표기부터 정확하지 않은 이 장황한 제목은 당시 낙후된 영국 출판 수준과 영어 자체의 철자법이나 문법이 제대로 정비되지 않은 모습을 적나라하게 보여준다. 번역자나 번역을 청탁한 자를 모두 런던의 상인들로 소개하고 있기에, 이 책의 수요자들을 라틴어를 잘 모르는 중류 상인계급들로 예상하고 있음을 짐작할 수 있다. 당시 법에 의해 (저자의 이름은 밝히지 않는 경우가 많았지만) 출판업자의 실명과 주소지는 반드시 표시해야 했기에, 이러한 필수 정보를 제공하고 있다. 주소지를 '무슨 길 몇 번지'로 정비한 것은 18세기에 들어와서야 점차 이루어졌기에, 당시 가게들은 가게간판을 건물 외벽과 직각으로 달아놓아 길을 지나는 사람들의 눈에 띄도록 했다. "양 간판 가게"라는 표현은 이러한 '번지수'의 역할을 하는 정보이다. 그런데 이 제목에서 주목할 부분은 라틴어 원작의 저자를 "기사 토머스 모어 경"으로 명시하고 있다는 점이다. 약 20년 전에 종교개혁에 반대하던 책자들을 썼다가 목숨을 잃은 바로 그 위험인물, "기사 토머스 모어 경"이다. 그러나 혹시 그가 누구인지 기억하는 독자라고 해도, 이 책은 영국에 대한 것이 아니라 "유토피아라고 불리는 새로운 섬"의 "공적인 이득" 내지는 "공화정"("publyque weale"은 "res publica"의 번역이다)의 "최선의 상태"를 다루기에, 정치적으로 위험한 작품은 아니라는 안심을 하고 이 책을 구입할 수 있도록 안내한다. 책을 펼쳐보기에 앞서 "서지학적 소고"인 이 글에서는 출판업자 "Abraham Vele"이 누구인지 잠시 가늠해 볼 것이다. 법적인 책임은 물론, 저작물에 대한 이득을 대부분의 경우 실명과 주소지를 밝힌 출판업자가 단독 또는 공동으로 전유하던 시대에(Barnard, 2002: 16-17), 다소 특이하고 위험할 수도 있는 이러한 책을 찍어낸 사람에 대해 관심을 갖는 것이 당연할 것이기 때문이다.

1550년대에 "에이브러햄 빌, 세인폴스 교회마당에서 양 간판 가게에서 거주함"으로 출판인의 신원을 밝힌 제목들을 ESTC에서 검색해 보면, 그가 매우 다양한 내용들의 책을 찍어낸 업자임을 알 수 있다(그의 이름은 "Veale"로 표기되기도 한다). 그가 찍어낸 책들 중에는 사냥관계 실용서인 『성 올반의 서』(*Boke of Saint Albans*, 1556)나 약초관계 저서인 『약초서, 약초들의 속성에 대한 책』(*A boke of the propreties of herbes called an herball*, 1555 추정)

등의 실용서도 있으나, 종교 관련 서적들이 목록의 많은 부분을 차지한다. 『유토피아』를 출간한 1551년에 그는 상당한 비용이 들어가는 신구약 성경 전서를 "참되고 순수하게 영어로 옮긴"(*The byble. that is to saye all the holye scripture in whiche are contayned. the olde and new testament, truly and purely translated in Englishe and now lately with great industry and diligence recognised*) 판본을 찍어냈다. 『유토피아』의 저자 "기사 토머스 모어 경"이 성서 번역자 틴데일을 적대시했던 역사를 떠올리면 사뭇 아이러니한 면도 없지 않다. 그 외에도 종교관계 서적들이 많이 눈에 띄는데, 1552년으로 추정되는 출간물들인 『습관적으로 맹세하는 자들에 대한 기독교적 훈계』(A christe[n] exhortacion vnto customable swearers), 『기독교적 결혼의 형태, 남편과 부인이 사랑으로 가정을 꾸리는 법을 배울 수 있음』(*The Christen state of matrymonye, wherein housebandes and wyues maye lerne to kepe house together wyth loue*), 1553년 출간으로 추정되는 책들인 『성서의 일상적인 교훈 개요』(*Commo[n] places of scripture ordrely and after a compendious forme of teaching*), 『복음의 법을 총괄함』(*The pa[n]dectes of the euangelycall lawe*) 등이 여기에 해당된다. 그 당시가 신학과 종교의 문제가 많은 이들의 초미의 관심사였던 시대였음을 감안하면 이러한 종교관계 출판이 상업적으로도 안정적인 투자였을 것이다. 그런데 이 중에서 (신구약성서 영역본은 차치하더라도) 『기독교적 결혼의 형태』와 『성서의 일상적인 교훈 개요』는 유럽의 저자들이 라틴어로 쓴 책들을 번역한 것들이다. 16세기 하반부는 영국문학사에서도 그리스어와 라틴어 고전과 해외의 현대 원고들의 번역에 대한 수요와 공급이 매우 활발했던 시대로 기록된다(Alexander, 2000: 87–88). 출판업자 빌은 기독교 관계 번역물 외에도, 『마커스 오렐리어스 황제 겸 뛰어난 웅변가의 황금 책』(*The golden boke of Marcus Aurelius Emperour and eloquent oratour*)이란 제목으로 아우렐리우스 황제의 『명상록』 영역본을 (프랑스어 번역본의 중역으로) 1557년에 출간했고, 같은 해에 크세노폰의 『오이코노미쿠스』의 영역본 『크세노폰의 가사론』(*Xenophons treatise of housholde*)을 출간했다. 현대 저자 중에는 중세말기 의사 겸 연금술사였던 빌라 노바(Villa Nova)의 『건강 유지 비법』(*Regimen sanitatis Salerni*)의 영역본을 1557년에 출간했고, 15세기 프랑스 연애담 선집인 『백 개의 새로운 이야기』(*Les cent nouvelles nouvelles*) 일부를 번역시켜서 『여자들의 기만, 모든 남성들, 젊은이와 늙은이 모두에게 귀감이 되는 교훈』(*The deceyte of women, to the instruction and ensample of all men, yonge and olde*, 1557 추정)이라는, 오락성을 숨기고 교훈성을 내세운 제목으로 출간했다. 당시 다른 출판업자들과 마찬가지로, 다양한 번역물에 대한 수요가 시장을 주도했던 조건에 맞춰 빌은 『유토피아』 영역본을 출간했으리라 추정할 수 있다.

2. 랠프 로빈슨의 번역본

랠프 로빈슨과 에이브러햄 빌은 『유토피아』 영역본을 시장에 내놓으면서 아마도 아직은 반역죄로 처형당한 "기사 토머스 모어 경"의 정치적인 색채에 대한 부정적인 여론이 있을 수 있다는 우려를 했던 것으로 보인다. 이에 번역자 "래프 로빈슨"의 이름으로 당시 국왕의 "최고 서기관" 둘 중 하나였던 윌리엄 세실(William Cecil)에게 그의 "미덕과 명예가 매일 증가하기를" 바란다는 헌정사를 맨 첫 장에 달았다. 그 헌정사에 이어서 「서한」("Epistle")을 머리말로 첨가했다. 이 머리말에서 번역자는 자신이 "다른 사람들의 간청과 명령"에 묶인 처지에서 "남은 여가 시간"을 이용하여 한 작업이라며, "자신의 수고가 수월하지" 않았음에도 "공공의 이익"을 위해서 "유익하고 이득이 되는" 이 책을 라틴어에서 "우리의 영어"로 옮겼다고 한다. 그는 이 책의 유익함은 분명히 인정할 일이지만, 원저자가, "그토록 견줄 수 없는 지력과 그토록 심오한 지식과 그토록 절대적인 학식을 쌓았고,

그토록 웅변적인 인물임에도 불구하고, 그토록 눈이 멀어서, 무지에서라기보다는 완고함으로 인해, 기독교 종교의 몇 가지 핵심적인 논점들에 있어서의 거룩한 진리에 대해 비춰주신 하느님의 빛을 보지 못했거나 아니면 보지 않으려 했다는 점은 매우 개탄할 일"이라는 말을 덧붙인다. 종교개혁의 "빛"을 보지 못한 맹목적인 가톨릭 수호자로서 토머스 모어를 단죄한 것이다. "죽기까지 완고하게 고집을 부리며"(More, 1551: 쪽수 없음) 본인의 과오를 벗어나지 않은 것은 크게 개탄할 바이긴 하나, 이 책 자체는 매우 유익하다는 변명을 하는 것을 보면, 1551년의 분위기는 여전히 토머스 모어를 반역자로 보는 시각이 지배적이었다고 출판업자나 아니면 번역자가 생각했던 것 같다.

머리말에서 번역자가 토로하는 또 다른 우려는 "본인의 소박한 번역이 그 거칠음과 우리 영어말에 대한 무지로 인해, 라틴어에서는 내용을 유려하게 기술하여 그 리듬과 즐거움이 넘치건만 이것들이 모두 배제되고 사라지지 않았나" 하는 것이다. 번역자의 그러한 우려는 어느 정도 근거가 있는 자책임을 페이지를 펼쳐보면 그 외양만 봐도 짐작할 수 있다. 이 판본은 페이지 조판부터 조야하여, 문단 구분도 없고 페이지 수 표시도 없으며, 철자도 통일성이 없기가 일수이며, 활자체도 고딕체로서 가독성이 떨어지고, 장의 구분도 활자 크기와 장식 활자로 시작하는 것으로 구별할 뿐이다(그림 1 참조).

이 최초의 영역본을 한 해 전(1550년)에 나온 프랑스 번역본과 비교할 때 수준이 떨어지는 인쇄물임을 이 번역본의 연구자들이 지적한 바 있다(Peggram, 1940: 332). 또한 자의적인 번역이기도 하다. 경우에 따라서는 라틴어 원문보다 긴 제목을 달기도 하는데, 예를 들어 2부의 제목이 라틴어 원본에는 "Utopiae, sive sermonis, quem raphael hytholdaeus, De optimo Reipublicae Statu habuit, Liber Secundus"(More, 1516: 202)이나, 로빈슨의 번역에서는 "The Second Boke of the communication of Raphel

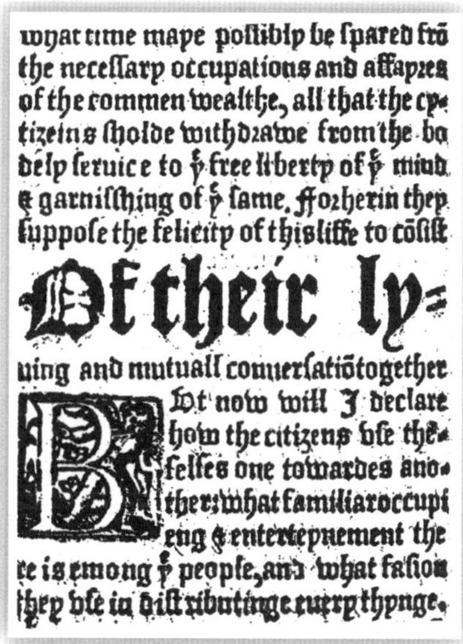
what time maye possibly be spared frõ
the necessary occupations and affayres
of the commen wealthe, all that the cy-
tizeins sholde withdrawe from the bo
dely seruice to ye free libertye of ye mind
& garnisshing of ye same. For herin they
suppose the felicitye of this liffe to cõsist

Of their ly-
uing and mutuall conuersatiõ together

But now will I declare
how the citizens use thẽ-
selfes one towardes ano-
ther: what familiar occupi-
eng & entertaynement the
re is emong ye people, and what fasiõ
they use in distributinge euery thynge.

그림 1 1551년 『유토피아』 초판본의 페이지 모습

Hytholodaye, concernyng the best state of a common wealthe: conteynyng the discription of Utopia, with a large declaration of the Godly governement, and of all the good lawes and orders of the same Ilande"(More, 1551)이다. 콜론에 이어지는 "유토피아를 묘사하고, 신성한 통치를 크게 선포하고, 이 같은 섬의 온갖 선한 법과 질서들이 들어 있다"는 번역자가 독자를 배려하여, 아니면 내용을 선전하려 집어넣은 것이다. 장의 제목에서도 [그림 1]의 경우처럼, 원문은 "De Commerciis Mutuis"이나 로빈슨의 제목은 "그들이 어떻게 살고 서로 교류하는지에 대하여"(Of their lyving and mutuall conversation together)이니 "어떻게 살고"를 첨가한 것이다.

초판본이 나온 지 5년 후인 1556년, 같은 출판업자는 다음과 같은 다소 다른 제목으로 로빈슨의 번역본을 다시 출간했다.

> 이 유익하고 쾌적하고 기발한 작품에는 공적인 이득의 최선의 상태와 유토피아라고 불리는 새로운 섬이 소개됨. 참으로 훌륭하고 유명한 기사 토머스 모어 경이 라틴어로 쓴 것을 래프 로빈슨이 영어로 옮겼는데, 그는 한때 옥스퍼드의 코퍼스 크리스티 컬리지의 상임학자였고, 이 두 번째 판본은 새롭게 검토하고 교정한 것으로 다양한 주해를 난외에 달아서 개선하였음. 런던에서 출간, 출판인은 에이브러햄 빌, 세인폴스 교회마당에서 양 간판 가게에서 거주함.
>
> Of frutefull pleasaunt, and wittie worke, of the beste state of a publique weale, and of the newe yle, called Utopia: written in Latine, by the right worthie and famous Syr Thomas More knyght, and translated into Englishe by Raphe Robynson, sometime fellowe of Corpus Christi College in Oxford, and nowe by him at this seconde edition newlie perused and corrected, and also with diverse notes in the margent augmented. Imprinted at London, by Abraham Vele, dwellinge in Pauls churchyarde, at the signe of the Lambe.

이 제목에서 가장 눈에 띄는 변화는 번역자를 "런던의 시민이자 금세공업자"로 소개했던 초판본과 달리 "옥스퍼드의 코퍼스 크리스티 컬리지의 상임학자"로 소개한 부분이다. 원작과 원저자에 대한 찬사도 몇 마디 더 들어가 있다는 점도 눈에 띈다("기발한," "참으로 훌륭하고 유명한"). 이와 아울러, 토머스 모어의 정치적 · 종교적 완고함을 비판했던 언사들도 개정판의 서문에서는 자취를 감추었다. 이번에는 "번역자가 점잖은 독자에게" 전하는 머리말 서한문에서, 원작자의 정치색에 대한 변명보다는 번역자 본인에 대한 변명이 큰 몫을 차지한다. 애초에 본인은 자기의 번역이 "전혀 출간되기를 바란 바 없다"고 하며 라틴어를 잘 모르는 "한 친구의 사적인 독서를 위해서" 영어로 옮겨준 것일 뿐이나, "그럴 운명이었는지" 본인의 의사에 "약간은" 반해서 출간이 되었던 것이라고 장황하게 설명한다. 그러나 이 두 번째 판본에서는 "매우 공을 들였기에, 큰 실수나 눈에 띄는 오류들은 거의 발견되지 않을 것"이라고 약속한다(More, 1556: 쪽수 없음). 책 제목에서도 이 판본의 새로움을 강조하며, "새롭게 검토하고 교정한" 번역이고 "다양한 주해를 난외에 달아서 개선하였"다고 선언한다. "다양한 주해를 난외에" 단 것은 분명히 사실이다(아래 그림 2 참조).

of Utopia. 16

attel, to the occupiyng wherof aboute
usbandrye manye handes were requi-
ite. And this is also the cause why vic-
ualles be now in many places dearer.
Yea, besides this the price of wolle is
o rysen, that poore folkes, which were
wont to worke it, and make cloth ther-
of, be nowe hable to bye none at all.
And by this meanes verye manye be
forced to forsake worke, and to geue thē
selues to idelnesse. For after that so
much groūde was inclosed for pasture,
an infinite multitude of shepe dyed of
the rotte, suche vengeaunce God toke
of their inordinate and vnsaciable co-
uetousnes, sendinge amonge the shepe
that pestiferous morrein, whiche much
more iustely shoulde haue fallen on the
shepemasters owne heades. And though
the number of shepe increase neuer so
faste, yet the price falleth not one myte,
because there be so fewe sellers. For
they be almooste all comen into a fewe
riche mennes handes, whome no neade

The cause of dearth of victuales.

What inconuenience cometh of dearth of wolle.

The cause of dearth of wol[le]

그림 2 1556년 판본의 방주

그러나 실제 책을 펼쳐보면 꼭 "새롭게 검토하고 교정"했다고 하기는 어렵다. 물론 초판본에 비해 현저한 편집상의 차이가 있기는 하다. 쪽수 번호를 매기고 장 구분이 좀 더 선명하게 이루어져 있다. 그러나 문단구분은 여전히 되지 않고 있고 철자의 불규칙성도 시정되지 않았다(아래 그림 3 참조).

그렇긴 해도 초판본에 없었던 라틴어 원본 권말의 부록들이 들어가 있으니 원문의 형태에 더 가까워진 점만은 인정해 줄 수 있다.

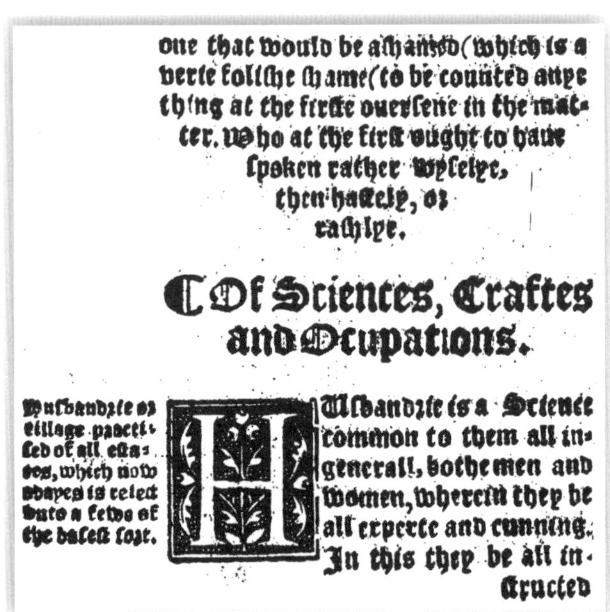

one that would be ashamed (which is a verie folishe shame) to be counted anye thing at the firste oversene in the matter. Who at the first ought to haue spoken rather wyselye, then hastelye, or rashlye.

Of Sciences, Craftes and Ocupations.

Husbandrie or tillage practised of all estates, which now adayes is reiect unto a fewe of the basest sort.

Husbandrie is a Science common to them all in generall, bothe men and women, wherein they be all experte and cunning. In this they be all instructed

그림 3 1556년 로빈슨 영역본 재판본의 페이지

Ⅳ. 맺음말

이상과 같이 간략히 살펴본 1550년대의 랠프 로빈슨 역, 에이브러햄 빌 출판 『유토피아』 영역본은 1551년 초판본이건 1556년 개정판이건 인쇄물로서는 최상급 상품이라고 하기는 어려운 점이 적지 않다. 그러나 이 판본들은 왕실과 귀족들이 통제하던 프랑스의 출판시장과 달리 영국은 시민계급 주도의 자생적 출판시장이 성장하고 있었기에, 그러한 '통제되지 않는' 시장의 다소 혼란스러우면서도 투박한 '자연스러움'의 면모를 전형적으로 보여준다. 또한 1556년 방주가 증언하듯, 가급적 고객 독자들에게 친절하

게 다가가려는 제작자 겸 판매자의 의도도 반영되어 있는 상업 출판물로서도 전형적인 모습을 보여준다. 이 번역본의 상품성은 시장이 인정해 주었다. 로빈슨과 빌의 1556년 개정판은 시장의 조건과 규모가 매우 달라진 1685년(또는 1684년)에 길벗 버넷(Gilbert Burnet)의 번역본이 나오기 전까지, 1597년의 토머스 크리드(Thomas Creede) 출간본을 비롯하여 여러 출판업자들이 100년 넘게 여러 차례 재활용할 정도로 인기 있고 '믿을 만한' 번역본의 지위를 유지했다. 버넷의 번역본은 다음과 같은 제목으로 번역자의 이름은 밝히지 않고 출간되었다.

> 유토피아: 영국의 국새상서 토머스 모어 경이 라틴어로 씀: 영어로 번역함. 런던: 리처드 치스웰을 위해 인쇄함, 챈서리 레인의 링컨스인 게이트 반대편 조지 파월 서점에서 판매될 것임. 1685년.
>
> Utopia: written in Latin by Sir Thomas More, Chancellor of England: translated into English. London : printed for Richard Chiswell; and to be sold by George Powell over against Lincolns-Inn-Gate in Chancery-Lane, 1685.[1]

이 번역본은 조판이나 활자부터 시작해서 여러모로 훨씬 더 정확하고 깔끔한 책이다. 번역자의 서문에서는 로빈슨 번역본의 문제점에 대한 비판이 등장한다. "나는 이 번역본이 한때는 토머스 모어 경 본인이 직접 했다고 생각하곤 했는데, 영어가 그의 시대 말투이고 문체도 모어의 문체와 다르지 않을 뿐더러, 번역자가 저자 본인이 아니라면 도저히 행사하지 않았을 자유권을 행사했기 때문"이라며, "자기 책의 주인인" 저자 본인이 아닌 번

---

1 ESTC 검색목록에는 1684년 버넷 번역 『유토피아』가 같은 출판업자 Richard Chiswell을 위해 인쇄되었을 뿐 아니라 그가 판매권자라는 밝힌 제목("printed for Richard Chiswell at the Rose and Crown in St. Paul's Church-Yard")의 1684년 본도 등장하나, EEBO 데이터베이스에 볼 수 있는 판본은 1685년 본이다. 연도를 1684, 1685로 둘 다 적은 이유는 이와 같은 서지상의 사실 때문이다. "Lord Chancellor"를 "국새상서"로 옮긴 것은 이 책에 옥고를 기고한 홍기원 박사의 번역을 따른 것이다.

역자가 "원문을 자기 맘대로 삭제하거나 변형시킨" 것은 용납할 수 없다고 한다(More, 1685). 원 저자의 글을 존중하고 자의적인 조작을 자제한 이 번역본이 나온 후인 18세기에는 버넷의 번역이 로빈슨 번역을 대체했으나, 아직 영국의 국력이 약했고 영어의 규범과 어휘가 정비되지 않았고 영국 출판시장의 규모도 크지 않던 시절에 선보인 로빈슨 역, 빌 출판『유토피아』는 라틴어를 모르는 일반 시민 독자들에게 토머스 모어의 이 진기하고도 급진적인 저술을 소개하는 데 큰 역할을 했다는 점만은 부인할 수 없다. 로빈슨 역과 버넷 역 사이를 잇는 영국 역사는 '청교도 혁명'을 위시한 온갖 정치적인 소요와 분쟁으로 들끓었다. 버넷의 번역본이 나온 후 몇 년 후에는 '명예혁명'으로 이러한 과도기가 일단락되었으니, '자유'와 '공익'을 향한 근대초기 영국인들의 노력에 로빈슨이 옮긴『유토피아』가 간접적으로나마 기여했으리라는 추정도 가능하다. 물론 그러한 역사의 전개양상을 저자 토머스 모어가 살아있었다면 (또는 순교자 모어가 천국에 올라가서 내려다보았다면) 통탄할 일로 간주했을 수도 있다. 그러나 다시 이 글의 전제를 반복하자면, 토머스 모어의『유토피아』는 '책'의 이름이다. 그 책은 여러 번역본과 여러 판본의 몸을 입고 세속의 역사에 동참하여, 한편으로는 많은 출판업자들의 이익을 만들어주고, 다른 한편으론 어떤 독자들에게는 단지 재미있는 읽을거리 이상의 의미를 가져다주었을 것이다. 그러한 역사는『유토피아』초판본 500년 역사를 마감하고 또 다른 500년으로 펼쳐지는 미래에도 이어질 것이다.

참고문헌

Alexander, Michael (2000). *A History of English Literature*. Basingstoke: Macmillan.

Baker-Smith, Dominic (2014). On Translating More's *Utopia*. *Canadian Review of Comparative Literature / Revue Canadienne de Littérature Comparée* 41: 492–505.

Barnard, John (2002). "Introduction." Barnard and McKenzie (2002): 1–25.

Barnard, John and McKenzie, D. F. McKenzie ed. (2002). *Cambridge History of the Book in Britain*. Vol.4: *1557–1695*. Cambridge: Cambridge University Press.

English Short Title Catalogue (ESTC)–British Library. 〈http://estc.bl.uk〉

EEBO: Early English Books Online〈http://eebo.chadwyck.com〉

Guy, John (2009). "The Tudor Age." *The Oxford Illustrated History of Britain*. Ed. Kenneth Morgan. Oxford: Oxford University Press, 223–85.

More, Thomas (1516). *De optimo Reip. statu deque nova insula Utopia libellus vere aureus, nec minus salutaris quam festivus, apud inclytam Basileam...* [Louvain].

More, Thomas (1551). *A Fruteful and pleasaunt worke of the best state of a publyque weale, and of the newe yle called utopia: written in Latine by Syr Thomas More knyght, and translated into Englyshe by Raphe Robynson Citizein and Goldsmythe of London, at the procurement, and earnest request of George Tadlowe Citezein and Haberdassher of the same Citie*. London.

More, Thomas (1556). *Of frutefull pleasaunt, and wittie worke, of the beste state of a publique weale, and of the newe yle, called Utopia: written in Latine, by the right worthie and famous Syr Thomas More knyght, and translated into Englishe by Raphe Robynson, sometime fellowe of Corpus Christi College in Oxford, and nowe by him at this seconde edition newlie perused and corrected,* *and also with diverse notes in the margent augmented*. London.

More, Thomas (1685). *Utopia: written in Latin by Sir Thomas More, Chancellor of England: translated into English.* London.

Norton, David (2011). *The King James Bible: A Short History from Tyndale to Today.* Cambridge: Cambridge University Press.

Peggram, Reed Edwin (1940). "The First French and English Translations of Sir Thomas More's 'Utopia.'" *Modern Language Review* 35: 330–40.

Raven, James (2002). *The Economic Context*. Barnard and McKenzie 2002. 568–82.

인터넷교보문고. http://www.kyobobook.co.kr

chapter **4**

유토피아 속의 공동체 : ‘좋은 사회’에 대한 모어의 구상

이 종 수

(연세대학교 행정학과)

유토피아 속의 공동체 : '좋은 사회'에 대한 모어의 구상

이 종 수 (연세대학교 행정학과)

Ⅰ. 토머스 모어와 유토피아

모든 유토피아에 대한 논의는 공동체에 대한 논의였다(이종수, 2015: 17). 개념적으로 유토피아는 초월적 신의 세계가 아닌, 인간의 의지와 노력으로 실현 가능한 설계를 대상으로 한다. 인간이 원하는 개인적 욕망이나 희열보다는 사회적이고 공동체적인 구상 내지 설계에 강한 비중을 둔다. 이렇게 보는 한, 유토피아에 대한 모든 구상은 실현 가능한 인간의 공동체에 대한 꿈이다.

각 사회와 국가의 전통과 사정에 따라 현실적인 공동체의 모습은 조금씩 다르게 나타난다. 그러나 인간의 신체와 욕구가 유사하기 때문에 이상적 공동체의 모습은 상당 정도 수렴되는 경향을 보인다. 여기서 나타나는 가장 이상적인 공동체의 원형질이 바로 유토피아에 그려져 있다.

공동체는 인간의 본성, 사회적 효율성, 도덕적 규범의 이유 때문에 선택을 넘어선 필수의 가치를 갖는다. 더구나 세계화 현상에 따라 인간의 삶이 무한대의 공간에 의해 영향을 받으며 원심력에 의해 교란될수록 공동체는 중요하게 되었다. 경쟁과 비교, 그리고 준거의 범위가 팽창될수록 인간이 행복을 느끼기 위한 정체성, 인정감, 소속감, 정서적 만족감의 공간이 필요하기 때문이다. 이러한 공동체의 가치는 이미 『렉서스와 올리브나무』를 통해 토머스 프리드먼(Thomas L. Friedman)이 제기한 바 있지만, 올리브나무로 상징되는 과거와 정체성보다는 더욱 적극적인 의미에서 공동체의 가치를 주목할 필요가 있다.

이상적 공동체를 구상한 대표적 저작은 역시 플라톤의 『국가』라 할 수 있다. 모어 스스로도 『유토피아』에서 플라톤의 『국가』를 무려 6번 직접적으로 언급하며[1], 그 생각의 주제와 사유를 전개하고 있다. 사유재산제도는 플라톤과 모어가 유사하게 부정하고 있고, 결혼에 대하여 플라톤은 거부하고 모어는 수용한다. 플라톤과 모어는 동일하게 이상적 사회에 대하여 구상을 하지만, 상대적으로 플라톤은 올바름이 무엇인지에 천착하고, 모어는 인간에게 바람직한 사회의 상태를 그리는 데 역점을 둔다. 플라톤의 『국가』는 제목과 부제가 일차적 관심의 대상으로 정치체제를 지칭하고 있지만, 저술의 내용은 사회적 윤리, 규범, 정의, 올바름에 광범하게 펼쳐져 있다. 모어의 『유토피아』는 플라톤의 경우보다도 훨씬 넓은 사회적 관계와 생활, 다시 말해 정부 자체가 아닌 사회적 공동체에 기울이는 비중을 더 크게 잡고 있다.

1 모어가 『유토피아』에서 플라톤을 6회 언급하며 동의를 표시한 내용은 철인왕의 필요성, 사유재산제도의 해악, 현명한 사람이 정치에 관여하지 않는 이유 등에서 명시적으로 나타난다. 예컨대, 모어는 라파엘에게 “귀하의 친구 플라톤이 ‘행복한 국가는 철학자가 왕이 되거나, 또는 왕이 철학을 공부하게 될 때에 비로소 실현된다’고 말한 것을 아실 줄 믿습니다”(More, 2005: 59)라고 말한다. 나아가, 모어가 구상했던 유토피아의 공간적 형태 역시 플라톤이 상상했던 이상적인 도시, 아틀란티스와 어느 정도 유사하다.

그런데 이 글에서 플라톤과 모어의 비교를 심화시키기는 어렵고, 우선 토머스 모어의 유토피아에 관심을 집중하기로 한다. 플라톤 이후 근 2,000년 동안 유토피아적 사유의 공백을 토머스 모어가 채워주었을 뿐 아니라, 2016년으로 『유토피아』가 출간 500주년을 맞았기 때문이다. 여기서는 우선 그의 저작에 나타난 이상적 공동체의 모습이 어떠한지를 주로 살피면서, 다른 문헌과 현대의 흐름 속에서 되짚어 볼 필요가 있는 요소들을 부분적으로 언급하기로 하겠다.

익히 알려진 바와 같이, 모어는 깊은 지혜와 현실의 경험을 갖춘 인물이었기 때문에, 권력 내부에서 자행되는 부조리를 꿰뚫어 보고 있었다. 그는 로마의 역사가 살루스티우스의 언급을 인용하며, 고용된 용병들의 전투력과 솜씨를 유지시키기 위해 일부러 전쟁을 일으켜 목을 자르는 솜씨를 유지시키는 야만적인 실태를 고발한다. 현실정치의 고위직에 이르렀으면서도 모어가 비판적 사유를 견지하고 유토피아를 구상했던 데에는 그의 생애가 관련되어 있다. 개인으로서 모어는 실질적으로 대의사(代議士)직을 수행하고 있던 1504년 헨리 7세로부터 약 9만 파운드를 요구하는 명을 받고 이를 거절하였다가 왕의 미움을 샀다. 이 사건으로 왕은 모어의 아버지를 런던탑에 가두어 백 파운드의 벌금을 물린 후에야 풀어주었다.

상황적으로는 1497년 헨리 7세가 스코틀랜드와 전쟁을 벌이기 위한 전쟁세를 부과하였는데, 그 액수가 1305년 약속된 헌장보다 과도한 수준이었다. 여기에 마이클 조셉(Michael Joseph)과 토머스 플래만크(Thomas Flamank)[2]가 반기를 들자 만 콘월 지방에서 1만 5천여 명의 광부와 민중들이 봉기하였고, 6월 17일 데트포드 다리(Deptford Bridge) 또는 블랙히드(Blackheath) 전투에서 2천여 명이 전사하고, 학살이 자행되었다.[3] 그 결과,

---

2 마이클 조셉(Michael Joseph)은 대장장이였고, 토머스 플래만크(Thomas Flamank)는 변호사였다.

3 오늘날 영국에서 콘월 지역의 럭비팀 명칭이 '콘월 반란'(Cornish Rebels)으로 된 것은 1497년 콘월 지역 민중들의 역사적 봉기를 기억하고자 하는 뜻을 내포하고 있다. https://

모어는 공직에 대해 "한심스러운 정책을 공개적으로 지지하고, 아주 괴상한 결정에 동의해야 하며, 사악한 법률에 충성을 보이지 않으면 스파이나 배반자 취급을 받는"(More, 2005: 75)다는[4] 엄혹한 시각을 갖게 되었다.

Ⅱ. 유토피아의 구상과 공동체에 대한 묘사

이상적 공동체로서 유토피아를 그리며, 모어는 여러 측면을 고려했다. 기본적으로 공동체가 사람 사이의 관계와 삶을 의미하지만, 이와 관련된 정치제도를 간헐적으로 모어는 묘사하고 있다. 공동체의 구성과 구성원의 삶에 정치 내지는 제도가 일정한 중요성을 갖기 때문이다. 여기서는 유토피아에 그려진 정치제도를 비롯하여 인간의 본성, 사회적 관습, 공간과 건물의 설계, 재산의 공유 등을 살펴보기로 하겠다. 이러한 요소들 이외에 또 무엇이 유토피아에 필요한지를 생각하며, 검토해 볼 만한 대목들이다.

1. 정치제도, 사회적 관습 그리고 인간

유토피아가 초점을 어디에 주로 맞추고 있었느냐는 흥미로운 관심사이다. 정치적 제도와 사회적 실태는 모두 공동체의 요소로서 중요한 사항들이다. 그럼에도 불구하고, 어느 차원을 상대적으로 중시하는지는 현대의 사회과학에서도 흥미로운 주제이고, 논의와 논쟁 그리고 대립의 여지가 있다.

---

en.wikipedia.org/wiki/ Cornish_Rebellion_of_1497

4 당시의 국가정치에 대하여 모어는 "다른 모든 사람들을 시기하며, 자신만이 옳다고 생각하는 자들이 가득한 궁정"(More, 2008: 21)으로 표현하며, 거리감을 두었다.

비교론적으로 보면, 플라톤의『국가』는 제목과 부제 그리고 내용에서 정치제도적 측면에 일차적 관심이 있음을 선언하고 있다. 서술의 많은 부분이 사회관계에 할애되긴 하지만, 정의와 올바름의 의미를 정치적 공동체의 시각에서 접근하고 있다. 모어의 유토피아는 초반에 '제도와 관습'(More, 2005: 30) 양자에 대해 말해 주겠다고 시작한 이후 상대적으로 많은 관심을 사회적 관계와 관습에 더 많이 할애하고 있다.

이상적인 사회는 왕과 정부, 그리고 정치체제의 개혁만으로 달성될 수 없다. 인간, 그리고 이들이 형성해 놓은 사회적 관계와 관습이 이상적으로 변모하지 않는 한, 유토피아로의 접근은 불가능한 것이었다. 이러한 사실 때문에 유토피아 논자들은 정치체제뿐 아니라 인간과 사회생활에 대해 많은 설명을 하고 있으며, 국가나 정치체제로부터 독립적으로 온전성을 유지하는 사회 공동체를 더 이상적으로 간주한다. 모어는 유토피아 사람들에 대하여 "그 사람들은 왕이나 정부 없이 삶을 살아가며, 각자는 각자의 주인이다"라고 묘사한다.

우리가 제도를 지칭할 때, 그 일부는 정치제도와 정부의 영역에 해당하기도 하고, 일부는 사회적 규범과 제도에 해당할 수 있다. 그러나 오래된 사회적 제도라는 것은 관습의 범위로 포함시킬 수 있기 때문에, 정치와 정부에 관한 내용으로서 구체적으로 규정된 사항을 제도로 판단하고, 사회적 영역에 대한 내용의 일체는 관습으로 파악하는 것이 타당할 것이다.

사회적 실태와 관습으로 모어가 논하는 것들은 인간의 이기심, 정의[5], 친척에 대한 의무, 재산의 상속, 결혼, 순결, 돈이나 권세에 대한 관심, 공공의 일, 도둑을 다루는 방법, 귀족이 소작농으로부터 지대를 거두는 것,

---

5 모어가 정의를 지칭하는 경우를 보자. 도둑들에게 합당한 형량을 부과하는 경우에 대해 정의를 언급하는데, 가난과 박탈을 예방하기 위한 토지의 양도, 독과점의 예방을 하지 않고, 가난으로 내몰린 사람의 도둑질만을 극형에 처하는 것으로 정의를 구현했다고 할 수 없다고 지적한다. 플라톤의 시대에 비해, 모어의 시대 상황은 훨씬 복잡화된 상태였고, 정의를 논하는 상황도 구체화되고 복잡화되어 있다.

도박이나 주사위 놀이 혹은 테니스 같은 사람들의 취미, 습관, 부의 집중문제, 철학과 정책의 관계, 이상적인 도시의 규모, 도시의 아름다운 설계, 주택의 구조, 농업 인구의 방출과 식량부족, 마을 사람들의 식사, 도시와 농촌의 교류와 공존, 농사를 짓고 닭과 같은 가축을 기르는 법, 도로의 폭 등에 걸쳐 있다. 또, 제도와 정치적 측면에서는 백성에 대한 왕의 은전, 전쟁술에 대한 왕의 관심, 독과점을 방지할 수 있는 법, 토지를 양도하는 법률, 형벌제도와 사형제, 왕이 소유할 수 있는 재산의 법정한도, 사유재산제도 등이다.

정치제도와 사회적 실태의 중간 영역에서 모어가 날카롭게 주목하는 요소는 사회변동과 그 힘이다. 사람들로 하여금 도둑질을 하게 하는 원인이 무엇이냐는 추기경의 질문에 모어는 '양'을 지적한다. 이른바 엔클로저[6] 흐름이 야기하는 사회문제를 극명하게 관찰하던 모어의 답변은 이랬다.

> "양(羊)입니다. 아주 조금밖에 먹지 않는 이 유순한 짐승이 이제는 사나운 식욕을 갖게 되어 사람까지 먹어치우게 되었습니다. 들과 집 그리고 도시, 모든 것을 삼켜 버립니다. 쉽게 말씀드리자면, 최상의 그리고 가장 저렴한 양모를 생산하는 지방에서 귀족과 지주, 심지어 몇몇 수도원장까지도 그들의 선조나 전임자들이 토지에서 거두던 이익에 만족하지 않게 되었습니다. 그들은 이미 게으르고 안락한 생활만으로도 만족하지 못하여, 소유지를 전부 목장으로 만들고, 아무도 경작을 못하게 해서 사회에 적극적으로 해를 끼치지 않을 수 없게 되었습니다. 그들은 심지어 가옥을 헐어내고, 온 촌락을 철거하기도 합니다."(More, 2005: 41)

6 엔클로저 운동으로 수많은 농민들이 자신의 의지와 상관없이 땅을 양도하거나 팔아치우고 빈민으로 전락하거나, 도시로 내몰려 도둑으로 전락하고, 감옥에 갇히거나 교수형을 당하는 일이 비일비재하였다. 곡식을 경작하려면 많은 일손을 필요로 하는 토지들이 짐승을 놓아먹이는 경우에는 한 사람의 양치기나 소몰이로 충분해졌다(More, 2005: 43). 토지 소유자의 탐욕에 대한 응징으로 가축에 대한 질병이 유행하고, 곡식과 양모 값은 오히려 폭등하는 현상도 발생하였다.

이상적인 사회의 철학이 궁정의 정책으로 스며들어야 하지만, 현실은 그렇지 못했다. 무릇 백성에 대하여 은전을 끊임없이 베푸는 분수(More, 2005: 33)이어야 하는 왕이 실제는 평화 시의 유용한 기술보다는 전쟁술에나 관심을 기울이고, 그 아래의 고문관들은 다른 사람의 충고가 필요 없을 만큼 현명하거나 자부심은 강하지만, 왕들이 말하는 가장 어리석은 일에 동의함으로써 왕의 총애나 얻으려 애쓰는 존재들이었다[7].

정부와 궁중의 절망적인 현실에도 불구하고 모어는 공공의 현실로부터 완전히 등을 돌리지 않고 희망을 추구했던 사람이다. 그는 이렇게 충고한다.

> "나쁜 생각을 완전히 근절시키지 못하고, 원하는 만큼 뿌리 깊은 사악을 효과적으로 다루지 못한다 하더라도, 그것이 공공의 생활에 등을 돌리는 이유가 될 수는 없다."(More, 2005: 73)

2. 유토피아의 공간적 형태

유토피아는 하나의 초생달 모양을 한 섬인데, 가장 넓은 중앙부가 약 200마일(약 320km)이고, 둘레는 500마일 정도다. 섬의 양 끝 부분은 서로 11마일 떨어져 있는데, 이 사이로 바닷물이 들어와 광대한 만을 이룬다. 1516년 출간된 〈유토피아〉에는 이 섬의 지도가 삽화형식으로 그려져 있다.

이 섬에는 54개의 훌륭한, 크고 장엄한 도시가 있다. 도시 간의 최단거리는 24마일(약 38km) 떨어져 있다. 가장 멀리 떨어진 도시 간에도 하루에 걸어갈 수 있는 정도의 거리밖에 떨어져 있지 않다. 도시들은 두껍고 높은 성벽으로 둘러싸여 있는데, 그 위에는 탑과 보루가 많이 세워져 있다. 시의

7 모어는 "어떤 군주에게 유익한 법을 제안하고, 그의 영혼에서 사악함과 타락의 씨앗을 제거하려고 노력한다면, 나는 곧 추방당하든지 경멸스러운 취급을 당하고 말 것"이라는 현실인식을 하고 있었다. 군주가 있는 궁정을 광기가 지배하는 곳으로 보았던 것이다(More, 2008: 54).

3면에는 마른 도랑을 팠고, 아주 넓고 깊은 이 도랑에는 가시나무들이 빽빽하게 들어차 있다. 나머지 한 면에는 강이 천연의 해자 역할을 한다. 거리는 교통이 편하면서 동시에 바람을 잘 막도록 설계되어 있다. 건물들의 규모도 웅장하며, 집들이 열을 이루며 마주보고 있는 풍경은 웅장하다. 거리의 폭은 20피트이며, 각 구역의 건물들 뒤쪽으로는 정원이 이어져 있다. 모든 집들은 거리 쪽으로 나 있으나, 정원 쪽으로 또 하나의 문이 나 있다. 유토피아 사람들은 뒤쪽의 정원을 아주 좋아한다. 여기에는 사유재산제도가 없기 때문에 집은 추첨에 의해 할당되며 10년마다 바꾼다(More, 2005: 90).

수도는 아마우로툼이다. 의회가 여기에서 열리며, 특별한 중요성을 지닌다. 아마우로툼은 완만하게 경사진 언덕 중턱에 자리 잡고 있으며, 그 모양은 거의 정방형이다. 도시의 건물들은 가지런히 연이어 마주 서 있고, 집들의 앞쪽에는 6m의 도로가 놓여 있다(More, 2005: 90). 집들의 후면에는 정원이 있으며, 거기에는 포도나무와 풀 그리고 꽃들이 아름답다. 모든 도시는 동일 규모의 4개 구로 구분되어 있는데, 각 구의 중심지에는 시장(市場)이 있다.

시골에는 일정한 간격으로 건물이 지어져 있고, 농기구가 비치되어 있다. 이 건물에는 도시민들이 교대로 와서 거주한다. 시골집에는 적어도 40명의 남녀와 두 명의 노예가 사는데, 한 동네는 이런 가구 30집으로 이루어진다. 사유재산제가 없기 때문에 집 자체는 추첨에 의해 할당되고, 사람들은 10년마다 한 번씩 추첨으로 집을 바꾸어 산다. 시골과 도시 사이에도 매년 거주자의 이동이 있어, 시골에서 2년을 보낸 사람은 도시로 가고, 다른 20명이 시골로 온다. 집은 삼층집으로 지어져 있고, 유토피아 사람들은 집 앞의 정원 가꾸는 일을 좋아한다.

3. 지배체제와 대의제 그리고 관리들

유토피아에서 왕과 귀족 같은 신분질서나 지배체제가 완전히 부정되지는 않는다. 심지어 노예의 존재와 역할도 부인하지 않는다. 이것이 모어의 존재론적 한계이기도 하다. 모어는 지배와 피지배 관계를 적극적으로 긍정한 것이라기보다, 사회적 역할을 수행하는 한도 내에서 신분질서와 지배체제를 인정하는 모습이다.

무엇보다 왕의 자격과 공적인 역할이 유토피아에서는 엄격하다.

> "왕이 폭력과 착취와 몰수에 의해 인민을 거지로 만들지 않고서는 인민을 복종시킬 수 없을 정도로 인민의 증오와 멸시를 받고 있다면, 그 왕은 차라리 양위하는 것이 좋은 것이다. [⋯] 주위의 모든 사람들이 불평과 비탄에 싸여 있을 때, 사치스러운 생활을 즐기는 자는 확실히 왕이라 부르기 어려운 자이다. 오히려 간수에 가깝다."(More, 2005: 69)
>
> "왕은 남에게 폐를 끼치지 말고 자기 자신의 재산으로 살아야 한다. 왕은 지출과 수입의 균형을 맞추어야 하고, 건전한 통치로 범죄를 예방해야지 범죄 발생을 방치했다가 그 다음에 처벌하기 시작해서는 안 된다."

유토피아에서 멀지 않은 나라인 마카렌세스 제도에 대한 언급도 등장한다. 거기서는 왕이 즉위식 때 금 또는 이에 상당하는 은으로 천 파운드 이상을 자신의 금고에 간직하지 않겠다는 서약을 한다. 이 제도는 국가의 복지를 그 자신의 복지보다 더 우선해 온 훌륭한 선왕에 의해 창시되었다.

대의제로는 현대의 기초의원과 광역의원 개념을 제시한다. 최대 40명과 노예 2명을 수용할 수 있는 집들이 있는데, 각 집에는 두 명의 노예가 고정 배치되어 있고, 30집[8]마다 한 명의 필라르쿠스(시포그란투스[9])가 있어 대표

8 각 가구는 일반적으로 혈연관계에 의해 구성된다.

9 시포그란투스는 고대 유토피아의 명칭으로, 모어 집필에서의 필라르쿠스를 의미한다.

기능을 한다.[10] 어원상 부족이라는 뜻의 phule와 우두머리라는 의미의 archos를 합성한 말로 부족장이라는 뜻인데, 여기서는 기초의원 겸 지방관리인에 해당한다. 매년 30가구당 한 명의 시포그란투스라 불리는 공무원을 선출하는 것이다. 예전에는 이 관리를 시포그란투스라 불렀지만, 요즘은 필라르쿠스라 부른다. 열 명의 시포그란투스당 한 명의 트라니보루스가 있다.

시장의 선출은 지금의 기초의원들이 모여서 한다. 각 도시에 시포그란투스는 모두 200명이 있으며, 이들이 모여서 시장[11]을 선출할 책임을 갖는다. 도시는 4개의 구로 나누어져 있는데, 네 구에서 한 명씩 내놓은 후보 4인 가운데 한 사람을 시장으로 선출한다. 30가구를 대표하는 시포그란투스가 한 도시에 200명 있으니, 한 도시의 크기는 6,000가구로 이루어진다. 각 가구는 노예를 제외한 시민 40명으로 구성되어 있으니,[12] 한 도시의 시민은 약 240,000명인 셈이다.

임기는 기본적으로 시장은 종신직, 광역의회(트라니보루스)는 해마다 선출은 되지만 보통은 바뀌지 않고, 기타 도시의 직원 임기는 1년이다. 시장은 폭군이 되려 한다는 의혹이 제기되지 않는 한 죽을 때까지 직책을 유지한다. 트라니보루스들은 매년 신임을 물을 뿐, 하찮은 이유로 교체되지는 않는다.

광역의원들은 3일마다 또는 필요하면 더 자주 시장과 회의를 하며 공동문제를 신속히 해결한다. 트라니보루스들은 언제나 두 명의 시포그란투스들을 광역의회에 초대하여 논의하되, 매번 다른 시포그란투스를 불러온다. 공적인 결정은 사흘 동안 논의한 후 결정하는 것이 규칙이다. 광역이나 기초의회 밖에서 공무를 다루면 사형을 받는다. 사사로이 공무를 처리하거나,

---

10 시포그란투스의 역할은 권력적 통제가 아니라, 마을에 빈둥거리고 노는 사람이 없이 누구나 자신의 직업에 충실하도록 하는 일이다(More, 2005: 95).

11 원어에는 princeps로 나오는데, 공화국의 왕이나 지도자 혹은 군주를 뜻한다. 이로 미루어 볼 때, 유토피아의 도시들은 매우 자립적이고 자치적인 곳임을 알 수 있다.

12 어른의 수는 가구당 열 명 이상 열여섯 명 이하로 법에 규정되어 있다.

다수 시민들을 무시하지 못하게 하기 위함이다.

일 년에 한 번 각 도시의 경험 많은 노인 세 명이 수도인 아마우로툼에 모여 섬 전체의 공동 관심사를 논의한다. 아마우로툼은 안개가 자욱한 런던을 상징하는 의미로, 섬의 중앙부에 놓여 있고 각 도시들로부터 접근하기 편리하다.

4. 평등과 공유에 대한 사유

평등한 사회는 대부분의 유토피아 사상에 나타나는 이상이었다. 모어에게서도 그것은 마찬가지인데, 플라톤의 『국가』나 아메리고 베스푸치(1451-1512)의 『신세계』[13]와 『4대 항해』[14]에서 영향을 많이 받았다. 플라톤의 경우 사유재산이 없는 사회를 『국가』에서 그렸고, 베스푸치도 『신세계』에서 사유재산이 없고 재산을 공유하는 사람들에 대하여 기록하고 있다(More, 2005: 25).

모어는 모든 구성원의 획일적 평등을 주장하는 것은 아니다. 거기에도 가난한 사람과 능력 있는 사람 등이 다양하게 존재한다. 평등한 사회에 대한 모어의 구상은 노동에 대한 고른 참여, 생필품에 대한 공동생산과 분배, 구성원들의 공유와 나눔 등으로 이루어져 있다. 우선, 모어는 노동하지 않는 계층을 혁파의 대상으로 삼고, 노동과 분배에서 평등한 사회의 필요성을 강력히 묘사한다. 『유토피아』에는 나이와 체력을 볼 때, 일하기에 적합한 사람 중 면제를 받는 사람은 500명이 채 안 된다. 시포그란투스도 여기에 해당하나, 오히려 이들은 실제 그 특권을 누리지 않고 더욱 열심히 일을

---

13 베스푸치가 1501년 시작한 항해에서 보고 들은 바를 기록한 것으로 1505년경 바젤에서 간행되었다.

14 『4대 항해』는 베스푸치가 1507년 디에에서 출판하였다. 여기에서 주택은 사람들이 공유하고, 7년 혹은 8년을 주기로 서로 집을 바꾸는 것으로 묘사했다.

해서 동료 시민들에게 모범을 보인다. 항구적인 면제자들은 연구에 전념하는 학자들인데, 성직자들의 추천과 시포그란투스의 비밀투표에 의해 선정된다.

사유재산과 돈의 폐해에 대하여는 라파엘의 입을 빌려 통렬히 비판한다.

> "그런데 모어 씨, 내 생각을 솔직하게 이야기하면 사유재산이 존재하는 한, 그리고 돈이 모든 것의 척도로 남아 있는 한, 어떤 나라든 정의롭게 또 행복하게 통치할 수는 없습니다. [⋯] 재산이 소수의 사람들에게 한정되어 있는 한, 누구도 행복할 수 없습니다. 그 소수는 불안해하고 다수는 완전히 비참하게 살 뿐입니다."(More, 2005: 76)

그래서, 모어는 사유재산이 완전히 사라지지 않는 한 올바르고 정당한 재화의 분배도 불가능하고, 사람들의 행복을 위한 통치도 불가능하다고 판단한 것으로 보인다(More, 2005: 78). 비록 등장 인물 가운데 모어가 이러한 발언을 하는 것은 아니고, 심지어 화자 모어는 여기에 반론을 제기하기도 하지만, 저자로서 모어의 생각은 사유재산제의 문제에 대해 충분히 드러나 있다.

"건강한 사회의 필수적 조건은 재산의 균등한 분배—이것은 자본주의 하에서는 불가능하다고 나는 생각한다—라는 점이 명백하다."(More, 2005: 77)

부의 평등과 더불어 노동의 평등이 추구된다. 유토피아에서는 남녀를 통틀어 오직 500명의 사람들만이 노동을 면제받는다. 촌장 역할을 하는 시포그란투스는 법적으로는 노동을 면제받지만, 다른 사람들에게 모범을 보이기 위해 자발적으로 특혜를 누리지 않는다. 사제들의 추천과 시포그란쿠스의 비밀투표에 의해 학자로 인정받은 사람들이 노동을 면제받는데, 이들 가운데서 사제와 시장이 선출된다.

부는 사회에 대한 공적(功績)과 반비례로 배분되는 성향을 가진다는 점을 모어는 지적한다. 부자는 탐욕스럽고 파렴치하며, 전혀 무익한 인간들일 수 있기 때문이며, 반대로 가난한 자는 소박하고 겸손한 사람들이어서 매일매일 그들 자신에게보다는 사회에 훨씬 유익한 일을 할 것이다. 그래서 모어는 "모든 사람이 공평하게 나누어 갖고, 모든 사람이 풍요롭게 사는" 공동체를 제창한다. "모든 사람이 복리를 누리는 유일한 길은 재화의 완전한 균등분배뿐"이라는 의견을 라파엘의 입을 통해 제시하는 것이다. 재산이 개인소유인 사회에서는 평등이 이루어질 수 없기 때문에, 모어는 사유재산제도를 부정하는 견해를 표명한다. 모어가 비판적 입장을 취하는 사유재산이란 생산력과 생산수단에 대한 개인의 독점을 의미한다. 개인의 모든 소유물을 일체 부정하는 것은 아니다. 모든 도시의 중앙에 시장(市場)이 있고 각자가 생활에 관한 소유물을 거래한다는 사실은 생활용품에 대한 사유를 인정함을 뜻한다.

생활에 필요한 용품은 사회적 분배 시스템을 통해 이루어진다. 각 가정의 생산품이 시장의 창고에 보관되며, 각 상점의 규모에 따라 분배된다. 가정의 가장은 자기 자신이나 가족에게 필요한 것이 있을 때에 시장 안의 해당 상점으로 가서, 그 물품을 청구하기만 하면 된다. 필요한 것이 무엇이든간에 그는 값을 치르지 않고 가져올 수 있다. 모든 물품이 풍부해서 필요 이상으로 청구해서 가져갈 위험이 없다.

모어의 이런 문제의식은 훗날 사회주의 사상가들에게 그대로 전승되었다. 자선과 선의만으로는 치유하기 어려운 상태를 인류가 주기적으로, 어떤 의미에서는 지속적으로 경험하는 원인으로 오랫동안 사유재산제가 지목되었다. 오스카 와일드(Wilde, 1912: 2)는 이런 구조적 절망의 지속상태[15]를 지적하며, 대부분의 인간들이 다른 사람을 위해 노력해야 한다는 이타주의

---

15 사회적 오염이 구조적으로 심해진 곳에서는, 치유활동이라 하는 것도 해법이 아니라 결국 질병의 일부인 상태가 되고 만다(Wilde, 1912: 3)

도 거기에 과장스럽게 신경쓰느라 자신의 건강한 삶을 오염시킬 뿐이라고 비판한다. 구조적 차원에서 평등의 구현과 사회주의의 실현은 이런 건강하지 못한 강박증으로부터 인간을 자유롭게 만들어 줄 것이라고 주장하였다.

5. 공동체적 생활과 문화

유토피아에서는 섬 전체가 하나의 가족 같다. 사람 간, 도시 간에 물자를 무상으로 주기도 하고 받기도 한다. 농촌과 도시 사람들이 한 달에 한 번 도시에 모여 축제를 벌이며, 공유와 협력 그리고 상호의존을 통해 공동체적 생활을 영위한다. 공동체적 생활은 농업, 거주, 생활용품의 생산과 분배, 식사 등 의식주를 망라하는 전 삶의 영역에 걸쳐 있다. 도시의 각 구에는 널찍한 회당이 있고, 각각의 회당들은 일정한 거리로 떨어져 있다. 이 회당에 시포그란투스들이 산다. 각 회당마다 30가구가 배정되어 있어, 이곳에서 공동식사를 한다. 음식을 나누어 줄 때는 환자들을 가장 먼저 배려하며, 좋은 음식은 먼저 노인들에게 준다. 후식은 늘 풍부하게 나오며, 식사모임이 즐거운 축제분위기가 되도록 하는 것이라면 하나도 빼놓지 않고 있다. 5세 미만의 아이들은 유아실에서 함께 지내며, 여자들은 결혼을 하면 남편의 집으로 들어간다.

유토피아 사람들은 돈을 사용하지 않아 돈과 이윤을 추구하려는 열망에서 벗어나 있다.사람들은 거짓이나 호사스런 장식을 싫어하여, 금은 요강과 죄수의 수갑을 만드는 데 사용한다. 사람들에게는 재산이 균등하게 분배되고, 하루 6시간 노동을 한다.[16] 유토피아 사람들은 농사일을 하고, 농사 이외에 각자 자신의 일을 한 가지씩 더 배운다. 여기에 남녀 구분이 없으며, 직종은 모직이나 아마포 같은 직물업, 석공, 철공, 목공 등의 일이다(More,

16 캄파넬라의 『태양의 나라』에서 유토피아인들은 하루 4시간 일을 한다.

2005). 이것들 말고 많은 사람들이 종사하는 일은 없다.

그들은 오전에 세 시간 일하고 점심을 먹은 후 두 시간 정도 휴식을 취한다. 그런 후 다시 세 시간가량 일을 하러 간다. 저녁에는 식사 후 8시에 취침하며 여덟 시간 잔다. 일, 식사, 잠 이외의 시간은 각자가 원하는 대로 활용할 수 있다. 기호에 따라 자유롭게 보낼 수 있는데, 건전한 활동을 하는 한 자유가 보장된다. 실제 많은 사람들은 교육을 더 받는 데 여가를 사용한다(More, 2005 : 96).

공동체적 시각을 지닐 때, 법과 형벌에 대한 해석도 달라진다. 형벌의 목적을 합법적 보복이나 사회적 배제에 두기보다, 악덕을 없애고 사람을 구하는 데 있음을 인식하게 된다. 범죄자들로 하여금 정직하게 살 필요를 느끼도록 하고, 남은 일생 동안 그들이 지은 죄에 대해 스스로 보상하도록 하는 상태를 제시한다.

> "추기경님, 다른 사람의 돈을 빼앗았다고 해서, 목숨을 빼앗는 것은 부정의라고 생각합니다. 돈으로 얻는 것 가운데 그 어떤 것도 사람의 목숨만한 가치를 가진 것은 없습니다. 돈 때문이 아니라 정의에 대한 침해와 법률의 위반 때문에 도둑을 처벌한다고 말할지 모르지만, 극단적인 정의는 실제로 극단적인 불의라 해도 좋을 것입니다."(More, 2005)

절도 이외의 다른 흉악한 범죄를 저지르지 않았다면, 감옥에 가두거나 사슬을 채우지도 않고, 간수도 없는 가운데, 자유롭게 다니며 공공사업 일을 하게 한다.

이상적 공동체를 위해 모어가 궁극적으로 개혁하고자 했던 것은 영국의 제도가 아니라 정신이었다고 H.W. 도너는 지적한 바 있다. 아무리 재화가 풍부하더라도 모든 사람이 자신만을 위해 가능한 한 많이 소유하려 한다면 불행한 사회가 될 것이며, 궁정은 부패했고, 양들이 인간을 잡아먹는 파괴적 사회변동이 일어나고 있지만, 거기에 등을 돌려서는 안 된다는 설교를 그는 했다. 결국 소수의 사람들이 재화를 독점하고, 궁정이 전제정치와 아부로 부패하고, 제도와 구조가 왜곡되었다 해도 결론은 인간이었다. 이런 모어의 가치관은 "인간이 완전해질 때까지 세상은 결코 완전해지지 않을 것이다. 그리고 나는 수년 내에 인간이 완전해질 것이라고 기대하지 않는다"(More, 2005: 73)는 고백에 현실과 좌절 그리고 불굴의 희망으로 수놓아져 있다.

6. 이상적 공동체를 말하는 안전한 방식

플라톤의 『국가』 이후 대화체의 서술은 이상적 정치체제나 공동체를 말하는 유용한 방식이었다. 이들은 대화체의 서술에 자신 이외의 화자를 등장시켜, 그들의 입을 통해 이상적인 사회를 이야기하게 한다. 시대의 불편한 진실들을 비교적 안전하게 이야기할 수 있는 방법이기도 했고, 심각한 이야기들을 담담한 이야기로 서술할 수도 있으며, 또 비상사태가 벌어질 경우 대비할 여유공간을 확보할 수 있었다.[17]

모어는 5년 이상을 유토피아에서 살아본 경험이 있는 라파엘을 등장시켜, 라파엘의 입으로 유토피아에 대해 이야기하게 한다. "만일 왕이 큰 증오와 경멸의 대상이어서 백성들에 대한 가혹한 취급과 약탈, 압수, 궁핍화를 통해서만 통치할 수 있다면 차라리 양위하는 것이 훨씬 낫지 않을까요" 라는 제안(More, 2008: 49), "대부분의 귀족들은 수벌처럼 게으르게 살며, 오직 소작농들의 노동을 통해 먹고살고 농민들의 고혈을 짜내고," "이 사회에 아무런 순기능도 하지 않고 나태와 사치로 사는 것도 모자라 악행을 저지르고," "늘 시종들을 몰고 다니는데, 이 시종들조차 생계를 이어갈 수 있

17 이 같은 견해는 Paul Turner가 쓴 『Utopia』 서문에 제시한 입장과 일부 동일하다.

는 다른 일은 전혀 배운 바가 없는 자들"이라는 이야기, 군인과 도둑은 동일한 존재라는 이야기, 온순한 양들이 난폭해져 사람들을 잡아먹는 사회에 대한 비판을 모어의 직설화법으로 비판하기는 어려운 일이었다.

모어 스스로 『유토피아』에서 플라톤을 6회 언급하고, '부스라이덴에게 보내는 피터 힐레스의 편지'에 플라톤의 『국가』에 나오는 이상향을 언급한 것을 보면, 모어와 당시 이상주의자들이 플라톤의 국가와 같은 이상향에 대한 역사적 사유를 이어받고 있음이 분명하다. 그런데 이어받은 것은 사유의 내용뿐 아니라 대화체의 서술방식도 마찬가지였다. 이상향에 대한 주요한 내용은 모두 라파엘이 설명토록 하고, 대화에 등장하는 모어는 기껏 '그런 세상이 있습니까?'라며 맞장구를 치거나, '그렇지 않다는 것을 인정하는 수밖에 없군요'라고 수긍하는 식이다. 심지어 모어는 이상향에 대한 라파엘의 설명에 반박하고 반문하는 사람으로 등장한다. 예컨대, 라파엘이 왕이 소유할 수 있는 재산의 법정한도 등에 대해 이야기하고, 그것을 현실의 왕과 귀족들에게 이야기해 볼 것을 구상한다고 하자, 모어는 "그들이 듣지 않을 것이지만, 나는 그들을 비난할 수도 없다. 솔직히 왜 그러한 말을 해야 하는지, 그들이 받아들일 수 없는 충고를 하는지도 이해할 수 없다"고 대꾸한다.

나아가, 라파엘의 급진적 주장에 모어는 반론을 편다. 사유재산제도가 존재하는 한 인간이 행복해질 수 없다는 라파엘의 주장에 모어는 "나는 동의할 수 없다. 오히려 공동 소유제도 아래에서 인간이 행복한 생활을 할 수 없다고 생각한다. 그런 제도하에서는 땀 흘려 일하려 하는 자가 없을 것이기 때문에, 항상 결핍이 남아 있게 된다. 이윤 추구의 동기가 없으면, 누구나 게을러져서 다른 사람이 자신을 위해 일해 주기를 바라게 될 수 있다"(More, 2005: 79)며 반박하는 역할이나 한다. 칼 마르크스의 탄생보다 300년 전의 이야기지만, 사유재산제도의 부정을 모어가 자신의 입으로 말하는 것은 어려운 일이었을 것이다.

물론, 내용적으로 이에 대해 모어는 라파엘의 입을 빌려 자신의 진심을 이야기한다. "내가 말하는 나라를 제대로 상상하지 못하기 때문에 그렇게 생각을 하는 겁니다. 나와 함께 유토피아에 가서 직접 그 나라를 보면, 훌륭한 제도에 대하여 인정을 하게 될 것이다." 이는 유토피아를 꿈꾸었던 이상주의자들이 대부분 택할 수밖에 없었던 서술방식이다. 구성방식 내지 모티브도 마찬가지다. 현실과의 단절을 감행하는 모티브로 이상주의자들은 배의 난파, 표류, 불시착, 꿈, 머나먼 여행의 형식을 취하였다. 이것이 시대와 불화를 경험하는 이상주의자들이 취할 수 있는 안전한 방식이었다.

Ⅲ. 이상적 공동체의 차원과 구성방식

이상적인 공동체는 과연 무엇을 의미하는 것일까? 인간이 갈망하는 유토피아는 어떤 측면의 이상적 상태를 내포하는 것일까? 상상과 현실, 절망과 희망을 몽타주하여 만든 최선의 사회, 곧 『유토피아』를 살펴보면 인간이 생각하는 가장 이상적인 공동체의 원형질을 관찰해 볼 수 있다.

유토피아인들이 이상적인 공동체로 꿈꾸었던 모든 차원과 측면을 열거하기는 어려울지라도, 대표적인 논점들을 나열할 수는 있다. 모어가 이상사회를 그리며 묘사한 측면은 결핍을 느끼지 않을 정도의 풍요, 탐욕을 부리지 않는 인간성, 유모 등의 봉사활동을 자진하여 즐거이 하는 구성원, 바보를 누구나 좋아하고 바보에게 치욕을 가하는 것을 극악한 행위로 간주하는 심성, 금이나 다이아몬드 같은 귀금속을 보물로 여기지 않는 사회상, 일차 개념[18]에는 능숙하지만 이차 개념을 모르는 일반인들의 지식상태,[19] 3층집

18 중세의 논리학에서 1차 개념은 탑, 호랑이, 부엉처럼 사물 자체를 직접적으로 지칭하는 같은 언어를 1차 개념으로 불렀다. 2차 개념은 1차 개념 사이의 관계를 적용하는 의미로서 유(類), 변화, 동일성, 차이 등을 의미했다.

과 정원을 고르게 갖춘 집, 하루 6시간의 노동시간, 저녁 8시에 잠들어 8시간 잠을 잘 수 있는 사회적 사정, 사유재산제도가 없는 분배 체제에 하루 6시간을 고르게 일하는 제도, 식사를 마을 공동식당에서 모여 함께 즐기는 생활, 순결을 지키며 결혼을 하는 풍습, 죄를 짓더라도 심각한 죄인이 아니면 구금되지 않은 채 공공봉사로 속죄를 하는 사법제도, 수출품의 7분의 1은 그것을 수입하는 나라의 가난한 사람들에게 무상으로 주는 관행 등을 포함한다.

모어의 이 같은 서술들을 살펴보면, 여기에는 사회제도, 공간설계, 경제적 풍요, 사람들의 심성과 마음 상태가 교차되어 있음을 알 수 있다. 이상적인 공동체는 시설이나 인간다움 어느 하나로 완결될 수 있는 것이 아니라, 위와 같은 여러 사항들이 교차되어야 비로소 누릴 수 있는 하나의 사회적 상태임을 분명히 하고 있는 것이다.

이 같은 이상적 공동체를 구성하는 방식은 우선 현실과 허구의 몽타주로 되어 있다. 모든 유토피아 도시 성벽 바로 밖에는 4개의 병원이 있다고 모어는 묘사한다. 병원은 과다한 인원이 들끓는 것을 피하고, 전염병 환자를 격리시키기 위해 넓은 곳에 지어졌다. 간호원은 상냥하고 성실하며, 의사는 경험이 많다. 이 부분도 현실과 이상의 몽타주였다. 모어가 생존했던 시기에 병원이라고 부를 수 있는 시설은 영국 내에 하나밖에 없었다. 도로의 넓이도 마찬가지다. 유토피아 도시의 도로는 6m 넓이라고 모어는 묘사한다. 당시 런던의 도로 폭은 이보다 좁아, 좀 더 넓은 도로를 희망사항으로 그려놓은 것이다. 이에 비해 도시의 수는 현실을 그대로 옮겨놓은 내용이다. 유토피아에 54개의 도시가 존재한다고 했는데, 당시 영국에는 54개의 도시가 존재했다. 유토피아의 규모도 사실은 실제 영국의 동쪽 해안에서 서쪽 해안에 이르는 거리와 유사하게 묘사되어 있다.

---

19 그러면서도 모어에 따르면 유토피아인들은 훈련된 지력을 과학적 탐구에 응용하여 일상생활에 유용한 것들을 놀라울 만큼 솜씨 있게 발명해 낸다

현실과 허구의 몽타주로 이상적 공동체를 구성하였지만, 필자가 시대적 한계와 구속을 완전히 뛰어넘은 것은 아니다. 농촌의 각 가정은 40명 정도로 구성이 되는데, 각 가정에는 2명의 노예가 어디에나 있다. 노예제도를 뛰어넘을 수는 없었던 것이다. 또, 주민들이 여행 증명서 없이 여행을 나갔다가 자기 구역 밖에서 잡히면, 그는 망신을 당하고 집으로 송환되며, 탈주자로서 엄중한 처벌을 받게 된다. 혼전 성교를 한 여자나 남자에 대해서도 엄중한 처벌이 내려지며, 막대한 돈을 주고 고용하는 외국인 용병이 필수적이다.

권력과 권위에 대한 모어의 감정은 조화롭다. 유토피아에서 인간은 평등하지만, 권력과 권위를 모두 평등하게 보유한 것은 아니다. 약탈과 착취를 자행하는 권력은 배제되지만, 권력과 권위는 유토피아에도 존재한다. 각 가정에서는 가장이 감독할 수 있으며, 아내는 남편에게, 자식은 어버이에게, 나이 어린 사람은 나이 많은 사람에게 복종해야 한다. 필요한 권위와 사회의 중심을 인정하려 했던 모어의 시각이었다.

오늘날 현재까지도 공동체적 이상을 위해 실험하는 요소들이 『유토피아』에 담겨 있는 내용들도 있다. 모어의 유토피아에서 마을 사람들은 공동의 마을 식당에서 함께 식사를 한다. 시포그란투스가 맡은 30세대를 중심으로 마을 시포그란투스가 사는 집에서 공동으로 식사를 한다. 물론, 식당 관리 역할을 맡은 사람이 따로 있으며, 그는 매일 일정한 시간에 식료품 시장에 가서 자기 식당에 등록된 인원수를 말하고 적당한 식료품을 가져온다. 사람들이 집에서 식사를 하면 안 된다는 규정은 없지만, 집에서 식사를 하는 것을 좋아하는 사람은 없다. 이러한 마을의 구성과 공동식사는 오늘날에도 이상적 마을을 추구하는 곳에서 시도되는 요소들이다. 안락사 제도 역시 모어가 선구적으로 구상하였고, 오늘날에도 계속 논의되는 쟁점이다(More, 2005: 140). 유토피아에서는 자의적 자살이 아닌, 필요한 안락사를 인정하는 것으로 모어는 제시하였다.

마지막으로, 최적의 공동체 규모에 대해 생각해 볼 필요가 있다. 이상적인 공동체를 이루기 위해 마을 혹은 도시의 규모가 어느 수준으로 되는 것이 바람직한지는 수많은 논의가 있어 왔다. 오늘날의 논의를 보면(이종수, 2015: 155), 공공서비스의 생산과 분배를 가장 능률적으로 할 수 있는 규모, 이웃과 가장 친밀하게 소통할 수 있는 규모, 민간부문을 포함하여 경제활동이 가장 효율적으로 이루어질 수 있는 규모 등이 다양하게 제시되어 있다. 이것이 이른바 이상적인 자치단체의 규모에 대한 논의와 연결되어 지속적인 관심의 대상이 되고 있다.

모어의 경우, 시골은 이상적 자연부락 단위가 30가구이고, 각 집에는 최대 40명의 거주자가 살 수 있으니, 주거 지역 공동체의 규모는 1,200명 수준이다. 여기에 기초의원 겸 지방공무원 1명이 선출된다. 도시는 대개 혈연관계로 이루어지는 가족 단위로 구성되는데, 가족의 규모에서 어린이의 숫자는 제한받지 않으며, 어른들이 10명에서 16명 사이가 되도록 정해진다. 한 도시가 지나치게 커지거나 작아지는 것을 예방하기 위해서, 6천 가구 이상이 되지 않도록 한다. 결국 한 도시는 어른만 치자면 6만 명에서 6만 9천명 정도, 전체 시민규모로는 24만 명 정도의 규모로 이루어진다.[20]

모어에게 영감을 주었던 플라톤(대략 기원전 428-348)은 이상적인 정치체(polis)의 규모를 5,040명으로 보았다(이종수, 2015: 156). 그는 인생의 후반부에 집필한 『법』 제V장에서, 정치체의 최적의 규모로 5,040명을 제시했다.[21] 왜 5,040명이었을까? 플라톤은 이 숫자의 유용성을 강조한다. 5,040명은 모두 정치체 내에서 땅을 소유한 사람들인데, 이들의 집과 땅을 여러 방식으로 구획하는 데 매우 유용하다는 것이다. 이들을 둘로 나누고, 다시 셋으로, 다시 넷으로, 다섯으로, 나아가 열 지역으로 고르게 나누어질 수

---

20 도시와 도시의 거리는 최소 24마일(약 38km) 떨어져 있는데, 최장 거리로도 하루에 걸어갈 수 있는 거리다.

21 Plato, Laws, trans. by Benjamin Jowett at Project Gutenberg; retrieved February 21 2015.

있다. 숫자 1에서 12까지 11만 제외하고, 모든 수로 나누어지며, 일 년을 구성하는 12개월에도 부합하고, 12회에 걸친 우주의 혁명에도 부합한다고 보았다.[22] 이렇게 하는 것이 관리와 계약, 세금, 전쟁과 평화 등 모든 용도에 편리함을 부여한다. 플라톤에게 5,040은 정치체의 운영을 용이하고, 다양하게 할 수 있게 해 주는 일종의 완전수였다. 이 수보다 더 올바른 선택이 될 수 있는 숫자는 없었다. 그 수가 보유하는 편리함, 신성한 의미 때문에 정의(正義)나 절제만큼 그 수는 시민들의 복락에 중요성을 지녔다.[23]

Ⅳ. 유토피아의 진화 : 어디에도 없는, 그러나 갈망해야 할

유토피아는 현실 속에서 찾아보기 어려운 신세계였다. 유토피아인들이 집필한 유토피아에 관한 설명 자체가 신세계인 경우도 존재한다. 아메리고 베스푸치[24](1451-1512)가 1497년 Terra Firma[25] 곧 남미를 발견하는 등 발견을 위한 항해를 계속하고 1505년경 바젤에서 출판한 책의 제목이 『신세계』였다. 토머스 모어의 유토피아에도 저자가 경험한 새로운 세상은 '신세계'(More, 2005: 30)로 표현되었다. 대항해와 정치적 변화, 그리고 사회적 혁명을 통해 인간이 새롭게 열고자 했던 세계에 대한 믿음이 원대했던 시기였다. 그것이 신세계였던 셈이다.[26] 심지어 유토피아를 디스토피아 관점에

22 Plato, Laws 제VI장을 참조할 것.

23 http://en.wikipedia.org/wiki/

24 베스푸치는 본래 피렌체에서 출생하였으나, 1505년 에스파냐 시민이 되었고, 1497~1503년 사이 여러 차례 신대륙을 찾아 항해를 하였다.

25 이는 대지(大地) 혹은 대륙을 뜻했다.

26 신세계는 인간의 이상에 부합하는 바람직한 세상을 의미했다. 모어도 단순히 시간적으로 새롭게 등장하는 세계를 지칭하는 것이 아니라는 사실을 분명히 하였다. 『유토피아』 작품에

서 우려한 올더스 헉슬리의 저술도 『멋진 신세계』(1932)였다.

신세계의 개념은 시간의 흐름에 따라 변화를 겪게 된다. 일종의 진화를 해 온 셈이다. 모어의 경우처럼 유토피아는 초기에는 대개 어딘가에 숨어 있는 낙원을 뜻했다. 이른바 장소 유토피아가 자리 잡았던 셈이다. 그 후 대항해가 마무리되고 새로운 낙원을 우연히 발견하게 될 것이라는 가설이 무너질 무렵, '장소' 유토피아는 '시간'의 유토피아로 전환하게 된다. 미래의 시간에 유토피아를 설정하는 것이 보다 설득력 있게 된 것이다(임철규, 2009).

장소와 시간을 넘어 상대적인 내용으로 보면, 산업혁명 이전의 유토피아는 도시 자체였다. 건물과 시설 그리고 인간의 도시적 성취를 갈망하였던 것이다. 그 후 도시가 오염과 빈곤, 과밀 등으로 몸살을 앓게 되자, 유토피아는 다시 전원으로 회귀하는 성향을 보인다.

다른 한켠에서, 사이비 유토피아의 출현을 우려하는 시각도 나타났다. 인위적 사회공학에 거부감이 디스토피아에 대한 우려로 직결되었다. 올더스 헉슬리의 『멋진 신세계』(1932), 하이에크의 『노예의 길』(1944), 포퍼의 『열린사회와 그 적들』(1945), 조지 오웰의 『1984』(1949)는 사회공학적 기획의 종언을 예고한 사례들이다.

아마도 유토피아에 대한 비판과 거부반응은 사이비 유토피아에 대한 혐오를 경험한 사람들에 의해 가장 강력히 표출되었을 것이다. 20세기[27] 들어와 서구에서 나타났던 전체주의와 공산주의는 위대한 이상사회를 표방하였지만 실제 만들어낸 현실이 유토피아에 대한 거부감을 갖게 하기 충분하였

서도 등장인물 피터는 "구세계가 더 오랜 경험의 결실이고, 새로운 창안의 가능성도 보유하고 있다"는 입장을 제시한다. 여기에 대하여 라파엘은 구세계에 인간 생활이 시작되기 이전부터 신세계에는 도시가 있었다고 신세계의 오래된 역사를 설명한다.

27 20세기 초반 특히 러시아는 이상사회에 대한 인류의 구조적 실험이 자행되는 장소였다. 구조적이라는 단어는 여기서 정치, 제도, 법, 체제, 정부를 총체적으로 변혁시켜 새로운 사회를 만들고자 했음을 의미한다.

다. 그 한 예가 칼 포퍼(Karl Raimund Popper)[28]였다. 그는 1971년 1월 5일 독일의 남부지방 〈바이에른〉에서 허버트 마르쿠제(Herbert Marcuse)와 논쟁을 가졌다. 마르쿠제가 자본주의 사회의 모순과 철저한 변혁을 주장하자 포퍼는 "지상에 천국을 실현하려는 시도는 항상 지옥만을 만들고 말았다"고 받았다(Stark, 1971).

그러나 20세기의 변형된 상황에서 발견되는 인위적 디스토피아의 문제를 모어의 유토피아에 대한 비판으로 무리하게 귀결시킬 필요는 없다. 탐욕을 부리지 않는 인간됨, 사납지 않은 짐승과 사람, 사회적 불평등의 제거에 대한 그의 구상마저도 우리가 거부할 필요가 없다. 그가 시대와의 불화를 감수하며 참수형을 넘어 추구하려 한 이상적 공동체에 대한 의지와 꿈을 우리는 주목할 필요가 있다. 유토피아에 대한 그의 꿈은 죽음을 넘어 현대에 이르기까지 생존하여 오고 있는 것이 사실이다. 모어의 신념은 소크라테스의 신념과 닮아 있다. 플라톤이 『국가』에서 소크라테스를 통해 하는 말은 모어의 삶과 일치한다.

> "바라는 사람의 눈에는 그 나라가 천국의 한 형태로 존재한다. 그 나라가 실제 존재하는지, 혹은 앞으로 존재할 수 있는지는 전혀 중요하지 않다."(Plato, 1993: 343)

제목의 어원으로 유토피아가 쓰고 있는 'Ou'는 '존재하지 않는 곳'이 아닌 현실의 부당함을 비판하면서 새로운 가능성으로 나아가는 '갈망해야 할 것'이라고 바우만은 말한다. 그의 지적은 타당하다. 그러나 "유토피아를 추구하지 않는 것은 '정의로운 사회' 같은 비전이 사라졌기 때문"이라는 그의 말

---

28 포퍼는 13세가 되던 1915년에 공산주의자가 된 바 있었다. 그런 후 17세 생일을 맞기 조금 전인 1919년 반 마르크스주의자로 전향한다. 30세까지도 사회주의에의 미련을 버리지는 않았지만, 청년들의 희생을 목격하면서 계급갈등의 격화를 옹호하는 마르크시즘에 회의를 품기 시작하였다.

은 수정되어야 할 것이다. 그보다는 오히려, 유토피아를 추구하지 않는 곳에, 정의로운 사회 같은 비전이 사라지고 절망의 그림자가 짙어진다 하겠다. 이것이, 유토피아가 실종된 곳에서 우려되는 '역사의 종언'이라 할 것이다.

참고문헌

이종수 (2015). 공동체, 유토피아에서 마을만들기까지, 서울: 박영사.

이종수 편 (2008). 한국사회와 공동체, 서울: 다산출판사.

임철규 (2009). 왜 유토피아인가. 서울: 한길사.

Armstrong, Karen (2013). *The Great Transformation*, 정영목 역, 축의 시대, 서울: 교양인.

Bauman, Zygmunt (2016). *Socialism the Active Utopia*, 윤태준 역. 사회주의, 생동하는 유토피아. 오월의 봄.

Bauman, Zygmunt (2011). *Collective Damage: Social Inequalities in a Global Age*. Cambridge: Polity.

Jameson, Fredric (2004). *The Politics of Utopia, New Left Review*, 01/2004, Volume 25, Issue 25.

Kristeller, P. O. (1979). *Renaissance Thought and Its Sources*. New York: Columbia University Press.

Logan, George (1983). *The Meaning of More's Utopia*. Princeton: Princeton University Press.

More, Thomas (2005). 유토피아. 황문수 역, 범우사.

Morrissey, Thomas J. (2011). *The Concept of Utopia*, Journal of the Fantastic in the Arts, 2011, Volume 22, Issue 2.

Nelson, Eric (2006). "*Utopia through Italian Eyes : Thomas More and the Critics of Civic Humanism.*" Renaissance Quarterly, Vol. 59, No. 4 (Winter 2006).

Pinder, David (2015). *Reconstituting the Possible: Lefebvre, Utopia and the Urban Question*, International Journal of Urban and Regional Research, Volume 39, Issue 1.

Plato (1993). *Republic*. Robin Waterfield, trans. Oxford: Oxford University Press.

Portolano, Marlana (2012). *The Rhetorical Function of Utopia: An Exploration of the Concept of Utopia in Rhetorical Theory*. Utopian Studies, 04/2012, Volume

23, Issue 1. Pinder,

Ruitinga, Volker (2011). *Ideal Theory and Utopia, Erasmus Student Journal of Philosophy*, 12/2011, Issue 1.

Stark, Franz. ed. (1971). *Revolution oder Reform? Herbert Marcuse and Karl Popper*, Munchen: Kosel.

Wilde, Oscar (1912). *The Soul of Man under Socialism*. London: Arthur L. Humphreys.

Wolf, Erik (1971). "*Social Utopia and Political Reality in Thomas More.*" Toledo Law Review, Vol. 3, No. 1(Fall-Winter 1971).

chapter **5**

『호모 엠파티쿠스』: 유토피아에 대한 실험실로서의 연극

이준서 · 신선영

(이화여자대학교 독어독문학과)

『호모 엠파티쿠스』: 유토피아에 대한 실험실로서의 연극*

이 준 서 · 신 선 영 (이화여자대학교 독어독문학과)

"선의 정복은 추방했던 악의 성장을 전세한다.
천국의 성벽이 단단해질수록 지옥의 심연은 까마득해졌다."

(조르조 아감벤, 『도래하는 공동체』)

Ⅰ. 들어가는 말

20세기가 저물어 갈 무렵, 느닷없이 들이닥친 동구권 붕괴 소식은 엄청난 충격을 몰고 왔다. 사회주의 체제의 좌절은 그저 하나의 이데올로기가

* 이 논문은 2016년 대한민국 교육부와 한국연구재단의 지원을 받아 수행된 연구임(NRF-2015S1A5A2A01011897). 「유토피아에 대한 실험실로서의 연극-레베카 크리헬도르프의 『호모 엠파티쿠스』가 상상한 신뢰와 공감의 공동체」라는 제목으로 『뷔히너와 현대문학』(제47집, 2016)에 게재한 글을 편저의 주제에 맞게 수정, 보완하였다.

현실의 벽에 부딪힌 것 이상의 의미로 받아들여졌다. "역사의 종말"(Fukuyama, 1989: 3)이 도래했다던 후쿠야마의 주장은 그 사이 서구 자본주의의 섣부른 축가로 판명되었지만, 그의 글은 당대가 그 사건을 얼마나 큰 진폭으로 받아들였는지를 방증한다. 또한 "경제적, 정치적 자유주의의 승리"가 무엇보다도 "서구 자유주의에 대한 실행 가능한 체제적 대안의 완전한 고갈"(Fukuyama, 1989: 3)에서 명백하게 드러난다던 그의 진단은 환호의 근원은 아닐지라도 당혹감의 진원이 무엇인지는 적확하게 짚어내고 있다. 사회주의 붕괴와 더불어 지금보다 더 나은 미래 사회의 그림을 그리고 이를 향해 나가려던 인류의 유토피아 지향적 의식구조에 장애가 발생한 것임은 분명해 보인다.

> 역사의 종말은 매우 슬픈 시간이 될 것이다. 인정을 위한 투쟁, 순전히 추상적인 목표를 위해 자신의 삶을 걸 용의, 대담함과 용기, 상상력, 이상주의를 요구했던 전 세계적 이데올로기 투쟁은 경제적 계산과 기술적 문제들의 끝없는 해결, 환경 문제, 까다로운 소비자 수요로 대체될 것이다. 탈역사 시기에는 예술도 철학도 없고, 그저 인류사 박물관을 끝없이 관리하는 일뿐일 것이다. 역사가 존재하던 때에 대한 강력한 향수를 나는 내 안에서 느끼며, 내 주변의 다른 이들에게서 본다.(Fukuyama, 1989: 18)

후쿠야마가 예언하듯이 대안부재의 무기력으로 가득한 이 "권태의 세기들"(centuries of boredom)(Fukuyama, 1989: 18)은 도래할 유토피아를 표상하는 주요 수단이었던 예술에게도 큰 영향을 끼친다. "자신들의 상황에 대한 비판적 의식이 없어서가 아니라 포괄적인 시장경제 시스템과 이 시스템과 잘 공조하는 포스트모던한 수행적 표상세계 속에서는 '밖'으로 또는 '다른 어딘가로' 향하는 길이 더 이상 존재하지 않거나 그러한 길을 생각할 수 없는 까닭"에 연극계에서도 "경계를 넘어서는 사고를 촉진하고 비상한 것에 대한 추구에 동기를 부여하는 상상적 비공간(Nicht-Ort)"(Englhart, 2011:

317), 즉 유토피아를 담는 극작품들은 찾아보기 어려워졌다. 인류의 인지구조 정향의 토대가 되는 시공간이 미래에서 현재로 전환되자, 독일어권의 연극에서는 주로 '현실의 연극 침투'(Einbruch des Realen ins Theater)가 모색되었다(이준서, 2016a: 183 이하).

그럼에도 불구하고 '새로운 독일 드라마'(Neue Deutsche Dramatik)의 또 다른 갈래는 유토피아에 대한 꿈이 악몽으로 변해버린 역사의 트라우마에 맞서서 가상의 시공간을 상상하기를 멈추지 않는다. 이 글에서는 이러한 경향의 한 예로서 레베카 크리헬도르프(Rebekka Kricheldorf)의 『호모 엠파티쿠스』(*Homo Empathicus*)(2014)를 분석해 보고자 한다. 1974년 프라이부르크에서 출생한 크리헬도르프는 독일어권 현대 연극계에서 각광받는 다수의 극작가를 배출한 베를린 예술대학교(Universität der Künste Berlin)의 장면적 글쓰기(Szenisches Schreiben) 학과의 졸업생이다.[1] 극단적 과장과 함께 독창적인 유머, 재치 그리고 풍자를 침예하게 담아내는 언어감각을 지닌 그녀는 2002년에 데뷔작인 '성인을 위한 동화' 『니콜레타 공주』(*Prinzessin Nicoletta*)로 하이델베르크 희곡시장(Heidelberger Stückemarkt)에서 수상한 이래로 연극계의 중요한 상들을 연이어 받으며 독어권의 주요 극작가로 부상했다. 그녀의 작품들은 주로 바르트의 의미에서 현대적 신화들을 매개로 삼아서 세대 갈등, 권력과 폭력, 욕망 등 인간과 사회에 관한 생생한 현재성을 지닌 질문을 던진다(Winter, 2010: 108-109). 『죽은 모델과의 새로운 행복』(*Neues Glück mit totem Model*)(2007)에서 이미 500년 뒤의 미래사회를 배경으로 평등과 절대적 자유의 문제를 그려냈던 작가는 『호모 엠파티쿠스』에서 무한경쟁 대신 상호공감을 사회의 원동력으로 삼는, 호모 사피엔스에서 호모 엠파티쿠스로 '진화'한 미래 인류에 대한 꿈을 무대 위에 펼쳐 보여준다.[2]

---

1 이 학과에 대해서는 이준서(2016b) 참조.

2 『호모 엠파티쿠스』는 에리히 지들러(Erich Sidler)가 괴팅엔 도이체스 테아터의 극장장으로 취임하면서 극단의 연기자 전체가 출연하는 소개의 자리를 마련하려는 취지에서 2014/15 공연시즌의 오프닝 작품을 그간 여러 작품을 같이한 크리헬도르프에게 의뢰한 결과물이다.

1996년에 처음 제시된 거울신경 이론[3]이 21세기 초입에 공감의 사회에 대한 미래지향적 담론으로까지 번지며 큰 반향을 불러일으키자 크리헬도르프는 연극공간을 실험실로 삼아 인류의 꿈인, 모두가 모두에게 다정다감한 평화로운 세상을 직접 상상해 본다. 호모 에코노미쿠스에 대한 대안으로서 '호모 엠파티쿠스'라는 개념을 제시한 제러미 리프킨의 저서 『공감의 시대』(*The Empathic Civilization*)(2009)는 이러한 사회적 정황을 다음과 같이 기술한다.

> 사회가 복잡할수록 자아의식은 더 확실해야 하고 다양한 종류의 다른 사람들과 접촉이 많아야 하며 공감이 확대될 수 있는 가능성이 더 커져야 한다. 인간 본성을 근본적으로 다시 생각하게 만드는 새로운 견해가 최근에 모습을 드러내며 위력을 나타내고 있다. 아울러 앞으로 몇 세기 동안 우리의 사회적, 환경적 관계를 새로이 파악하여 적응할 방법을 논의하는 원대한 계획에도 조금씩 탄력이 붙고 있다. 이제야 우리는 우리의 모습에서 '호모 엠파티쿠스'를 찾은 것이다.(리프킨, 2009: 54 이하)

작가는 무려 26명의 배우를 등장시킬 수 있는 흔치 않은 기회를 활용하여 공동체에 관한 작품을 기획했으며, 지들러가 직접 연출을 맡은 공연은 『슈피겔 온라인』에 그 해의 다섯 작품 중의 하나로 선정되었다.

3 지각뉴런이자 운동뉴런이기도 한 거울뉴런의 존재가 밝혀진 이후로 인간이 타인의 행위를 인식 · 모방 · 수용하며 그 행위 너머의 의도를 파악하는 원리를 보다 세밀하고 과학적으로 설명하려는 연구들이 이어진다. 그중 거울뉴런을 인간의 공감능력과 연관 짓는 학자들은 거울뉴런 영역이 내적 모방에 의해 타인의 감정이나 생각을 이해하는 데 도움을 준다고 주장한다(Rizzolatti *et al.*, 2009: 625-640; Iacoboni, 2009: 129-130).

Ⅱ. 신뢰와 공감의 유토피아

1. 호모 엠파티쿠스 공동체

크리헬도르프의 『호모 엠파티쿠스』에서 묘사되는 공감의 공동체는 원자화로 인한 소외감과 고독감에 시달리는 우리에게 새로운 사회적 관계와 삶의 가능성을 보여준다. 드라마를 여는 무대지문은 그야말로 낙원의 풍경이다.

> 공원. 공원 곳곳에 띄엄띄엄 배치되어 있는, 컵받침대가 달린 불룩한 급수대. 새소리. 대학생인 재키, 크리스, 울리와 모모는 급수대 근처에 모여 대화를 나눈다. 그들 뒤에서는 루카와 카이가 배드민턴을 친다. 자사는 명상을 하거나 체조를 한다. 킴은 무릎에 아기를 앉힌 채 벤치에 앉아 조용히 노래를 흥얼거린다. 하트가 그려진 간이화장실 앞에는 위생전문가 토니가 앉아 손님을 기다린다. 간호사[4] 채러티는 벤치에 앉아 독서 중이다. 음악가 니키는 기타를 꺼내들고 이따금 서툴게 연주한다. 지나가는 이들은 그에게 꽃과 음식을 던져주고 물을 가져다준다. 자신의 야외진료실에 있는 오쇼 박사. 자신의 가판대 뒤에 서 있는 찰리. 샘은 빗자루로 떨어진 낙엽을 쓸고 망가진 공원벤치를 고치며 급수대에 다시 물을 채운다.(Kricheldorf, 2015: 2)[5]

근대의 "정주적 상상력"(sedentary imagination)에 기반한 유토피아가 "영역성"(territoriality)과 "최종성"(finality)(Bauman, 2003: 12)을 기본속성으로 삼듯이, 크리헬도르프 역시 이 전통에 따라 "구획정리와 지도작성"(plotting

4 『호모 엠파티쿠스』에서는 성별구분이 없음을 표시하기 위해 인칭명사를 중성화하거나, 간호사를 지칭하는 명칭 "Schwesterbruder"의 경우처럼 남성과 여성 명사를 합성한다.

5 앞으로는 인용 뒤 괄호 안에 해당 쪽수 표기.

and mapping)(Bauman, 2003: 14)[6]을 표상의 출발점으로 삼는다. "공원"은 낙원의 도회화하고 문명화한 계열체이다.[7] 이렇게 공간화한 지상낙원의 첫 구역, 즉 급수대 부근에 둘러앉은 대학생들의 대화는 마침 거울신경 이론을 주제로 삼는다.

크리스 너희들은 오늘 뫼링어 교수님 강의 어땠어?
재키 나는 훌륭했다고 생각해.
모모 나도.
울리 나도.
재키 그림언어와 상징차원을 정말 노련하게 결합시키셨지.
크리스 맞아, 정말 그래.
울리 그렇지.
모모 맞아.
크리스 나는 특히 거울뉴런과 침팬지에 관한 그분의 보론이 훌륭했다고 생각해.
울리 맞아. 그분이 상호 간의 털 고르기 행위를 상대의 내면 상태에 대한 탐색 수단으로 설명하신 방식이 굉장히 흥미로웠어.(2)

침팬지가 신체접촉으로 공감을 꾀하듯, "이 극작품에서 묘사된 세계에서는 성적인 의미가 담기지 않은 다정한 육체성이 수행된다. 인물들은 우리가 익숙해 있는 것보다 훨씬 자주 대화 중에 서로 만지고 쓰다듬고 잡는다"(2). 대화 자체도 공감으로 가득하다. 서로의 이야기에 귀 기울이고 적극적으로 동감을 표할 뿐 아니라, 부정적인 생각이나 감정이 내포된 단어는 완곡한 표현으로 대체되며 상대방의 기분을 해칠 수 있는 내용들도 마찬가

6 그럼에도 불구하고 호모 엠파티쿠스 공동체는 시공간적으로 경계가 확정되어 있지 않으며, 그러한 면에서 전통적 표상방식에서 벗어난다.

7 푸코 역시 "태곳적부터 정원은 유토피아의 장소"이며 "헤테로토피아의 가장 오래된 예"라고 분석한다(푸코, 2014: 19). 다만 푸코가 말하는 헤테로토피아는 유토피아 개념의 비장소적 속성에 초점을 맞추고 있어 반드시 '좋은 장소'만을 뜻하지 않는다.

지다. 모든 구성원은 서로에 대한 세심한 “주의”(Achtsamkeit)(8)를 바탕으로 상대방을 배려하는 친절한 말투를 지향한다. 심지어 의견이 충돌하는 경우에도 서로에 대한 공감의 표현들을 아끼지 않는다. 이들의 의사소통 방식을 보고 있노라면 하버마스가 꿈꾸던, 동의를 목표로 하는 “상호양해정향적 태도”(verständigungsorientierte Einstellung)(Habermas, 1995: 385)[8]로 이루어진 생활세계가 실현된 듯하다.

호모 엠파티쿠스 공동체에는 그 어떤 위계질서나 하등의 차별이 없으며 모든 이들은 서로를 존중한다. “배설물 제거는 종양 제거만큼 중요한 임무”(5)임을 깨달았으니 직업의 귀천도 없고, 모든 인간은 예외 없이 아름다우며(6), 인류의 대표적 적폐인 성차별이나 동성애 혐오(homophobia)도 있을 수 없다. 자샤와 모모는 『호모 엠파티쿠스』에서 성별이 정해진 몇 안 되는 인물인데, 둘 다 남성이다.

자샤 당신은 참 매력적인 사람이에요. 이 사실을 말해 주고 싶었을 뿐이에요.

모모 정말 고마워요.

[…]

모모 당신이 제게 느끼는 열망이 제게 얼마나 큰 기쁨을 주는지 아신다면 좋을 텐데.

자샤 천만에요. 괜찮아요.

모모 당신의 열망에 응답할 수 없어 정말로 미안해요. 저는 제 삶의 현 단계에서는 동성에게 성적 흥미를 느끼지 않는답니다. 만약 이 사실이 바뀐다면 당신에게 가장 먼저 알려줄게요.

자샤 친절하네요, 고마워요.(4)

자샤는 처음 본 모모에게 마음이 동한다. 사랑의 고백도, 그리고 이에

8 이 개념에 대한 설명은 384쪽 이하 참조.

대한 거절도 서로에 대한 공감과 배려를 통해 이루어진다. 이들은 공존과 협동을 추구하며 실천에 옮긴 공동체의 구성원들이다. “작은 다른 생물의 기초식량자원”이 되는 죽음조차 자연의 순리이자 “최후의 고귀한 사명”(7)이기에 두려움의 대상이 아니다. 이러한 공동체의식은 언어와 외양, 교류형식에도 침전된다. 그들의 이름은 중성적이며, 인칭대명사 또한 중성으로 통일해서 모두 동등하게 중성의 “사람”(das Mensch)(4)으로 지칭된다. 이들은 연령이나 성별, 친분 여부에 관계없이 서로에게 평칭을 사용하며, 복장마저 “사적인 부분”(9)으로 간주되는 성별이나 사회적 차이가 드러나지 않는 “우니”(Uni)(2)로 통일되어 있다.[9] 또한 성(性)은 지극히 자연스러운 부분으로서 결코 은폐의 대상이 아니며 결혼제도를 대체한 자유로운 동반관계는 상호합의 및 이해하에 언제든지 평화롭게 해체되거나 새롭게 맺어질 수 있는데, 이는 이성과 동성 연인 모두에게 해당한다. 이와 같은 “절대적 평등을 통한 절대적 무갈등”(Dhiab, 2016: 198)의 유토피아 공동체적 모습은 공감을 촉진하도록 정향되어 있다. 그렇다면 이러한 공감은 도대체 어떻게 발생하고 증강되는 걸까?

2. 공감과 신뢰의 메커니즘

공감은 상대의 감정과 생각을 이해하지만 그와 똑같이 느끼지 않을 뿐더러 그의 입장에 동의하지 않는 경우까지도 포함한다는 점에서 동감(Sympathie)과 확연히 구분된다(Chismar, 1988: 257; Breithaupt, 2009: 8).[10] 『호모 엠파티쿠스』에서도 ‘이해’(Verständnis/Verstehen)라는 표현이 눈에 띌

9 우리말 문화의 특성을 고려한 자연스러운 번역을 위해 상황에 따라 대화 일부를 존칭으로 옮겼다.

10 브라이트하웁트는 더 나아가 공감능력을 타인에 대한 긍정적 수용에 국한시켜 해석하지 않는다. 넓은 의미의 공감능력은 타인의 입장이 되어 그의 생각을 읽음으로써 경쟁자를 보다 정확히 파악하여 그를 저지하는 것 또한 가능케 한다.

정도로 자주 언급되는데, 타인에 대한 이해가 반드시 동의를 의미하지 않는다는 사실은 인물들의 대화에서도 드러난다. 예컨대 모모는 다시 한 번 자샤에게 구애를 거절한 데 대해 양해를 구한 뒤 자신의 마음이 끌리는 대상을 알려준다.

모모	간호사 채러티예요. 가까운 병원에서 일하고 있죠. 저는 그 사람에게 약간 매력을 느끼고 있어요.
자샤	(채러티를 멀리서 바라보며) 그것에 대해서 저는 충분히 이해해요. 비록 저의 본능구조(Triebstruktur)가 저에게 이 매력을 완전하고 온전하게 추체험하는 걸 허용하지 않지만요.
모모	제가 느끼는 애정의 상투성은 저 스스로도 부끄럽네요.
자샤	그것은 전혀 부끄러워할 일이 아닌 걸요, 모모.(6)

이성에게 끌리지 않는 자샤는 비록 모모가 느끼는 감정에 동감하지는 못하지만 모모가 채러티에게 매력을 느끼는 데 대해 '충분히 이해한다'고 말한다. 여기서 자샤는 모모와 동일한 감정을 느끼지도 않고 그의 논리적 설명에 설득되어 상대와 같은 입장을 취하지도 않는다. 그럼에도 불구하고 그가 모모의 감정이나 생각을 이해한다는 것은 자샤가 자신의 입장을 유지하면서도 타인의 마음이 어떠할지에 대한 가설을 세워 이를 표상해 보았음을 의미한다.[11]

그런데 이처럼 상대와 공감하기 위해서는 자신과 타인 사이에 차이가 존재해야 하며(Breithaupt, 2009: 31), 자신과 타인이 분리되어 있어야 한다(Cozolino, 2006: 203).[12] 그러나 다른 한편으로는 그와 같은 타인과의 차이에서 상대방의 행동을 의심할 여지없이 예측 내지 확신할 수 없는 이유가

11 공감은 타인에 대한 본능적, 정서적, 인지적 정보를 기반으로 생성되는, 상대에 대한 가설(hypothesis)이다(Cozolino, 2006: 187, 203).

12 자신과 타인의 경계가 무너지는 순간 공감은 동일시(identification)로 전환된다.

생기기도 한다. 특정 상황 속에서 타인이 취할 행동에 대해 확신이 없기는 낙원에서 살고 있는『호모 엠파티쿠스』의 등장인물들 또한 마찬가지다. 역설적이게도 신뢰는 바로 이러한 불확실성을 전제로 한다. 상대가 취할 행동이나 어떠한 일의 진행이 확실한 상황에서는 신뢰가 그 존재이유를 상실하기 때문이다. 신뢰의 의미와 기능이 뚜렷이 드러나는 경우는 오히려 앞으로 상황이 전개될 방향과 그로 인해 초래될 결과를 확신할 수 없는 때이다. 짐멜은 이와 같은 특성을 고려하여 신뢰라는 사회적 현상을 "(앞으로의 행동에 대한) 하나의 가설로서, 앎(Wissen)과 모름(Nichtwisse) 사이에 해당하는 상태"(Simmel, 1992: 393)로 정의한다. 이때 앎은 특정 상황, 타인, 사회의 제도에 대해 신뢰주체가 보유한 지식, 정보, 경험 등을 포괄한다. 그리고 이를 바탕으로 어떠한 대상이 신뢰성을 지녔는지 아닌지를 판단하여 신뢰 혹은 불신이라는 결론에 다다르게 된다.

여기서 주목할 점은 신뢰 형성 과정에서 신뢰주체의 지식이나 경험이 명증한(evident) 것으로 간주된다는 사실이다. 신뢰주체의 앎이 이처럼 명증(성)과 결합한 경우 주체가 알고 있는 사항들은 확정적이며 의심할 여지가 없는 확실한 성격의 것, 즉 "강한 의미의 앎"(Wissen in seiner stärkeren Bedeutung)(Stegmüller, 1969: 163)[13]에 속한다. 그럼에도 불구하고 명증성이 오류를 내포한 거짓으로 판명될 가능성은 여전히 상존하는데, 이를 가리켜 "가상명증"(Scheinevidenz)(Stegmüller, 1969: 163-164)이라 한다.『호모 엠파티쿠스』에서는 뫼링어 교수가 군중 앞에서 반복적으로 선창하며 함께 외칠 것을 촉구하는 구호 "거울뉴런! 거울뉴런!"과 그가 발표하는 "최신 연구 결과들"(8)이 인간이 지닌 탁월한 공감능력과 사회성에 대한 신뢰의 명증으로 작용한다. 공동체 내에서 통용되는 행동양식과 가치, 언어 등에 투영된 공동체 의식과 배려에 대한 구성원들의 경험적 정보는 뫼링어가 선전하는 바

13 반면 "약한 의미의 앎"(Wissen in seiner schwächeren Bedeutung)은 가설적이고 불완전하며 논증적 반박이 가능하다.

에 한껏 힘을 실어준다. 그러한 이유에서 그들 중 단 한 명도 거울뉴런이 타인의 감정이나 생각을 이해하도록 돕는다는 '과학적 사실'에 대한 별도의 설명이나 증명을 요구하지 않는다(Iacoboni, 2009: 129-130). 그리고 그 결과로서 호모 엠파티쿠스 공동체는 상대의 입장에 대한 이해를 가능케 하는 거울뉴런의 힘과 인간의 공감능력에 대한 신뢰를 사회구성의 기반으로 삼는다. 이 신뢰는 특이하게도 개인적 신뢰(personales Vertrauen)보다는 구성원 모두가 지닌 것으로 간주되는 "최대의 공감능력"(maximal[e] Empathie)(Behrendt, 2015a)과 그들이 추구하는 가치 및 공유하는 행동방식에 대한 굳건한 신뢰의 형태를 띤다. 그렇기 때문에 심지어 서로 전혀 안면이 없는 경우, 즉 자샤와 모모처럼 상대를 신뢰할 수 있는 토대를 구축할 만한 실질적인 정보가 전무한 상태에서도 호모 엠파티쿠스들 사이에는 지극히 사적인 감정에 이르기까지 친밀한 대화가 오갈 수 있는 것이다.

Ⅲ. 신뢰와 공감의 디스토피아

호모 엠파티쿠스 공동체는 유토피아라고 하기에는 어딘가 꺼림칙하다. "과장과 부조리의 미학"(Ästhetik der Übertreibung und Absurdität)(Gerdes, 2012: 20)을 주특기로 하는 크리헬도르프는 이 작품에서도 이상적인 사회의 작동논리가 내부적 균열을 일으킬 때까지 상상력의 발동을 멈추지 않는다. 작가는 자신이 창조한 신세계 앞에서 "양가적 태도"(Behrendt, 2015a)를 지닌다. 『호모 엠파티쿠스』의 세계는 인류의 꿈이 투영된 유토피아인 동시에 그곳에 살고 싶지 않은 디스토피아이기도 하다. 호모 엠파티쿠스 공동체가 긍정적이지만은 않다는 사실은 돌이켜보면 이미 작품의 초입부터 암시되어 있다. 그들의 언어와 태도는 과하게 올바르고 친절해서 부자연스러우며, 심지어 우스꽝스럽기까지 하다. 그러나 그것이 우리가 꿈꾸는 사회로 정향되어 있고 우리의 현실보다 정치적 정당성(political correctness)을 지니고 있기에 온전히 부정적으로 파악할 수도 없는 노릇이다.

이 사회의 균열은 대학생 크리스를 통해서 드러나기 시작한다. 크리스는 언제나 타인의 관심을 한 몸에 받는 모모에 대해 부러움 혹은 질투를 느낀다. "가장 가까운 친구들"은 그가 "자신과의 작은 불일치"를 경험하고 있는 듯하다며 오쇼 박사에게 찾아가 그 불일치를 "말로 털어버리라"(wegsprechen)(4)고 조언해 준다. 서로에게 늘 주의를 기울이는 우애로운 공동체다운 모습이다. 그런데 권력을 독점하는 기관, 세력 혹은 독재자가 전면에 드러나지 않는 이 공동체에서는 바로 이 '주의'에 경계와 배척의 가능성이 잠재되어 있다. 더 나아가 오쇼 박사와의 상담은 이 세계가 "무한한 공감이 아니라 더 높은 목표를 위해 자신의 개성을 단순히 전위하고 억압하는 데 기반하고 있다"(Dhiab, 2014)는 사실을 표면화하기 시작한다. 모모에 비해 자신이 "신체적으로 흥미롭지 않다"고, 다시 말해 "추하다"(hässlich)(5)고 느껴진다는 크리스의 말에 오쇼는 이렇게 답한다.

오쇼 크리스, 우리는 그 단어가 적절하지 않다고 생각해.

크리스 저도 알아요. 죄송해요.

오쇼 우리가 그 단어가 적절하지 않다고 생각하는 이유는 간단해, 크리스. 왜냐하면 그것은 존재하지 않는 것을 지시하기 때문이지. 그리고 존재하지 않는 것을 마치 실재하는 것처럼 명명하는 일은 인지 왜곡(Wahrnehmungsverzerrung)을 만들어 내고 이는 결국 비뚤어진 세계상과 자기상(自己像)에 이르게 해.

크리스 하지만 제가 느끼는 건 ··· 그래요.

오쇼 그것은 자네가 매력차 허상(Attraktivitäts-Differenz-Chimäre)에 시달리고 있기 때문이지. [···] 인체의 다양성에는 아름다움만이 있어,

왜냐하면 자연은 아름다움 말고는 그 어떤 것도 산출하지 못하거든.(5-6)

인도의 신비가이자 철학자 오쇼 라즈니쉬(Osho Rajneesh)와 마찬가지로 '승려/스승'을 뜻하는 칭호(Süss, 1996: 29)[14]가 이름인 오쇼 박사는 유토피아 구성원에게서 드러나는 내부적 균열을 치유하며 상담사와 유사한 역할을 한다. 그런데 누구보다 공감능력이 극대화되어 있어야 할 그의 문제해결 방식이 특이하다. 그는 피상담자의 문제를 이해하고 극복방안을 제시하기보다는 그것의 존재를 부정함으로써 상대의 고민이 불가능하거나 불필요한 것임을 확인시켜 준다. "대화로 털어버리는 자"(Wegsprechendes)(2)라는 그의 직업명대로 대화로 문제의 존재가능성 자체를 제거해 버리는 것이다. 크리스가 느낀 감정은 호모 엠파티쿠스 공동체에서 권장되지 않을 뿐더러 이를 명명할 수 있는 언어적 표현조차 존재하지 않는, 즉 공감이 가능한 영역을 벗어난 감정이기에 괴이한 "허상"(Chimäre)에 불과하다.

더구나 "인지왜곡"과 이로 인한 "비뚤어진 세계상과 자기상"에 대한 오쇼의 환기는 적어도 극의 2차적 소통체계에 자리한 독자/관객으로 하여금 오히려 뫼링어가 누차 소리 높여 외치고 구성원들도 믿어 의심치 않는 거울 뉴런의 힘과 인간의 공감능력이야말로 인지왜곡이지 않을까 하는 의문을 품게 만든다. 앞에서 살펴보았듯이 신뢰는 필연적으로 성공이 확실한 행동을 취하기에는 정보가 부족한 상황에서 요구되며 신뢰주체는 부족한 정보를 의도적으로 간과한다(Luhmann, 1989: 33). 신뢰 형성 과정에서 관찰되는 이러한 정보의 '빈틈', 즉 실망이나 손실의 위험과도 직결되는 모름은 친숙성(Vertrautheit)에 바탕을 둔 믿음과 상상력을 통해 메워진다. 이때의 상상력은 개인을 넘어 집단적 차원의 생산적 능력이자 사회라는 상상적 구성물을

14 『호모 엠파티쿠스』의 모토에 인용된 "바그완"(Bhagwan)(3) 또한 오쇼 라즈니쉬가 사용했던 호칭이다.

형성하는 원동력으로서, 단지 환상적인 것을 공상하는 능력을 뜻하지 않는다. 넓은 의미의 상상력 개념은 사회적 차원의 공동생활과 밀접하게 관련되어 있으며, 현존하지는 않으나 현실에 의거한 새로운 표상과 '상상적 제도'를—예컨대 공감능력에 대한 신뢰를 기반으로 한 사회와 이와 연관된 가치를—산출해 낼 수 있는 창조적 능력을 가리킨다(Castoriadis, 1990: 218-219).[15]

호모 엠파티쿠스들은 자신들이 가설적이지 않으며 확정적인 앎을 지녔다고 확신한다. 그러나 자신들에게 주어진 인간의 공감능력에 관한 정보의 틈새를 의도적으로 간과한 호모 엠파티쿠스들의 사회적 제도와 가치는 분명 상상력의 산물이다. 그들은 거울뉴런의 작용과 인간의 공감능력 사이의 직접적 연관관계에 대한 빈틈없는 지식이나 충분한 근거를 보유하고 있지 않다.[16] 그렇다면 이들의 신뢰야말로 가상명증을 기반으로 한 인지왜곡일 공산이 크다. 크리헬도르프의 텍스트에서 공감에 바탕을 둔 타인에 대한 이해가 상대의 감정이나 의견, 태도가 공동체가 추구하는 바와 철저히 일치하는 경우에 국한되어 나타난다는 점은 이러한 의심을 더욱 증폭시킨다. 호모 엠파티쿠스들이 굳건히 신뢰하는 '최대의 공감능력'이 엄격히 조건 지어진 공감능력에 불과한 까닭이다. 공감능력에 대한 이들의 신뢰는 의심으로부터 자유로우나 오류를 내포하고 있는 가상명증의 토대 위에 형성된 셈이다. 그러므로 크리헬도르프가 상상력을 전개시켜 나가는 과정에서 사회 구성원들의 견고한 듯 보이는 신뢰에 내재된 취약성이 내부적 균열의 형태로 노정되는 것은 불가피한 결과일지도 모른다.

---

15 카스토리아디스는 이 같은 창조적 능력을 "근본적 상상력"(radikale Imagination)이라 칭하고, 이를 그 능력의 산물인 "실제적으로 상상적인 것"(aktual Imaginäres)과 구분한다.

16 실제로 최근의 연구는 거울뉴런이 특정한 의미 또는 의도를 지닌 것으로 여겨지는 행위나 표정에만 발화하며 그 이후에도 다양한 신경과정을 거쳐야만 비로소 관찰자가 상대에게 공감할 수 있게 된다는 제한적 입장을 취한다(Breithaupt, 2009: 37; Cozolino, 2006: 187, 203).

Ⅳ. 개입으로서의 연극

1. 친숙성과 신뢰의 배타적 폭력성

호모 엠파티쿠스 공동체의 인장력 실험은 최초의 인류와 이름을 같이 하는 아담(Adam)과 에파(Eva)의 투입을 통해서 절정에 이른다. 성별이 확연히 드러나는 "외설스러운 이름"(9)과 옷차림에 거친 언어와 폭력적인 행동도 서슴지 않으며 깊은 괴로움과 두려움에 젖은 이들은 공감의 낙원에게는 명백히 국외자들이다. 아담이 담배를 피우자 공동체는 혼란에 빠진다.

사회체 대체 저게 뭘 하는 거지?

오쇼 저것은 자살경향이 높군요.

아담 자살경향이 있다고, 응? (떨리는 목소리로 웃음을 터뜨린다. 운다.)

나는 죽게 될 거야. 우리 모두 죽게 될 거야.

뫼링어 저것이 다른 작은 생물의 기초식량자원이 되는 게 두려워서 우네요.

채러티 하지만 그건 너무나도 자연스러운 일이잖아요.

사회체 대체 저것이 왜 저러는 거지?

아담 저것이라니? 나는 남자란 말이야.

사회체 성별은 사적인 거야.(9)

낯선 자들의 출현에 하나의 "사회체"(Gesellschaftskörper)로 집결한 호모 엠파티쿠스들은 아담의 행동도 그 동인도 알지 못한다. 그들의 공동체에는 이를 이해할 수 있는 단서가 제거되어 있기 때문이다. 심지어 지도자 격인 오쇼 박사와 뫼링어 교수도 아담이 죽음을 두려워하면서도 수명을 단축시키는 독성물질에 자신을 노출시킨다는 역설을 파악할 뿐, "흥미롭다"(9)는 반응 이상의 분석을 내놓지 못한다. 타인과 자신을 동일시하지 않으면서 상대에게 공감하기 위해서는 그와 자신 사이에 차이가 존재해야 하지만, 그 차이가 일정 수준을 넘어 벌어질수록 공감의 확률은 급격히 떨어진다(Breithaupt, 2009: 64). 더구나 호모 엠파티쿠스 공동체가 신뢰하는 '최대의 공감능력'은 개개인의 차이를 최소화한 환경에서 발휘되므로 이들에게 미지의 타자는 관찰의 대상일 수는 있지만 공감의 상호주체는 아니다.

사회 구성원 중 유일하게 "미개인들"(9)을 연구한 뫼링어는 아담과 에파가 이미 "오래전에 멸종된"(10) 것으로 알려진 사회의 일원이라고 추정한다. 그러나 그 역시 호모 엠파티쿠스 공동체의 의식체계에 갇혀 있는 까닭에 그가 제공하는 정보는 상당 부분 과장되거나 부정적인 측면에 초점이 맞추어졌을 뿐 아니라 부분적으로 심각하게 왜곡되어 있다. 그의 눈에는 미개인 시대가 외로움과 폭력성, 잔인함으로 얼룩져 있으며 기독교 유물은 식인 풍습의 흔적으로 보인다. 그럼에도 불구하고 그가 제공한 정보는 구성원들에게 명증한 것으로, 즉 "전적으로"(schlichtweg)(Peters, 2014: 188)[17] 신빙성 있는 전문지식이자 사실로 간주된다. 여기에는 공감능력에 대한 신뢰를 넘어서 개인적 신뢰가 작동한다. 뫼링어는 교수이자 "지식창출자"(Wissen Schaffendes)(8)로서 전문지식을 보유한 권위자이다. 또한 그는 직설법과 명령법[18]이 주를 이루는 단정적 화법을 구사하면서 자신의 주장을 반박의 여지없는 사실로서 연출한다. 그리고 더욱 근본적으로, 그는 낯선 "미개인들"과 달리 동일한 공동체에 속한 인물이며 친숙한 상대이다. 이때 친숙성은 반드시 직접적일 필요는 없다. 친분이나 신뢰관계를 형성하기에 충분한 경험과 정보를 지니고 있지 않더라도 낯선 자와의 대립상황에서는 상대적으로 친숙한 그가 신뢰의 대상이 되기 때문이다(Gambetta, 2001: 230).[19] 그 결과 공동체가 추구하는 바에 부합하지 않는 아담과 에파의 언행과 더불어 뫼링어가 제공하는 모든 정보는 낯선 자들에 대한 판단과 대응에 결정적인 근거로서 작용한다.

오쇼 그리고 그들이 설사 번식하지 않는다 하더라도, 우리는 그들을 대체 어떻게 해야 하는 거죠? 그들이 우리 사회에서 어떤 역할을 수행할 수 있을까요?

사회체 우리가 그들에게 식량을 재배하도록 하면 그들은 식물에 독을 주겠죠. 그들에게 우리 아이들을 맡기면 유해한 동화를 이야기해 줄 테고요. 공원을 관리하게 하면 새들을 잡아 목을 비틀어버린 후 잡아먹을 거고요. 노래를 부르도록 놔두면 괴로움, 고통, 시기와 탐욕에 관한 끔찍한 노래를 부르겠죠. 오래 산 이들을 돌보게 하면 그들에

---

17 언론보도에서 가상명증이 설득전략으로서 활용되는 현상을 연구한 페터스는 이처럼 권위 있는 기관이나 타인의 의견을 전적으로 신뢰할 때 '추정적 가상명증(inferentielle Schein-Evidenz)'이 구축된 것으로 본다.

18 "여러분의 뇌들을 동기화하십시오!(Synchronisiert eure Gehirne!)", "여러분의 이동성을 제한하십시오(Begrenzt eure Mobilität)"(8).

19 낯선 대상과 익숙한 대상을 구분 짓는 바탕으로 기능하는 친숙성이 관찰되거나 친분이 형성된 경우 신뢰는 자연스레 하나의 '부산물'로서 생성될 수 있다.

게 폭력을 휘두를 테고 짧게 산 이들을 믿고 맡긴다면 클로즈업한 성기 사진을 보여줄 거고요. 안 되겠어요, 아담과 에파가 우리 중에 있는 걸 용납할 수는 없어요.(11)

호모 엠파티쿠스들은 "미개인들"에 대한 혐오와 역겨움, 거부감을 나타내는 감탄사[20]를 연신 내뱉으며 아담과 에파가 자신들의 사회질서에 편입되리라고 신뢰할 수 없으므로 이들을 수용할 수 없다는 결론을 내린다. 개인의 자발적 기여를 사회적 공리로 삼는 호모 엠파티쿠스 공동체에는 아무런 공익도 가져다주지 못할 이방인에게 내어줄 자리란 없다. 그리고 이러한 판단은 순식간에 관찰, 주의, 경계, 배척을 넘어 폭력으로 치닫는다. 모름은 결국 편협한 상상력에 힘입어 불신으로 이어지고, 폭력과 살인계획은 친숙한 사회의 보호와 그 가치 및 제도의 유지라는 명목 아래 '구원'[21]으로 둔갑하여 정당화된다.

채러티 넌 도래할 것에 자리를 내주고 생성과 소멸의 영원한 순환에 기여할 영예를 지니는 거야.

에파 싫어, 제발 그러지 마!

사회체 정상적인 것이 너를 그토록 괴롭힌다니 너는 도대체 얼마나 병이 든 거니? (사회체가 아담과 에파의 머리에 각각 봉지를 뒤집어씌우고 그들의 목을 조른다.)(11)

2. 극중극과 가상명증의 교정

사회체가 "미개인들"의 목을 조르는 찰나, 저녁에 있을 연극공연을 홍보하던 파비엔이 앞으로 나온다. 아담과 에파의 행동과 말은 모두 연극이

20 "Oh.", "Uh.", "Bäh.", "Ih.", "Äh."(10).

21 "나[사회체]는 너희를 구원하려는 거야!(Ich will euch erlösen!)"(11).

었다.

파비엔 보아하니 우리 연극이 여러분의 마음에 들었군요.

사회체 뭐라고요?

파비엔 우리의 연극, 『미개인들』 말입니다. 제가 직접 썼답니다.

사회체 오! (사회체는 아담과 에파에게서 재빨리 봉지를 벗겨낸다.)(11)

연극의 작가 파비엔이 직접 밝히기 전까지 공동체가 보인 태도는 결코 무대에 오른 연극을 보는 관객의 것이 아니었다. 이는 무엇보다도 이 연극이 연극의 가상성에 대한 배우와 관객 사이의 합의에 근거하지 않았기 때문이다(Pfister, 2001: 306). 이렇게 생활세계에 직접 맞닿는 형태의 연극을 요즘의 연극학은 개입을 목표로 하는 응용연극(applied theatre)이라고 부른다. 일반 연극이 짜여 있는 틀대로 진행되고 관객은 관찰자로서 그 밖에 머무르는 데 반해 응용연극은 연극과 관객/참여자 사이에 발생하는 우연성에 기대는 바가 크다. 그러므로 흔히 재현적인 극요소들과 우연성에 열려 있는 수행적 행위, 즉 관여의 요소들을 조합한다. "왜냐하면 그것이 순간적으로 교섭공간을 열어젖히기 때문이다."(Warstat *et al.*, 2015: 29) 이때 관여 내지 개입의 기본목표는 기존 질서의 연속성을 중단하는 데 있으며, 이러한 "중단의 실행들"은 "기존의 정치적, 사회적, 또는 문화적 시스템을 정지시키거나 보류시키거나 심지어는 완전히 무효화시킬 수도 있다"(Warstat *et al.*, 2015: 11). 우리의 예에서도 극중극은 호모 엠파티쿠스 공동체에 장애와 혼란을 야기한다.

자샤 당신들의 연기는 뫼링어 교수님조차 당황시킬 정도로 훌륭했어요.

뫼링어 저는 잠시 제 건전한 상식(gesunder Menschenverstand)을 의심했답니다.

오쇼 의심의 씨를 뿌려 수용자가 재차 선(善)이 과연 진정한 선인가 하는 의문을 제기함으로써 추후에 그 선을 더욱 굳건히 따르도록 하는 것이야말로 예술의 사명이지 않을까요?

파비엔 정말 멋진 말씀입니다, 오쇼 박사님.(11)

아담과 에파가 자신들과 같은 사회 구성원으로 밝혀지자 하나의 "사회체"를 형성했던 개인들은 이들에게 "최고의 연극"을 "설득력 있게" 보여준 "재능 있는 연기하는 자들"(11)이라며 찬사를 보낸다. 낯선 남녀를 죽음으로 '구원'할 것을 촉구한 채러티는 아담/코니, 에파/막심의 연극이 막을 내린 직후 자신이 "하마터면 연민으로 인해 눈물을 흘릴 뻔했다"(11)고 주장하기까지 한다. 파비엔의 연극이 공동체의 기반을 뒤흔들려는 목적을 지녔다면, 공동체의 이러한 반응은 그의 시도가 완전히 실패했음을 의미한다. 그러나 파비엔의 의도는 사회질서의 전복이 아니다. 그는 오쇼 박사의 견해에 동의함으로써 의심의 과정을 통해 기존 가치체계를 더욱 공고히 하는 것이 자신의 목표였음을 밝힌다. 그 역시 철저히 호모 엠파티쿠스인 것이다. 에파/막심이 미개인 연기가 어려웠음을 이야기하며 "문제는 웃긴 표현들을 아주 진지하게 말하는 거였어요. 미개인들을 낮잡아 보지 않고, 오히려 그들이 느끼는 바를 느끼는 거요"(11)라고 할 때, 그녀는 철저히 타자에 공감을 꾀하는 호모 엠파티쿠스이다.

『개입으로서의 연극』의 저자들은 그람시의 헤게모니 이론을 이어받은 라클라우(Ernesto Laclau)와 무페(Chantal Mouffe)의 개념을 전유해서 응용연극의 개입 태도를 "반헤게모니적 개입"(gegenhegemonische Intervention), "헤게모니적 개입"(hegemonische Intervention), "역설적 개입"(paradoxe Intervention)(Warstat *et al*., 2015: 47)[22]으로 삼분한다. 파비엔의 연극은 이 중에서 "생산적인 모순에서 출발"(Warstat *et al*., 2015: 48)하는 역설적 개입에 해당한다. "시스템

22 이들의 삼분법은 하나의 기준으로 세 범주가 구분되지 않으므로 논리적 명쾌함이 다소 모자라기는 하지만 귀납적으로는 의미 있는 범주화이다.

을 지탱하는 담론과 실행들을 혼란스럽게 만들고 우세한 질서를 해체하려는 목적으로 기관들에 관여"(Warstat *et al.*, 2015: 47)하는 반헤게모니적 개입이나 "지배적이기는 하나 위기적인 질서원칙의 유지를 보장하기 위해 그것을 강화하려는" 목적을 지닌 헤게모니적 개입과 달리, 역설적 개입은 "질서를 혼란스럽게 하거나 안정시키기 위해서 그리로 향하는 논리적 노정의 반대를 수행한다."(Warstat *et al.*, 2015: 48) 그러므로 파비엔의 연극을 통해서 개인들이 "사회체"로 결속하고, 타자의 틈입이 그들의 사회적 합의와 가상명증에 대한 신뢰를 더욱 공고히 하였다는 점에서 이 "엉큼한 수행적 실험"(tückisches performatives Experiment)(Wille, 2015: 33)은 완벽하게 성공을 거둔 셈이다.

그러나 연극의 1차적 소통체계, 즉 극의 내부에서와 달리 2차적 소통체계, 즉 연극과 관객/수용자의 관계로 이루어진 세계에서는 극중극(Spiel im Spiel)의 기능이 다시금 역전된다. 파비엔의 극중극은 호모 엠파티쿠스 공동체의 문제점들을 가시화하고 그들이 공리로서 받아들이고 있는 가상명증이 오히려 본말을 전도시키는 모순을 스스로 노정하게 만든다. 또한 그들이 황급히 이전의 생활로 돌아가는 모습이야말로 이 사회가 얼마나 취약한 가상명증의 기반 위에 자리 잡고 있는가를 낱낱이 드러내 준다. 현실의 폭로 이후에도 자신들이 '선(善)'이라 간주하는 이전의 질서와 제도, 가치를 더욱 굳건히 따르는 극중 인물들의 고착된 모습은 극의 관객들의 측면에서 가상명증을 교정하는 기능을 수행한다. 가상명증에 기반한 극중 사회를 구축하는 상상력이 연극이라는 다른 차원의 상상력을 통해 그 유효성과 힘을 상실하게 되는 것이다.

V. 맺는 글

호모 엠파티쿠스들이 공감능력을 극대화하기 위해 추구한 동질성의 사회에서는 그 동질성으로 인해 타자에 대한 이해능력도 상상력도 부재하게 된다. 돌이켜보면 파비엔의 연극 자체가 이미 현실 인간에 대한 부정적 희화이며, 이는 가상명증을 시스템 밖으로부터 관찰, 비판할 수 없다는 사실의 예이다. 그러므로 완벽한 동질사회는 교정능력 또한 보유할 수 없으며, 따라서 여기에는 늘 전체주의의 위험이 잠재해 있다. 그렇기에 『호모 엠파티쿠스』의 "선하고 옳으며 친절한 인류의 유토피아적 표상은 그것의 독단주의로 인해 전체주의적 구조로 전복된다"(Behrendt, 2015b). 차이와 갈등을 용납하지 못하는, 그리고 생산적 계기로서 작용하는 차이와 갈등을 만들어 내는 것은 더더욱 불가능한 사회에 대한 꿈은 다시금 악몽이 되어 돌아온다.

어떠한 가치가 아무리 선한 의도와 훌륭한 특성을 지니고 있다고 하더라도 그것이 보편성에 대한 요구를 하는 순간 전체주의적 속성이 발현될 소지는 상존한다는 포스트유토피아적 깨달음은 유토피아를 동질성의 크로노토포스(Chronotopos)[23]가 아닌 이질성의 크로노토포스로서 표상하기를 권한다. 그러나 그것은 어떻게 가능한가? 이제 시스템이론의 사유틀에서 벗어나오면서 살펴보면, 아감벤의 주장이 눈에 띈다.

> 만일 인간이 계속해서 이미 오래전에 비고유하고 무의미해져 버린 개체성의 형상에서 자신의 정체성을 찾는 대신에 이 비고유성을 그 자체로서 받아들이는 데에, 고유의 이렇게 존재함(So-Sein)으로 개별적인 정체성과 속성이 아니라 정체성 없는 단수성, 공통적인, 완전히 밖에 놓아진 단수성을 만들

23 바흐친이 도입한 개념으로서 "문학에서 예술적으로 파악한 시간과 공간의 관계들의 근본적인 상호 연관관계"(Bachtin, 2008: 7)를 지칭한다.

어 내는 데에 성공한다면—그러니까 만일 인간이 자신의 이렇게 존재함에 이런저런 인생편력의 정체성을 부여하지 않고 유일하게 이렇게 (So)로서 자신들의 단수적인 외부성과 얼굴로서 존재할 줄 알게 된다면, 인류는 처음으로 주체 없는 무조건적 공통체 속으로, 소통될 수 없는 것이라곤 아무것도 없는 소통 속으로 들어서게 될 것이다.(Agamben, 2003: 61)

주체를 고정된 정체성으로 포획하기보다는 임의성에 열려 있는 "실체의 발생선"(linea generationis substantiae)(Agamben, 2003: 24) 위에 두려는 시도는 사실 낯설지 않다. 그러나 그것이 사회 담론으로서도 제몫을 할 수 있는지는 의문이 든다. 저 긴 조건문에서 가정과 결론 사이의 엄청난 간극이 과연 메워질 수 있을지에 대한 논의는 차치하더라도, 이른바 '새로운 인간'을 유토피아의 선결 조건 내지는 과정으로 정초하는 시도들에는 이상사회의 구현에 앞서 인간에게 무엇인가를 요구해야 한다는 역전된 사고구조가 문제로 노사리고 있다. 더구나 그러한 요구의 논리에는—'새로운 인간'의 시도들을 근대의 세속화한 종교사로서 파악한 퀴엔츨렌이 요약하듯이—예외 없이 인간의 "내세적인 완성능력의 실현"(Küenzlen, 1994: 267)이 내재되어 있으며, 지난 세기가 우리에게 가르쳐주었듯이 "도래하는 새로운 인간의 창조는 언제나 다시금 새로운 시대로 진입하는 길을 함께 가지 않으려는 '낡은 인간'의 제거(Liquidierung)를 의미했다."(Küenzlen, 1994: 275) 물론 아감벤의 구상에서 굳이 그러한 위험성을 경고해야 할 필요는 없다 하더라도, 유토피아에 대한 논의는 인간개조의 구상이 아니라 목적된 사회의 모습을 그려내는 작업을 포함할 수밖에 없다. 그러나 이는 다시 텔로스가 주어진 결정론, 전체성의 강요로 이어질 위험에 노출된다. 포스트유토피아 시대는 이렇게 굽도 접도 못하는 형국이다.

이러한 맥락에서 유토피아라는 "온전히 다 그려진 생활형식들"(ausgemalte Lebensformen), 즉 "총체성의 구상들"(Entwürfe von Totalitäten)을 "이론적으로 따라잡을 수 없다"(Habermas, 1985: 75)고 본 하버마스의 주장은 다시 한 번 곱씹어볼 가치가 있다. "전체성은 오로지 복수로만 등장하며, 이 다원주의를 이론에서 선취할 수는 없다"(Habermas, 1985: 76)는 그의 결론은 유토피아 구상에 대한 사형언도가 아니다. 그는 분명하게 "유토피아의 오아시스가 말라버리면 천박함과 속수무책의 사막이 퍼져나간다"(Habermas, 1985: 161)고 밝힌다. 그가 택한 전략은 기존의 유토피아 담론이 지녔던 환상들을 비판하면서 주체의 자발성과 복수성의 발현이 보장되는 사회형태에 대한 최소한의 구상을 지향하는 것이다(Habermas, 1985: 161-162).

그런데 "이론"만 이러한 다원적 유토피아 선취에 곤란을 겪는 것은 아니다. 랑시에르처럼 예술과 정치를 공히 "감각적인 것의 나눔"(랑시에르, 2008: 225)에 참여하는 실천으로 보고, 미학의 영역에서 정치적 가능성을 열어놓으려는 시도들이 있기는 하지만, 랑시에르가 말하는 정치는 우리가 일반적으로 말하는 정치가 아니라 "메타정치"(Ranciére, 2007: 47)이다. 더구나 이러한 메타 차원에서 내려와 생각해 보면, 유토피아의 선취와 관련해서는 예술 장르들 사이에서도 차이가 나타난다. "문학 외에 다른 예술 장르들은 유토피아를 선명하게 보여주지 않는다"(이종수, 2015: 28)는 관찰은—문학이라는 개념을 서사라는 개념으로 바꾸어 생각한다면—충분히 납득이 가는 지적이다. 문학의 하위장르들 사이에서도 차이가 있어 시보다는 소설을 비롯한 서사문학이 담당해 온 역할이 크고, 연극이나 영화 같은 비문학적 서사예술들의 영향력도 무시할 수 없다.

서사 장르들 중에서도 연극은 '지금 이곳'이라는 독특한 형성원리와 관극의 공동체성을 통해서 포스트유토피아 시대의 유토피아적 사유에 중요한 매체로서 자리매김한다. 이는 연극이 다른 예술보다 더 유토피아의 모습을 잘 제시할 수 있다는 뜻이 아니다. "사각형의 무대 위에 온갖 낯선 장소들이 연이어지게"(푸코, 2014: 19) 만드는 극장은 "구체적이고 실제적인 장소, 우리가 지도 위에 위치지을 수 있는 장소를 가지는 유토피아들"(푸코, 2014:

12), 즉 헤테로토피아로서 작용한다. 비록 다른 매체들에게 대중성의 자리를 넘겨주었더라도, 연극은 작은 예술로서 관객공동체에게 '다른 시공간'의 가능성을 체험하게 한다. 실재와 가상이 서로 넘나드는 시공간으로 짧은 여행을 떠남으로써 관객공동체는 현실원칙의 제약으로부터 잠시 자신을 내려놓고 다른 가능성의 세계에 자신을 연다. 그러므로 "여행의 즐거움에 마을이 아름답고, 늘 태양이 비추고, 여종업원이 예쁠 필요까지는 없다."(랑시에르, 2014: 10) 연극의 유토피아적 기능은 무대에 오른 작품이 담고 있는 구체적인 내용과 그것이 관객에게 어떠한 영향을 끼치는가에만 있는 것이 아니다. 연극이라는 매체가 지니는 독특하고 고유한 예술적 체험방식에 유토피아의 출현 가능성이 내재하기 때문이다.

최근 연극은 이러한 연극 고유의 가능성을 다양하게 실험한다. 또한 최근의 많은 극작가들은 자신의 극세계 안에 일종의 헤테로토피아, 즉 제3의 시공간을 구상하려는 경향을 보인다. 현실의 시공간도 가상의 시공간도 아닌 이 사이세계들의 가장 큰 특징은 인공성, 조금 더 정확히 말하자면 인공성을 감추지 않는 태도이다. 한 세대 위인 하이너 뮐러의 연극텍스트에서도 이미 단초가 발견되듯이 이러한 크로노토포스의 전개는 텍스트의 일부에서 일종의 단절을 형성하며 단시간적으로 나타나는 유형이 주를 이루는 반면에, 『호모 엠파티쿠스』는 제3의 시공간이 텍스트 전체에서 관철되는 유형의 드라마이다. 이 유형의 크로노토포스는—하이너 뮐러의 표상을 빌리자면—"사회적 상상력의 실험실"(Laboratorium der sozialen Phantasie)(Müller, 2005: 176)의 성격이 강하다. 이곳에서의 인공성은 실험조건(Versuchsanordnung)의 그것이며, 따라서 실험에 필요한 (맥락의) 단순화에 기인하기도 한다. 크리헬도르프는 공감능력이 최고로 끌어올려진 낙원의 크로노토포스에서 과연 이 사회가 얼마나 균열 없이 버틸 수 있는가를 실험한다. 이를 위해 작가는 "초현실주의의 모종의 영향" 아래 "기존 현실의 재료들로 공연 시간 동안 비록 현실과 연관을 맺고 있지만 나름의 법칙성을 따르는 평행세계를 구상한다”(Birkner, 2014: 234). 그러나 안타깝게도 호모 엠파티쿠스들은 실험을 견디지 못한다.

『호모 엠파티쿠스』에서 크리헬도르프의 의도는 유토피아의 실험실로서 공감으로 충만한 이상향의 크로노토포스를 구상하는 것을 넘어서 이러한 시도들의 문제점을 재검토하는 데에 있다. 최근에 유행하는 개입의 연극을 극중극의 형태로 보여주며 그 한계를 폭로하는 것 또한 연극의 가능성에 대한 과장을 경계하는 제스처이다. 그러나 이러한 부정성은 후쿠야마처럼 쓸모 있는 사회적 상상력이 고갈되었음을 언도하려는 것이 아니다. 그렇다고 동구권 몰락 이전에 이미 “유토피아적 에너지들의 고갈”을 고민했던 하버마스처럼 “종말에 이른 것은 오히려 과거에 노동사회의 잠재력을 중심으로 결정화되었던 하나의 특정한 유토피아”(Habermas, 1985: 145)일 뿐이라며 꼬리를 잘라 구제의 손길을 내미려는 것도 아니다. 크리헬도르프의 연극 실험은 랑시에르가 “저항적 형태의 메타정치”(Ranciére, 2007: 54)가 진동하는 두 입장, 즉 “예술의 삶-되기의 정치”와 “저항적 형태의 정치”(Ranciére, 2007: 55) 중에서 후자의 입장을 취하면서 현대 연극미학과 유토피아 담론이 성취한 바를 다시 한 번 부정해 보는 시도이다. 그녀는 부정의 원리를 통해서 우리가 유토피아를 표상할 때 끊임없이 경계해야 할 중요한 원리들을 포스트유토피아적 조건에서 재확인한다. 그녀가 디스토피아 문학의 고전인 헉슬리의 『멋진 신세계』(*Brave New World*)(1932)나 오웰의 『1984』(1949) 못지않게 1960년대의 히피 공동체 같은 실제 사례들이 자신에게 영감을 주었다고 강조하는 이유도 여기에 있다.

> 나는 원래는 분명히 진정한 이상주의와 개선의지로 시작되었던 이런 실험들이 결국에는 거의 항상 전체주의적 시스템들로 변했던 것, 그러니까 비판적으로 벗어났던 기원 문화보다 더 독단적이고 인간적대적이 되었던 것이 흥미롭다고 느낍니다.(Behrendt, 2015a)

참고문헌

랑시에르, 자크 (2008). 정치적인 것의 가장자리에서. 양창렬 역. 서울: 도서출판 길.

랑시에르, 자크 (2014). 사람들의 고향으로 가는 짧은 여행. 곽동준 역. 고양: 도서출판 인간사랑.

리프킨, 제러미 (2009). 공감의 시대. 이경남 역. 서울: 민음사.

이종수 (2015). 공동체. 유토피아에서 마을만들기까지. 서울: 박영사.

이준서 (2016a). 다큐멘터리 드라마? 자료조사 드라마! 안네 옐레나 슐테의 『보드카 벌레』를 통해 본 '새로운 독일 드라마'의 한 경향. 실린 곳: 독일문학, 제139집, 181–202.

이준서 (2016b). 새로운 극작술의 실험실. 베를린 예술대학교 '장면적 글쓰기' 학과. 실린 곳: 브레히트와 현대연극, 제35권, 147–164.

푸코, 미셸 (2014). 헤테로토피아. 이상길 역. 서울: 문학과지성사.

Agamben, Giorgio (2003). *Die kommende Gemeinschaft*. Berlin: Merve.

Bachtin, Michail M. (2008). *Chronotopos*. Frankfurt/M.: Suhrkamp.

Bauman, Zygmunt (2003). "Utopia with no topos." *History of the Human Sciences*. 16 (1), 11–25.

Birkner, Nina (2014). "»Keine besonders weibliche Handschrift«. Gespräch mit Rebekka Kricheldorf." Nina Birkner/Andrea Geier/Urte Helduser (Eds.), *Spielräume des Anderen. Geschlecht und Alterität im postdramatischen Theater*. Bielefeld: transcript, 233–240.

Breithaupt, Fritz (2009). *Kulturen der Empathie*. Frankfurt/M.: Suhrkamp.

Castoriadis, Cornelius (1990). *Gesellschaft als imaginäre Institution. Entwurf einer politischen Philosophie*. Trans. by Horst Brühmann. Frankfurt/M.: Suhrkamp.

Chismar, Douglas (1988). "Empathy and sympathy. The important difference." *The Journal of Value Inquiry*. 22 (4), 257–266.

Cozolino, Louis (2006). *The Neuroscience of Human Relationships. Attachment and* *the Developing Social Brain*. New York/London: W. W. Norton & Company.

Dhiab, Rashid Ben (2016). "Rebekka Kricheldorf." Christiane Freudenstein-Arnold (Ed.), *Kindler Kompakt. Deutsche Literatur der Gegenwart*. Stuttgart: Metzler, 198−199.

Englhart, Andreas (2011). "Junge Stücke am Ende der Geschichte? Die Dramatik junger AutorInnen und der Verlust der Utopie." Artur Pełka/Stefan Tigges (Eds.), *Das Drama nach dem Drama. Verwandlungen dramatischer Formen in Deutschland seit 1945*. Bielefeld: transcript, 311−325.

Fukuyama, Francis (1989). "The End of History?" *The National Interest*. 16 (Summer), 3−18.

Gambetta, Diego (2001). "Können wir dem Vertrauen vertrauen?" Trans. by Catrin Yazdani. Martin Hartmann/Claus Offe (Eds.), *Vertrauen. Die Grundlage des sozialen Zusammenhalts*. Frankfurt/New York: Campus, 204−237.

Gerdes, Gesche (2012). "Der Postfeminismus-Vorwurf. Beobachtungen zum feministischen Selbstkonzept junger Theaterkünstlerinnen und Journalistinnen am Beispiel des Missy Magazine." *Gender. Zeitschrift für Geschlecht, Kultur und Gesellschaft*. 4 (1), 9−23.

Habermas, Jürgen (1985). *Die Neue Unübersichtlichkeit*. Frankfurt/M.: Suhrkamp.

Habermas, Jürgen (1995). *Theorie des kommunikativen Handelns*, Vol. 1. Frankfurt/M.: Suhrkamp.

Iacoboni, Marco (2009). *Mirroring People. The Science of Empathy and How We Connect with Others*. New York: Picador.

Kricheldorf, Rebekka (2015). "Homo Empathicus." *Theater heute*. 56 (1), Beilage, 1−11.

Küenzlen, Gottfried (1994). *Der Neue Mensch. Eine Untersuchung zur säkularen Religionsgeschichte der Moderne*. München: W. Fink.

Luhmann, Niklas (1989). *Vertrauen. Ein Mechanismus der Reduktion sozialer Komplexität*. 3rd ed., Stuttgart: Ferdinand Enke.

Müller, Heiner. (2005). "Ein Brief." H. Müller, *Werke 8. Schriften*. Frankfurt/M.: Suhrkamp, 174−177.

Peters, Stephan (2014). "Schein-Evidenz als persuasive Strategie in der Berichterstattung zum 10. Jahrestag von 9/11." Monika Schwarz-Friesel/Jan-Henning Kromminga (Eds.), *Metaphern der Gewalt. Konzeptualisierungen von Terrorismus in den Medien vor und nach 9/11*. Tübingen: Francke, 173−195.

Pfister, Manfred (2001). *Das Drama. Theorie und Analyse*. 11th ed., München: Wilhelm Fink.

Ranciére, Jacques (2007). *Das Unbehagen in der Ästhetik*. 2nd ed., Wien: Passagen.

Rizzolatti, Giacomo/Fogassi, Leonardo/Gallese, Vittorio (2009). "The Mirror Neuron System. A Motor-Based Mechanism for Action and Intention Understanding." Michael S. Gazzaniga (Ed.), *The Cognitive Neurosciences*. 4th ed., Cambridge, Massachusetts: MIT Press, 625–640.

Simmel, Georg (1992). *Soziologie. Untersuchungen über die Formen der Vergesellschaftung*. Frankfurt/M.: Suhrkamp.

Stegmüller, Wolfgang (1969). *Metaphysik, Skepsis, Wissenschaft*. 2nd ed., Berlin/Heidelberg/New York: Springer.

Süss, Joachim (1996). *Bhagwans Erbe. Die Osho-Bewegung heute*. München: Claudius.

Szondi, Peter (1963). *Theorie des modernen Dramas*. Frankfurt/M.: Suhrkamp.

Warstat, Matthias/Heinicke, Julius/Kalu, Joy Kristin/Möbius, Janina/Siouzouli, Natascha (2015). *Theater als Intervention. Politiken ästhetischer Praxis*. Berlin: Theater der Zeit.

Wille, Franz (2015). "Im Blumengarten." *Theater heute*. 56 (1), 30–33.

Winter, Stephanie (2010). "Mythen–Märchen–Monster. Rebekka Kricheldorf im Grenzbereich zwischen Realität und Fantastischem." Christine Künzel (Ed.), *Radikal weiblich? Theaterautorinnen heute*. Berlin: Theater der Zeit, 108–117.

Behrendt, Barbara (2015a). "Rebekka Kricheldorf über »Homo Empathicus«." *Theater heute*, 27.05.2015, http://www.theaterheute.de/blog/muelheimstuecke/rebekka-kricheldorf-uber-homo-empathicus/.

Behrendt, Barbara (2015b). "Rebekka Kricheldorfs »Homo Empathicus«." *Theater heute*, 28.05.2015, http://www.theaterheute.de/blog/muelheimstuecke/rebekka-kricheldorfs-homo-empathicus/.

Dhiab, Rashid Ben (2014). "Menschgemachtes Eden." *Litlog*, 04.11.2014, http://www.lit log.de/menschgemachteseden/.

chapter **6**

건축과 유토피아 : 반성과 전망

이 상 헌

(건국대학교 건축전문대학원)

건축과 유토피아 : 반성과 전망

이 상 헌 (건국대학교 건축전문대학원)

Ⅰ. 서 언

건축이 인간의 꿈과 상상력을 바탕으로 한다고 할 때 건축과 유토피아의 관계는 본질적이라고 할 수 있다. 하지만 건축이 현실에서 유토피아를 어떻게 구현할 수 있는가는 별개의 문제다. 유토피아는 원래 실현 불가능한 상상의 장소이고, 실현되더라도 현실과 부딪치고 타협하면서 왜곡되거나, 부분적이고 파편화된 형태로만 존재하기 때문이다. 그래서 건축과 유토피아의 관계를 규명하는 일은 그렇게 자명하지 않다. 이러한 연유로, 건축과 유토피아의 관계에 대한 탐문은 아마도 건축가들이 언제부터 건축을 통해 이상사회를 제안했을까, 그리고 건축이 담는 유토피아는 현실과 어떤 관계를 갖는가라는 비교적 단순한 질문에서부터 시작할 수 있을 것이다. 여기서 한 가지 간과할 수 없는 사실은 건축과 유토피아의 역사는 지극히 서양적인 현상이라는 점이다. 왜냐하면 한국에는 서양과 같은 유토피아 사상이나 유토피아와 관련된 건축의 담론이 구체적으로 발전되어 온 역사가 없기 때문이다. 따라서 이 글에서는 먼저 서양의 역사에서 전개되어 온 건축과 유토피아의 관계를 간략히 정리하고, 유토피아의 실천이라는 관점에서 한국 건축의 상황에 대한 반성과 함께 전망을 제시해 보고자 한다.

Ⅱ. 유토피아와 건축

유토피아(Utopia)는 그리스어로 아니다 또는 없다(ou)와 장소(topos)를 뜻하는 합성어로 토머스 모어(Thomas More, 1478-1535)가 1516년 발간한 『유토피아』라는 제목의 책에서 처음 고안한 개념이다.[1] 말 그대로 현실에 존재하지 않는 이상향을 뜻한다. 모어는 『유토피아』에서 당시 영국 농민의 비참한 상태를 비판하고 언뜻 보기에 완벽한 사회처럼 보이는 허구의 섬에 관해 설명했다. 이 허구의 유토피아는 사유재산이 없이 모든 재산을 공유하며, 하루 6시간의 노동을 기본으로 하고 노동과 분배를 평등하게 하며, 여가시간에는 학문과 예술에 종사하고 각 개인의 개성의 전면적인 발전을 추구하는 이상사회로 묘사되었다. 모어의 유토피아는 이후 공유사회를 지향하는 서구사상에 영향을 미쳐 캄파넬라의 『태양의 도시』(1623)나 베이컨의 『새로운 아틀란티스』(1627)와 같은 새로운 유토피아가 제안되기도 했다. 16-17세기의 유토피아 사상은 유럽사회가 중세적 사회질서에서 근세적 사회질서로 넘어가는 무질서와 재편성의 시기에, 극단적인 사회 모순에 대한 반성과

1 서양에서 유토피아 사상의 역사는 훨씬 오래전으로 거슬러 올라간다. 우리가 잘 알고 있듯이 고대 그리스의 철학자 플라톤은 『국가』에서 모든 재산, 심지어 아내와 자식마저도 공유하며 철인이 통치하는 상상의 이상적 폴리스에 대해 이야기한 바 있다.

함께 미래에 대한 희망과 기대에서 발생한 현상이라고 볼 수 있다.

이러한 고전적 유토피아들은 주로 사상가들에 의해 제안되었다. 토머스 모어는 영국 인문주의 사상가였고 태양의 도시를 제안한 캄파넬라는 이태리의 철학자였다. 새로운 아틀란티스를 상상한 베이컨은 자연과학에 조예가 깊은 당대 영국 최고의 철학자였다. 이들 유토피아 사상가들은 건축에 관한 전문가는 아니었지만 유토피아 도시의 가로체계나 건물에 대해 구체적인 묘사를 덧붙였다. 아마도 자신들이 제시한 유토피아를 현실적으로 보이기 위한 필요에서였을 것이다. 당시 유토피아의 도시모델은 정사각형이나 원형과 같은 완전한 기하학 형태와 그리드 패턴의 가로로 구성된 르네상스 이상도시의 모습으로 묘사되었다.[2] 하지만 이들이 제시한 유토피아는 어디까지나 현실에는 존재하지 않는 상상의 땅이었다. 이들이 제안한 유토피아의 의미는 당시 사회현실의 문제점과 고통을 인식하고 그에 대한 신랄한 비판과 함께 당시의 사회적 기반에서 이상적 요소들을 추려 상상을 통해 구성한 이상사회라는 데 있다.

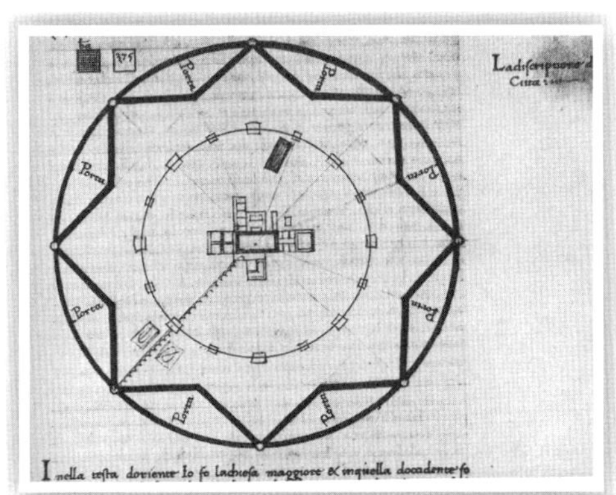

그림 1 Filarete's ideal plan for Sforzinda, 1465. 필라르테, 르네상스의 이상도시

2 르네상스의 이상도시는 중세 도시의 현실에 대한 불만으로부터 이상적 도시의 모습을 제안한 점에서 유토피아로 다루어지기도 하지만, 사회체제를 논하지 않는 점에서 엄밀히 말하면 유토피아 건축과는 구별된다.

상상의 땅이었던 유토피아 사상에 중대한 변화가 온 것은 18세기 말부터다. 서구사회가 본격적인 근대화 과정에 진입하면서 발생한 심각한 사회문제를 해결하기 위해 구체적인 사회 정치적 개혁 프로그램을 갖는 사회모델로서의 유토피아가 등장하게 된 것이다. 여기에는 18세기 후반 기술과 산업의 급속한 발전이 가져온 영향이 컸다. 산업혁명으로 사회의 생산력은 엄청나게 늘어났고 계몽주의의 영향으로 인간의 이성에 대한 자각도 생겼다. 이제 유토피아는 하늘나라, 또는 현실에 존재하지 않는 상상의 땅이 아니라, 기술과 산업의 조화롭고 평등한 분배를 이룰 수만 있다면 현실에서 실현 가능한 것이라고 믿게 되었다. 19세기 초 대표적 유토피아 사상가들은 생시몽(Saint-Simon), 푸리에(Charles Fourier), 오우엔(Robert Owen)과 같은 공상적 사회주의자들이었다. 이들은 모두 근대산업사회의 갈등과 모순을 해결하고 조화로운 시대를 구현할 구체적인 사회적 프로그램을 갖는 유토피아를 제안하고, 그것을 실천으로 옮겼다.

이때부터 건축과 유토피아의 관계도 변하기 시작했다. 19세기의 유토피아는 단순한 르네상스의 기하학적 이상도시의 모습이 아니라 구체적인 사회적 프로그램을 담는 건축적 모델로 제시되었다. 당시 유토피아적 공동체를 위한 건축을 가장 구체적으로 제안한 사람은 푸리에였다. 푸리에는 당시 산업사회의 모순을 해결할 수 있는 대안으로 자족적 농촌공동체를 제안했다. 그의 농촌적 공동체는 1,500명에서 1,600명의 인구를 갖는 팔랑스(Phalanx)가 기본단위인데, 여기서는 모든 생산과 소비가 공동으로 이루어진다. 푸리에는 팔랑스의 건축단위인 팔랑스테리(Phalanstery)의 아이디어를 상세히 묘사했는데, 푸리에의 제자인 건축가 콩시데랑(Victor Considérant)은 푸리에가 서술한 팔랑스테리의 건축을 그림으로 형상화했다(Considérations sociales sur l'architectonique, 1834). 팔랑스테리는 베르사유궁을 모델로 했는데, 그 안에는 공동체를 위한 모든 시설들과 그것들을 연결하는 철과 유리로 된 2개 층 높이의 공공통로가 설치되어 있다(Benevolo, 1982: 60-61). 푸리에주의 공동체는 19세기에 걸쳐 미국과 프랑스에 많이 만들어졌다. 그중에서도 고댕(Jean Baptist Godin)의 페밀리스테리(Familistère)는, 약간의 변화에도 불구하고, 팔랑스테리의 건축모델이 실제로 구현된 가장 주목할 만한 사례다(Benevolo, 1982: 65-66).

그림 2 Considérant, phalanstery

그림 3 Godin, Familistèrel, Guise,_Interior

Ⅲ. 서양 근대건축과 유토피아

유토피아 사상이 구체적인 사회개혁 프로그램으로 변화하면서 건축가들도 당대의 사회문제를 해결하는 유토피아의 제안자로 등장한다. 예를 들면 프랑스의 계몽주의 건축가 르두(Claude-Nicolas Ledoux)는 19세기 초 소규모의 이상적 생산 공동체를 위한 원형의 이상도시 안(Cité idéale de Chaux 1804)을 발표했다. 이러한 현상의 배경에는 건축가를 지식인이자 이상적 질서를 표상하는 형태의 수여자(Form giver)로 간주해 온 서양의 오랜 전통이 자리한다. 즉, 형태의 수여자로서 건축가는 근대사회의 급격한 변화과정에서 생긴 사회문제를 해결하기 위해 이상적 공동체를 위한 건축적 모델을 제안했던 것이다.[3]

산업혁명의 폐해가 극심했던 19세기 영국에서 건축가 퓨진(Augustus Welby Northmore Pugin)이 고딕부흥을 주장하고, 러스킨(John Ruskin)과 모리스(William Morris)가 예술공예운동(Art and Crafts movement)을 통해 중세적 생활환경으로 돌아갈 것을 주장한 것도 이런 배경에서다. 이들은 당대의 심각한 사회문제를 이상적 건축과 도시환경을 만듦으로써 해결할 수 있다고 믿었다. 19세기에 시작된 이러한 '건축을 통한 사회개혁'의 열망은 20세기 초 근대건축운동까지 이어진다. 예컨대 근대건축의 거장 르 꼬르뷔제(Le Corbusier)는 이상적 건축과 도시를 실현함으로써 근대사회의 모든 문제를 해결할 수 있다고 믿었는데, 그의 책 『새로운 건축을 향하여』(1923) 마지막 장 제목인 '건축이냐, 혁명이냐'는 이상적 근대건축을 통해 혁명을 피할 수 있다는 그의 믿음을 보여준다.

---

3 19세기 들어 유럽에서 전문직으로서 건축가의 사회적 위상이 정립되기 시작한 것도, 이전에는 사상가들의 전유물이었던 유토피아의 건축을 건축가들이 스스로 제안할 수 있게 된 배경일 것이다.

19세기 유토피아의 건축적 모델은 주로 과거 지향적이었다. 19세기 후반 영국의 고딕부흥과 예술공예운동을 이끌었던 러스킨과 모리스의 이상사회는 유기적 건축과 목가적 환경을 갖는 중세적 공동체였고 이들이 꿈꾼 유토피아의 건축 모델은 고딕이었다. 앞서 언급했듯이 푸리에주의 공동체인 팔랑스테리는 베르사유궁을 모델로 했다. 한편 19세기 초 기술과 산업의 발전으로 새롭게 등장한 철과 유리의 건축은 당시 유토피아 건축에 많은 영감을 주었다. 베냐민(Walter Benjamin)이 설명했듯이, 팔랑스테리의 복도는 철과 유리로 덮인 19세기 파리의 아케이드(Arcades)를 모델로 했고(Benjamin, 1986: 148-149), 생 시몽주의자들이 상상한 이상적 종교공동체를 위한 교회는 철로 만든 악기와 같은 것이었다(Egbert, 1970: 127). 20세기 초 유토피아 사상에 영향을 받은 근대 건축가들도 철과 유리의 건축에서 이상적 공동체를 상상했다. 독일의 표현주의 시인 폴 쉐바(Paul Scheerbart)의 시에서 영감을 받은 부르노 타우트(Bruno Taut)의 유리건축(Glass pavilion, 1912)이나, 1914년 타우트가 제안한 알프스 산 정상의 도시(Alpine Architecture, 1912)도 유리라는 근대의 상징적 재료와 중세적 공동체를 향한 열망이 중첩된 건축적 이상향이었다. 당시 새롭게 등장한 철과 유리의 건물이 진보적 지식인들에게 유토피아적 상상력의 원천이 되었던 것은 결코 우연이 아니다.

그림 4 Bruno Taut, Glass pavilion, 1914

그림 5 Bruno Taut, Alpine Architecture, 1912 (1919 출판)

20세기로 넘어오면서 건축가들이 제시한 근대의 유토피아는 점점 미래 지향적 모습을 띄기 시작한다. 프랑스의 건축가 가르니에(Tony Garnier)는 1898년 공업도시(Une Cité Industrielle: Etude pour la construction des villes, 1918 출판)에서 반(反) 대도시(anti-metropolis)의 이상을 반영하는, 거대한 철강공장에 의존하며 모든 것을 공동 소유하는 공동체적 공업도시를 제안했다. 이 공업도시는 경찰서, 법원, 교회와 같은 부르주아 통치시설을 거부한 점에서 무정부주의적인데(Hall, 1988: 113), 3천 명이 모일 수 있는 공회당 등 모든 건물들은 당시 새롭게 발전된 근대적 재료인 철근 콘크리트로 제안되었다. 또 이태리의 미래파 건축가 상텔리아(Antonio Sant'Elia)가 제안한 미래도시(1914)나, 르 꼬르뷔제의 고층도시(1921-)도 과거의 건축적 모델을 벗어난 새로운 근대미학을 선보였다.[4] 미국의 건축가 라이트(Frank Lloyd

4 물론 이들도 과거건축을 참조물로 하였음은 많은 연구자들이 지적한 바 있다. 일례로,

Wright)는 1930년대 르 꼬르뷔제의 이상도시에 반대하고, 미국의 광활한 평원에 각 1에이커의 면적을 갖는 단독주택으로 구성된 거대한 전원도시인 브로드에이커 시티(Broadacre city, 1932)를 제안하기도 했다.

그림 6 Tony Garnier, Industrial city, 1898

20세기 초 건축가들이 제시한 근대의 유토피아는 대부분 구체적인 실현 과정이 결여된 건축적 이상향에 불과했다. 이런 점에서 최초로 자본주의 도시의 문제를 구체적으로 해결하는 실현 가능한 모델로서 제안된 유토피아는 호워드(Ebenezer Howard)의 전원도시 이론(Garden city of tomorrow, a peaceful path to real reform, 1898, 1902년 출간)이다. 호워드는 산업화와 대도시의 발전이 가져온 과밀과 집중의 문제를 저밀도와 녹지, 소규모 개발로

Passanti는 꼬르뷔제 계획의 기념성을 강조한다. 그에 의하면 브와상 플랜에서 강조한 녹지, 위생, 빛과 같은 기능주의는 전통적 기념비성을 포장하기 위한 것에 불과하다. Fancesco Passanti(1987). the Skyscrapers of the ville Contemporaine in Assemblage 4,

그림 7 Antonio Sant'Elia, la citta nouvoa, 1914

해결하고자 도시와 농촌의 장점을 통합한 중간적 성격의, 약 1,000에이커에 3만 2천 명의 인구와 확정된 경계를 가지며 영구적인 그린벨트로 둘러싸인 전원도시를 제안했다. 호워드의 전원도시론은 도시의 물리적 형태보다 사회적 과정에 관심을 갖고 자본주의 사회의 점진적 재구조화를 지향했다는 점에서 다른 건축 유토피아와 구별된다. 그가 제안한 전원도시는 초기에 선의의 투자로 토지를 구입하고 여기에 노동자가 이주하여 주택을 건설하며 공장을 유치하여 사회적 기회를 제공한다. 수천 개의 작은 기업들, 장인들과 기업가, 예술가, 건축가 등의 자치적 조합이 설립되고 집도 건축조합, 공제조합, 협동조합, 노동조합을 통해 제공된 자본으로 건설한다. 주민들은 빌린 돈의 이자와 원금을 낼 정도의 낮은 임대료(주택, 농장, 공장 등)를 내고, 다 갚은 후에 남는 돈은 연금 등 복지재원으로 활용한다. 궁극적으로 시민들은 토지를 공동소유하고 개발이익은 환수되며 나머지는 공동의 이익을 위해 사용한다. 이 모든 과정은 대규모의 국가개입 없이 자족적으로 이루어지게 된다(Hall, 1988: 93-94).

호워드의 전원도시이론은 자율적으로 통치되는 소규모 공동체의 이상을 실현한 것으로 이전의 많은 유토피아적 아이디어로부터 영향을 받았으며, 자본주의 사회를 넘어 협동사회를 만드는 수단으로 고안되었다. 그러나 시간이 지나면서 전원도시의 성격은 사회개혁(social reform)운동에서 중립적인 계획(planning movement)으로 변질되었다(Fisher, 1982: 80). 호워드가 1900년 전원도시 유한회사(Garden city Association)를 설립하여 많은 지지자를 확보하였을 때부터 노동자들은 거의 참여하지 않았고 자본가들과 사업가들이 동참했다. 1902년 레치워스(Letchworth)에 처음으로 가든 시티가 건설되었고 웰윈(Welwyn, 1920년)에 두 번째 가든 시티가 만들어졌지만, 나중에는 정부차원의 국가적 계획이 있어야만 주택과 도시문제가 해결될 수 있다는 결론에 이르게 되었고 결국 중앙관료주의의 개입을 인정할 수밖에 없

그림 8 Unwin and Parker, Letchworth의 전원도시, 1902

었다. 호워드가 죽은 후 가든 시티는 결국 정부가 공공기금으로 땅을 구입하고 주택을 건설하여 임대하는 뉴타운(New town) 개념으로 바뀌게 되었다.

20세기 초 프랑스의 건축가 르 꼬르뷔제는 근대도시의 과밀과 혼잡을 해결하기 위해 호워드의 전원도시와 대비되는 고층도시를 대안으로 제안했다. 1922년 그가 제안한 '300만을 위한 현대도시'(Contemporary city for Three millions, 1921)는 도시의 고층화를 통해 밀도를 높여 도심혼잡을 완화하고 교통 소통을 향상시키며 녹지를 늘림으로써 기능적으로 명백하게 분리된 공간구조를 갖는 근대도시의 이상향이다.

이 계획안의 중심에 있는 24개의 60층 타워는 기업가, 과학자, 예술가, 건축가 등 엘리트 계층을 위한 오피스 공간으로 강력한 국가와 산업의 상징이며 보행자와 차량은 수직적으로 분리된다. 주거는 12층 높이의 아파트로 주변에 계층별로 분리되어 배치되는데 엘리트를 위한 요철형 아파트와 일반 노동자를 위한 중정형 아파트로 구분된다. 여기서 고층주거는 새로운 가족 개념과 공동소유의 이념에 바탕을 둔 공동체주의를 반영한다.[5] 단위주거는 듀플렉스 거실과 외부 테라스를 갖는 표준화된 셀(Cell)로서 가족을 위한 공간이며, 연속된 블록 속에 적층된다. 집합주거 블록 전체에는 공동체를 위한 집회, 레저, 스포츠, 휴식시설이 설치되는데, 공동 서비스에 의해 일상적 가사노동으로부터 해방된 개인은 여기서 다양한 여가를 즐길 수 있다.[6]

르 꼬르뷔제는 실제로 자신의 이상을 실현시키기 위해 많은 노력을 기울였다. 1925년 그가 제안한 브아생(Voisin) 플랜은 파리 세느강 북부의 재개발계획으로 고층도시 아이디어를 기업가와 은행의 투자를 통한 자본주의적 방식으로 실현하려는 것이었다.[7] 그러나 1930년대 세계경제의 악화와

---

5 꼬르뷔제는 의회민주주의와 부르주아 개인주의에 대한 불신을 가지고 있었다. 그러나 그는 공동체의 강조에도 불구하고 가족주의는 유지했다. 그래서 꼬르뷔제의 주거에는 가족주의와 부르주아 가족의 해체를 전제로 하는 공동체주의(팔랑스테리 모델)가 혼합되어 있다.

6 여기서 전통적 가족의 개념은 여가시간에만 의미가 있다.

7 브아상 플랜은 자동차를 위한 도시다. 중앙의 18개의 800ft 고층 오피스는 강력한 중앙집

러시아 여행을 계기로 그는 자본주의적 방식에 대한 믿음을 버리고, 토지소유주의 이윤추구로 인한 자본주의 도시의 무질서를 극복하고 새로운 조화와 질서를 부여하기 위해서는 강력한 중앙집권적 정부에 의존할 수밖에 없다는 결론에 도달한다. 1933년 꼬르뷔제가 제안한 빛나는 도시(Radiant city, 1933)는 이러한 생각이 반영된 것이다. 빛나는 도시는 노동조합주의(Syndicalism)[8]를 바탕으로 한 강력한 중앙집권적 계획과 엘리트 기술 관료에 의해 통치되는 이상적 도시공동체다. 여기서 주거블록인 위니테(Unité)는 새로운 공동체 문명을 위한 고층주거로서 계층과 상관없이 필요에 의해 주택이 분배되고, 8시간 노동 후에는 집단적 생활서비스가 제공되는 일종의 팔랑스테리다(Fishman, 1982: 233).

그림 9 Le Corbusier, Contemporary city for Three millions, 1921

권적 국가와 비즈니스의 상징이다. 중심 비즈니스 타워는 고밀개발에 의한 이윤 추구가 가능하며 다국적기업의 투자에 의한 다국적기업을 상징한다.

8 신디칼리즘은 노동자조합에 의한 기업의 공동소유를 바탕으로 하며 이윤을 공유한다. 그러나 무정부주의적이 아니라 위계와 질서를 갖춘 엘리트에 의한 통치가 이루어지며 계획은 전문가에 의해 이루어진다. 주택은 직업이 아니라 필요에 의해 할당되고 모든 사람은 위니테라고 불리는 거대한 공동아파트에서 집단적 생활을 하고 요리, 청소, 육아 등은 모두 집단적으로 해결한다., 꼬르뷔제의 생각은 나중에 국가사회주의와 유사하게 된다.

그림 10 Le Corbusier, Voisin plan, 1925

르 꼬르뷔제가 제안한 녹지에 우뚝 선 고층 이상도시는 실현되지 않았지만 그의 고층주거 아이디어는 2차 대전 후 많은 나라에서 서민들을 위한 집합주택의 모델이 되었다. 하지만 원래 고층도시 안이 담고 있던 푸리에주의와 가족주의가 혼합된 공동체적 이상은 사라지고 단순히 대량주택공급의 수단으로 변질되었다. 그가 위니테(Unité)에서 제안한 공동시설들은 전후에 지어진 고층 아파트에서 경제적 이유 때문에 생략되었고, 서민들을 위해 지어진 많은 고층아파트 단지들은 미국의 푸르이드 이고(Pruitt-Igoe, St. Louis, 1958-72) 사례가 대변하듯이 슬럼화되고 말았다.

그림 11 Le Corbusier, Unité d'habitation, Marseille, 1958

그림 12 Minoru Yamasaki, Pruitt-Igoe 폭파 모습, 1958-72

1950년대 후반 등장한 아방가르드(Neo-Avant garde) 건축가들은 새로운 기술적 유토피아(Technological Utopia)의 건축을 상상했다. 2차 대전 이후 정보통신기술과 대중매체의 발전으로 기술적 환경이 변하면서 이들은 건축을 서비스 인프라스트럭처의 일부로 만들고, 메가스트럭처(megastructure)를 통해 건축과 도시, 개인과 사회(공동체)의 관계를 새롭게 조정하려는 새로운 도시건축을 제안했다. 영국의 아키그램(Archigram)의 플러그인 도시(Plug-in city, 1964)나 프랑스의 요나 프리드만(Yona Friedmann)의 공중도시(The Spatial city, 1960)가 그 대표적인 예로서 이들이 제안한 유토피아적 건축은 새로운 기술의 흐름 속에 건축과 도시를 동화시키는 것이었다. 1920년대 근대건축의 유토피아가 실현가능한 사회적 모델을 지향했다면, 이들이 추구한 유토피아 건축은 공상과학 만화에서나 볼 만한 실현 불가능한 이미지였다. 1960년대의 이러한 비현실적인 건축 유토피아는 많은 학자들이 지적하듯이 2차 대전 이후 물리적 환경을 만드는 과정에서 관료주의와 경제계획, 건설산업의 영향력이 커지고 건축(가)의 역할은 점점 축소되는, 변화된 사회적 환경을 반영한다.

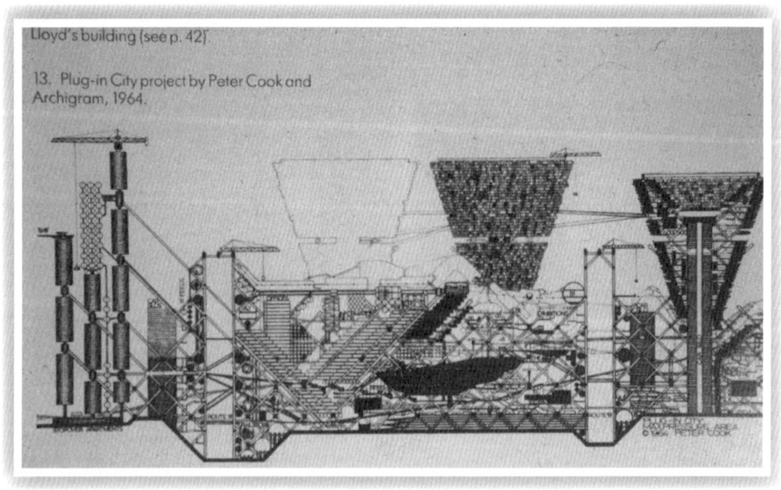

그림 13 Peter Cook, Plug-in city, 1964

그림 14 Yona Friedman, The Spatial city, 1958

실제로 2차 대전 이후 자본주의적 계획과 관료주의 그리고 건설 산업이 모든 것을 계산하고 조직화하면서 건축은 점점 더 전문화된 기술적 실행과 실용주의에 지배받게 되었다. 그와 함께 건축가들은 근대건축이 추구했던 실현 가능한 합리적 유토피아에 대한 믿음을 상실하게 되었다. 1960년대 아방가르드의 비현실적이고 공상적인 기술적 유토피아 이후, 건축(가들)이 더 이상 유토피아를 언급하지 않게 된 데는 이런 배경이 있다. 1970년대 이후 현대건축을 특징짓는 형식주의적 경향들, 즉, 벤투리(Robert Venturi)의 팝 건축, 로시(Aldo Rossi)와 크리에(Leon Krier)의 유형학, 헤덕(John Hejduk)의 예술적 건축은 비평가들이 지적하듯이 근대의 기능적, 합리적 유토피아의 상실과, 현대도시에서 건축의 무력감과 우울증을 반영한다.

Ⅳ. 근대건축의 유토피아에 대한 비판

이러한 역사적 상황은 건축과 유토피아의 관계에 대한 비판과 반성을 불러왔다. 즉, 근대건축이 추구한 유토피아는 역사적으로 실패했다는 것이다. 1970년대 이태리의 막시스트 역사학자 타푸리(Manfredo Tafuri)와 미국의 건축이론가 콜린 로우(Colin Rowe)는 이러한 주장을 한 대표적 학자로서, 서로 상반되는 정치적 입장에도 불구하고, 근대건축이 추구한 유토피아의 실패와 종말에 대해서는 동일한 진단을 내린다.

타푸리는 『건축과 유토피아: 디자인과 자본주의 발전(1972)』(1978)에서 근대건축에서 유토피아의 상실을 역사적으로 기정사실화한다. 그에 의하면 유토피아적 비전을 제시하는 건축의 역할은 자본주의 사회에서 끝이 났고 도시는 이제 의미 없는 오브제의 집합처가 되었다. 건축이 '유토피아 없는 형태'(Form without utopia)가 된 것은 모든 것을 상품화하는 자본주의의 결과다. 자본주의가 점점 더 심화되어 가는 현대사회에서 유토피아적 건축을 제안함으로써 사회개혁을 기대하는 것은 이제 헛된 희망이 되었다. 따라서 타푸리는 건축 디자인에서의 희망 대신 사회변혁을 위한 정치적 행동의 필요성을 강조한다(Tafuri, 1978: Introduction).

한편 콜린 로우는 『콜라주 시티』(1978)에서 근대건축의 유토피아를 현실을 무시한 전체주의적 이상으로 비판한다. 그에 의하면 고전적 유토피아로부터 근대건축에 이르기까지 모든 유토피아는 독재적 규율이나 전체주의적 사고에 기반을 둔다. 이러한 유토피아는 현실의 변화와 성장, 역사를 무시하고, 전통적 도시의 완전한 파괴 위에 건립된다(Rowe, 1976: 212). 따라서 건축과 도시를 구원하기 위해서는 건축에서 유토피아의 제거가 필요하다. 그래서 그는 전체주의적 디자인을 제시하는 건축 유토피아의 종말을 선언한다. 그리고 그 대안으로 다양한 파편적 조각(object trouvé)들의 콜라주(collage)로 구성된 도시를 제안한다(Rowe and Koetter, 1978: 48, 151).

현대건축에서 유토피아의 상실은 타푸리에 의하면 상징적 오브제로서 기능하던 건축의 전통적 역할이 끝났음을 의미한다. 건축은 이제 공허한 사인(Empty signs)이자 순수한 기술일 뿐이다. 반면 로우는 유토피아가 제거된 순수한 형태 자체에서 건축의 가치를 찾는다. 로우의 형식주의는 타푸리가 주장하는 건축의 종말을 피하면서 건축의 전통적 가치를 보전하려는 전략이다. 1970년대 미국에서 있었던 벤투리와 에이젠만(Peter Eisenman) 사이의 화이트(White) vs. 그레이(Grey) 논쟁은 이런 배경에서 이해할 수 있다. 하지만 타푸리는 화이트 vs. 그레이 논쟁과 같은 건축형태의 자율성에 대한 집착은 이미 상실된 건축의 의미를 회복해 보려는 시대착오적인 것으로, 아무런 사회적 의미가 없는 지적 게임에 지나지 않는다고 비판한다(Tafuri, 1987: 298).

V. 건축과 부분적 유토피아

현대건축에서 유토피아는 과연 종말을 고한 것인가? 건축을 통한 어떠한 유토피아적 희망도 이제는 포기되어야 하는가? 타푸리와 로우의 진단과는 다르게 최근에는 건축에서 유토피아의 희망을 복원하려는 이론이 많이 등장한다. 이러한 입장은 건축은 어떤 욕망(Desire)에 형태를 부여하는 것으로서, 근원적으로 유토피아의 차원을 갖는다는 점에 주목한다. 즉, 건축은 공동체를 위한 더 나은 환경을 위해 기존 상황의 고통과 문제점을 인식하고 상상력을 통해 미래의 비전을 제시하는 점에서 유토피아적 요소를 담고 있다는 것이다. 독일의 철학자 에른스트 블로흐(Ernst Bloch)는『희망의 원리』(1954)에서 더 나은 것을 향한 욕망으로서 유토피아적 충동을 언급하고 상상력은 희망의 토대라고 설명한 바 있다. 건축, 음악, 몽상, 문학은 모두 이러한 희망의 다양한 스펙트럼을 보여주는데, 이러한 희망은 현실 도피의 기능이 있지만 그와 동시에 현실을 벗어날 가능성을 갖는다고 본다.

역사적으로 보면 종교건축은 유토피아적 열망이 표현된 건축의 대표적인 사례다. 예컨대 중세의 이상사회는 신이 지배하는 나라였고 고딕 성당은 지상에 실현된 하늘나라의 표상, 즉 신의 도시를 지상에 구현하고자 하는 열망이 표현된 유토피아 건축이다. 20세기 초까지도 근대사회의 이상적 공동체를 표상한 유토피아 건축이 중세 교회를 모델로 한 데는 이런 이유가 있다. 굳이 종교건축이 아니더라도 기념비적 묘나 궁전, 나아가 인간의 꿈과 열망, 그리고 상상력이 동원된 모든 건축은 유토피아의 충동을 담고 있다고 할 수 있다.

현대사회에서 유토피아적 건축의 유용성은 결국 사회적 상상력을 담는 건축적 대안이 현실에 어떻게 개입할 수 있는가, 즉 현실의 사회적 삶에 어떠한 영향을 줄 수 있는가 하는 문제로 귀결될 것이다. 앞에서 설명했듯이 타푸리는 유토피아를 제시하는 건축의 역할이 자본주의 사회에서는 더 이상 의미 없는 일이라고 결론 내리고 디자인에서의 희망을 포기할 것을 주장했다. 종교, 가족, 정치적 삶 등 공동체적 삶의 제도가 이미 약해진 현실에서 이러한 시도는 이미 물건너간 사회적 삶을 복원하려는 노스탤지어에 불과하다는 것이다. 그러나 폴 리쾨르(Paul Ricoeur)나 프레더릭 제임슨(Frederic Jameson), 앙리 르페브르(Henri Lefvere)와 같은 사상가들은 현대사회에서 자본주의의 지배적 상황에도 불구하고 여전히 유토피아적 실천의 가능성을 전망한다.

타푸리의 페시미즘을 넘어서려는 학자들은 근대건축의 유토피아가 실패한 이유는 그것의 전체주의적 태도 때문이라고 본다. 그리고 유토피아적 프로젝트에서 전체주의적 요소를 제거해 낸다. 예컨대 리쾨르는 유토피아를 구성적(긍정적) 유토피아와 병적(부정적) 유토피아로 구분하는데(Ricoeur, 1986: 1), 병적 유토피아는 전부 아니면 전무를 추구하고 완벽한 것을 일시에 실현하고자 하며 현실과 시간의 역할을 무시한다. 즉, 전면적 변화를 전제로 하며 사회적 과정이 결여되어 있다. 이러한 비실현성과 즉각성이 리쾨르가 말하는 병적 유토피아의 특성이다. 반면 구성적 유토피아는 시간성을 고려하고 점진적 진보를 지향한다. 이러한 유토피아는 조금의 개선을 가져온다. 그래서 리쾨르는 유토피아를 "전체주의적 이상향이 아닌 사회적, 문화적 상상력이 지속되는 상황"으로 정의한다(Coleman, 2005: 57−59). 현재는 결코 완전하지 않다. 따라서 전체 안에서 부분적인 잠재성은 계속 재발견되어야 한다는 것이다.

르페브르는 인간의 상상력을 바탕으로 한 모든 시도는 유토피아의 차원을 갖고 있다고 말한다. 그에 의하면 오직 전문화된 행위만이 유토피아를 갖지 않는다. 편협한 전문가만 유토피아 없이 일한다(Lefebvre, 1996(1968): 151). 건축은, 건축가의 상상력을 통한 유토피아적 비전이 담겨 있을 때 단순한 상품을 넘어설 수 있다. 유토피아는, 완전한 실현은 불가능하지만 그럼에도 불구하고 목표로 기능하기 때문에, 부분적으로 현실을 변화시킬 수 있는 가능성이 있다는 것이다.

제임슨은 유토피아적 건축의 긍정적 역할을 강조하기 위해 유토피아적 충동(Utopian Impulse)과 프로그램적 유토피아(Programmatic Utopia)를 구분한다. 프로그램적 유토피아는 미래사회의 구체적인 청사진을 제시하지만 유토피아적 충동은 현재구조의 폐쇄성에 균열을 일으킬 수 있다. 제임슨은 건축을 도시 프로젝트와 빌딩(building)으로 나누고 도시 프로젝트는 철저히 현실에 구속되지만, 개별적 빌딩은 유토피아적 열망을 반영함으로써 기존 체제에 변화를 가져올 수 있다고 주장한다(Jameson, 2005: 4, 289).

과거의 유토피아가 전체주의적 사고에 바탕을 두었다면 부분적 유토피아는 전체주의를 부정한다. 근대건축의 유토피아가 전부 아니면 전무를 추구한 점에서 전체주의적 유토피아였다면 이들이 주장하는 유토피아는 덜 전체주의적이고, 부분적이고, 변화를 감내한다. 이러한 유토피아는 현실 전복적이면서 동시에 질서를 부여함으로써 작은 승리와 교두보, 지속적 헤테로토피아(Heterotopia)나 미니토피아(Minitopia)의 구축을 지향한다.

하지만 자본주의가 심화되는 현대사회의 상황에서 부분적 유토피아를 추구하는 건축이 현실에 어떤 변화를 가져올 수 있는가 하는 문제는 여전히 의문으로 남는다. 타푸리는 건축의 체제구속성 때문에 건축 디자인을 통해 변화를 희망하는 것은 자본주의 사회에서는 근본적으로 불가능하다고 단정한다. 그래서 디자인에서의 희망을 포기하고 사회체제를 변화시키는 것이 먼저라고 주장한다. 반면, 르쿼르, 제임슨, 르페브르는 건축을 통한 부분적 유토피아의 실천에 대한 희망을 놓지 않는다. 유토피아적 열망은 자본주의 사회의 힘과 통제에 불구하고 더 나은 미래를 위한 잠재성을 발견할 가능성을 열어준다는 것이다. 이들 사이의 차이는, 좀 자세히 들여다보면, 서로 다른 건축(실천)의 개념—즉, 디자인으로서의 건축 vs. 건축의 생산과정에 참여하여 제도화된 현실을 변화시키는 정치적 실천으로서의 건축—에서 비롯된 것임을 쉽게 간파할 수 있다. 부분적 유토피아의 실천을 주장하는 학자들은, 미세한 차이에도 불구하고, 대체로 건축을 단순한 형태디자인을 넘어 건축생산의 과정에 참여하는 포괄적 실천으로 규정한다. 예컨대 르페브르가 주장하는 유토피아를 향한 공간적 실천(Spatial Practice)은 단순한 디자인의 대안을 뛰어넘는 정치적 행위를 포함한다는 점에서 타푸리의 생각과 일맥상통한다. 물론 건축가가 단순히 디자인의 제안을 넘어 건축의 생산관계에 개입함으로써 현실의 변화를 가져오는 것은 그렇게 간단한 일이 아니다. 그래서 콜하스(Rem Koolhaas)와 같이 모든 건축은 유토피아를 담지만 그것을 실현하기 위해서는 국가나 거대자본을 스폰서로 해야 하는 더러운 비밀(Dirty Secret)이 있다고 하며(Koolhaas, 2003: 393) 디자인과 건축생산체계 사이의 경계에서 줄타기를 즐기는 건축가도 있다.

부분적 유토피아에 대한 담론은 최근 1960년대의 기술적 유토피아 건축에 대한 재평가의 계기가 되고 있다. 유토피아가 현실의 밖 어딘가 있는 상상의 세계가 아니라 현재 속에 잠재해 있는 가능성을 찾아가는, 더 나은 세상에 대한 꿈이고 현실에 대한 비판적 실천이라면 1960년대 아방가르드 건축가들이 제안한 기술적 유토피아는 비록 이미지를 통해서이긴 하지만, 당시 대중문화와 정보통신기술에 힘입은 대중통제 사회에 대항하여, 기술적 건축의 또 다른 가능성, 즉 개체의 융통성과 자유, 유동성을 추구한 긍정적 유토피아의 실천으로 볼 수 있다.[9]

Ⅵ. 한국 근대건축과 유토피아

이제 한국 건축의 상황으로 눈을 돌려보자. 한국의 근대건축은 부정적이든 긍정적이든 유토피아를 담고 있(었)는가? 또 한국 현대건축은 유토피아적 상상력을 통해 부분적으로나마 개인과 공동체의 삶을 위해 더 나은 사회의 비전을 실현해 나갈 수 있는 가능성을 갖고 있는가?

단적으로 말하면, 근대 한국에서 유토피아적 건축이 제안된 적은 없다. 1960년대 김수근의 여의도계획과 세운상가 프로젝트와 같은 압도적 규모의 메가스트럭처(Mega-structure)는 언뜻 보기에 근대건축의 유토피아적 프로젝트처럼 보인다. 그러나 이 메가스트럭처가 추구한 건축적 이상은 한국사회의 현실에 대한 비판의식과 유토피아적 열망, 그리고 사회적 상상력에서

---

9 이러한 관점의 연구로는 Scott, D. Felicity (2007), Architecture or Techno-Utopia, politics after Modernism, Cambridge: The MIT Press가 있다. 펠리시티 스코트는 1960-70년대 아방가르드의 유토피아적 실천을 긍정적으로 파악한다.

나온 대안이라기보다는, 서양 근대건축이 추구한 유토피아의 파편들이 국가주도의 개발계획에 따라 관료와 건축가, 기술자에 의해 서툴게 이식된 것에 지나지 않는다.

근대주거의 상징인 고층아파트도 마찬가지다. 한국의 고층아파트는 새로운 사회의 비전과 공동체적 이상에서 비롯된 것이라기보다는 서구 근대건축 유토피아의 잔해들이 주택문제 해결을 위해 기술적으로 이식된 것에 불과하다(이상헌, 2012). 강남 신시가지도 막연한 전원주택지로 시작해서 자본주의적 과정에 의해 지금의 고밀도 도시로 변화했는데 어떠한 공동체적 비전과 사회적 이상향에 근거한 것은 아니었다. 곳곳에서 벌어지는 신도시 개발과 재개발도 전원도시나 고층도시와 같은 서양 근대건축 유토피아의 파편들이 국가주도의 정치적 결정과 행정적 절차, 경제논리에 의해 기술적으로 실천된 결과이다. 르페브르는 유토피아의 기술적 적용은 유토피아로 위장한 실증주의라고 했다. 한국의 근대건축은 르페브르의 말대로 유토피아로 위장된 실증주의다.

그림 15 김수근, 세운상가, 1968

그림 16 김수근, 여의도계획, 1969

그림 17 영동지구 개발계획 조감도 1972

서론에서 말했듯이, 근대건축과 유토피아의 관계는 실패의 역사에도 불구하고, 서양에서 발생한 것이다. 따라서 한국에서 건축과 유토피아의 관계를 찾는 일은 무망해 보인다. 한국의 근대사회는 유토피아 사상이 견인하지 않았고, 건축이 유토피아를 제안한 적도, 실패한 건축적 유토피아의 역사도 없다. 말하자면 한국 근대건축은 유토피아의 부재로 특징지어진다고 할 수 있다. 유토피아적 비전과 사회적 상상력이 결여된 채, 한국의 도시와 건축은 관료주의와 자본의 논리에 따른 플래닝(Planning)과 기술적 실행이 지배해 왔고 그 결과가 지금 한국의 도시와 건축의 모습이다. 그렇다면 유토피아의 전통과 역사가 없는 한국에서 지금 건축의 유토피아적 역할을 부분적이라도 전망하는 것은 가능한 일일까?

Ⅶ. 한국 건축과 유토피아 실천의 전망

현대사회에서 유토피아의 쇠퇴는 세계적 현상이다. 과거와 같은 사회적 연대성은 이미 와해되었고 유토피아적 기획은 약화되었으며 개인은 아노미적 공허의 상태에 있다는 게 학자들의 일반적 진단이다. 일찍이 독일의 사회학자 만하임(Karl Manheim)은 이데올로기와 유토피아에 관한 연구에서 현대사회에서 유토피아의 상실을 지적한 바 있다(Mannheim, 1985(1936): 253-256). 그에 따르면 현대사회에서 기술적 편의성에의 의존은 유토피아 정신(사회적 상상력)의 쇠퇴를 가져오는데 전문화와 기술적 실행이 지배하게 되면서 현대의 정치영역에서 유토피아가 완전히 파멸되었다는 것이다.

> "이데올로기적인 것의 몰락은 특정한 계층의 위기를 나타내는 데 지나지 않는다. 그러나 유토피아적인 것의 완전한 소멸은 전체로서의 인간의 생활 형태를 변화시키며, 인간 자신이 사물이 되는 것과 같은 정적인 즉물성을 가져온다, 그리고 결국 자신을 지배하는 인간은 충동에 의해 행동하는 인간이 되어 역사에 대한 의지와 역사에 대한 전망을 잃게 된다."(Mannheim, 1985(1936): 262-63)

그래서 만하임은 사회의 변화를 위한 유토피아적 전망의 필요성을 강조한다. 유토피아는, 설사 그것의 전체주의적 성격 때문에 위험할지라도, 사회의 변화를 위해서는 필수적이라는 것이다.

유토피아는 현실의 모순에 대한 비판적 인식으로부터 현실의 급진적 변화에 대한 열망을 표현한다. 서양 근대건축이 추구한 유토피아는 근대화의 과정에서 생긴 사회적 모순과 갈등, 고통을 해결하기 위한 생산과 분배, 기술과 자연, 개인과 집단의 조화를 과제로 삼았다. 이런 점에서 한국사회는 지금 어떤 유토피아적 전망을 갖고 있는가? 한국 현대건축이 추구할 유토피아의 과제는 무엇인가?

어떻게 보면 유토피아의 부재야말로 현대 한국사회와 건축의 근원적 문제라고 보여진다. 그렇다면 한국 건축의 유토피아적 상상력은, 유토피아의 부재와 기술적 실행이 지배해 온 한국 사회의 근대화 과정(근대성)에 대한 근본적 성찰로부터 출발해야 하지 않을까? 다시 말하면, 지금까지 한국사회의 근대화 과정에 대한 근본적 반성으로부터 새로운 상상력이 필요한 것이다. 근대사회의 보편적 과제인 자연과 기술, 개인과 공동체의 조화와 함께 친환경성과 지속 가능한 발전, 생태공동체와 같은 문제도 현대사회에 새롭게 주어진 과제다. 이러한 문제에 대한 비판적 성찰과 유토피아적 열망을 담는 건축은 유토피아의 부분적 실현과 점진적 변화를 끌어낼 수 있는 가능성을 갖는다.

한국 현대건축이 이런저런 매체를 통해 생산해 내는 건축 담론의 양은 결코 적지 않다. 그러나 이들이 유토피아의 희망을 담고 있는지, 또는 부분적 유토피아를 실현하는지는 의문이다. 사회와 공동체에 대한 비전 없이, 흔히 나만을 위한 집으로 미화되는 건축의 개인주의적 욕망의 추구는 한국사회에서 유토피아의 결핍을 보여주는 단적인 사례다. 이러한 건축은 개인적 유토피아로 포장된 현실도피와 보상의 수단이며 기껏해야 멈포드가 말하는 도피 유토피아에 불과하다(멈포드, 2000: 31).

건축 디자인의 역할에 대한 과장된 믿음도 문제다. 모든 건축의 생산이 주어진 체제 내에서 기술적으로 집행되고 건축의 가치는 부동산 가격으로 평가되는 현실에서 단순히 형태 디자인을 통해 건축이 유토피아를 제안할 수 있다는 생각은 지나치게 순진하다. 유토피아적 건축은 기존의 현실과 제도를 전복하거나 최소한 그러한 변화의 계기를 제공해야 한다. 개별적 프로젝트에서 건축이 담는 유토피아는 현실에 새로운 상황을 제안하고 부분적 변화의 계기를 마련할 수 있어야 한다. 현 체제의 정당화나 신비화가 아니라 현 체제를 따르는 것 외의 다른 가능성, 현 체제 내에서 변화의 가능성을 만들 수 있어야 한다. 여기서 요구되는 것은 결국 주어진 건축의 생산체계에 개입하여 그것을 전복하고, 새로운 공간을 생산하고 확장해 가는 자발적, 정치적 실천의 가능성이다. 그 때 우리는 단순한 기술적 실행을 넘어 건축에서 유토피아의 희망을 말할 수 있을 것이다.

눈부신 경제성장과 외형적 근대화에도 불구하고 한국사회의 현실은 여전히 불안하고 혼란스럽다. 이제는 분노와 좌절, 선동과 냉소를 넘어 한국사회의 근대성에 대한 근원적 성찰과 반성으로부터 희망을 찾아야 한다. 진실로 유토피아적 꿈과 열망이 요청되는 때다.

> "우리는 나침판이 가리키는 지점에 이를 수 없듯이 유토피아에 살 수 없음은 분명하다. 그러나 자석의 침이 없으면 도저히 지적인 여행을 할 수 없다."(멈포드, 2010: 42)

개별적 건축이 긍정적 유토피아의 실천 수단이 될 수 있을지는 여전히 의문이다. 그럼에도 불구하고, 건축이 자본주의 사회에서 피상적인 이미지를 소비하는 무의미한 오브제가 아니라 주어진 현실을 넘어 조그만 변화라도 가져올 수 있는 부분적 유토피아의 실천이기를 희망해 본다.

참고문헌

멈포드, 루이스 (2010). 유토피아 이야기. 박홍규 역. 서울: 텍스트.

이상헌 (2012). 1970-80년대 한국 고층 아파트의 기원과 성격에 관한 연구-르 꼬르뷔제, 지들룽, 힐벨자이머의 고층도시 이론과의 비교, 한국주거학회논문집, v.23 n.1 (2012-02).

Benevolo, Leonardo (1982). *The Origins of Modern Town Planning*. Cambridge: The MIT Press.

Benjamin, Walter (1986). *Paris, Capital of the Nineteenth century, Refelctions* ed. by Peter Demetz. New York: Schocken Books.

Coleman, Nathaniel (2005). *Utopias and Architecture*. New York: Routledge.

Egbert, Donald Drew (1970). *Social Radicalism and the Arts*. New York. Alfred A. Knopf.

Fishman, Robert (1982). *Urban Utopias in the Twentieth century: Ebenezer Howard, Frank Lloyd Wright, Le Corbusier*. Cambridge: MIT Press.

Hall, Peter (1988). *Cities of Tomorrow*. Cambridge, Blackwell.

Jameson, Fredric (2007). *Archaeologies of the Future: The Desire Called Utopia and Other Science Fictions*. London: Verso.

Koolhaas, Rem (2003). *Utopia Station*, Content. eds. Rem Koolhaas and Brendan McGetrick Cologne: Taschen.

Lefebvre, Henri. (1991). *The Production of Space*. translated D. Nicholson-Smith, Oxford: Blackwell.

Lefebvre, Henri (1968). '*The Right to the City*' *in Writings on Cities*. Eleonore Kofman and Elizabeth Lebas (trans.), Oxford: Blackwell.

Mannheim, Karl (1936). *Ideology and Utopia*. Louis Wirth and Edward Shils (trans.), San Diego: Harcourt Brace and Company, 1985.

Ricoeur, Paul (1986). *Lectures on Ideology and Utopia*. G. H. Taylor (ed.), New York: Columbia University Press.

Rowe, Colin and Koetter, Fred (1978). *Collage City*. Cambridge, MA: MIT Press.

Rowe, Colin (1976). *Mathematics of the Ideal Villa*. Cambridge, MA: MIT Press.

Scott. D. Felicity (2007). *Architecture or Techno-Utopia, Politics after Modernism*. Cambridge: The MIT Press.

Tafuri, Manfredo (1972). *Architecture and Utopia, Design and Capitalist Development*. Cambridge: The MIT Press.

Tafuri, Manfredo (1987). "*The Ashes of Jefferson,*" *in The Sphere and the Labyrinth*. Cambridge: The MIT Press.

chapter **7**

조선인이 꿈꾼 별세계(別世界)

서 신 혜

(한양대학교 창의·융합교육원)

조선인이 꿈꾼 별세계(別世界)

서 신 혜 (한양대학교 창의·융합교육원)

요 약

유토피아를 동양의 용어로 바꾸면 별세계(別世界), 즉 현실과 '다른 세계'이다. 서양에서처럼 동양에서도 많은 이들이 현실과 다른 어떤 세상을 꿈꾸었다. 동천(洞天), 복지(福地), 무릉도원(武陵桃源) 등 여러 이름으로 불렸지만 실상은 비슷하다. 다른 논의와의 통일성을 위해 '별세계'를 '유토피아'라는 용어로 말하자면, 지상에서 구현 가능한 동양의 유토피아는 크게 둘이다. 대동사회(大同社會)라고 불리는 유교적 유토피아와 무릉도원(武陵桃源)이라 불리는 도교적 유토피아가 그것이다. 특히 도연명의 〈도화원기〉(桃花源記)에서 구체적으로 그려진 무릉도원은 이후 수많은 유토피아 공간 구축 시도의 원류가 되었다.

무릉도원형 유토피아는 기본적으로 전란, 학정 등이 가득한 세속으로부터의 단절을 전제로 한다. 세상과 교류하지 않은 어느 공간에서 모두 열심히 일하고, 자연의 법칙대로 살면서 장수하는 것이 유토피아의 특징이다. 이곳에는 금은 같은 보물도, 화려한 건물도 없다. 국가 권력이 침투하지 않아 세금이 없다고 강조되며, 종도 없고 놀고먹는 한량도 없이 다 즐겁게 일하며 나누어 쓴다. 동양인이, 조선 사람이 그린 유토피아는 그렇게 소박한 것이었다.

이런 유토피아 공간은 현대에 어떤 의의가 있을 것인가? 정신적인 가치에 따라 이 공간이 유지되었다는 점을 배울 만하다. 유토피아 기록 중에 눈여겨 볼 것은 그 땅이 모두 기름져서, 늘 풍성한 수확을 냈다고 쓴 점이다. 단순 묘사 같지만 거기 사는 사람들의 삶의 태도와 원리가 여기에 있다. 내가 지금 쌓아 놓지 않으면 조금 후에는 다른 사람이 다 챙겨가서 나중에 내가 쓸 게 없어질까 염려되면 나는 '지금 쓸 것'만 챙기는 데에 그치지 못한다. 하지만 그곳 사람들은 서로를 믿고 그칠 줄 안다. 유토피아에서는 주관하는 사람이 없어도, 감시하는 사람이 없어도 서로 아끼고 함께 사는 예의를 지킨다. 더 많이 갖고 싶어서 짐승을 더 잡고, 산물을 과도하게 채집하거나 경작한다면 이 균형은 깨진다. 하지만 다들 그렇게 하지 않았으므로, 자연도 그것에 걸맞게 믿음직한 반응을 보여, 심은 대로 맺고 익어 풍년이 되었다. 그것이 이 세상과 다른 세상인 유토피아의 모습이었다.

Ⅰ. 서 론

지금의 삶에 완전히 만족하는 사람은 없다. 그 불만족이 또 다른 세계에 대한 생각을 낳는다. 현실이 괜찮더라도 더 멋진 것, 더 좋은 것을 꿈꾸기도 한다. 그런 희망적인 꿈도 또 다른 세계에 대한 생각을 낳는다. 지금과 다른 어떤 세상을 그려보고 꿈꾸는 것은 인간이 살아 있는 한 계속될 일이다. 서양도 동양도 마찬가지다.

현실과 다른 '또 다른 세계', 즉 '별세계'는 조선에서 다양한 용어로 불렸다. 동천(洞天), 복지(福地), 선경(仙境), 승지(勝地), 옥야(沃野), 낙토(樂土), 무릉도원(武陵桃源) 등. 하지만 동·서양 모두에서 통용될 용어로 논의한다는 맥락에서 이런 별세계를 '유토피아'로 통칭하고, 꼭 필요한 경우에만 특정 용어로 언급하겠다.

이종은 등(이종은 外, 1996)은 동양의 이상공간을 사상적인 경향에 따라 도교적 공간, 유교적 공간, 불교적 공간으로 분류했다. 도교적인 이상공간으로는 산해경형, 삼신산형, 무릉도원형 이상공간이 있다. 산해경형(山海經型)은 중국의 신화서적 『산해경』에 언급되는 자연과 생물들이 있는 공간이다. 모든 것이 천부적으로 충족된 신화적 이상공간이라 할 수 있다. 완전한 신선만이 살 수 있는 곳이므로, 인간이 그런 곳을 이룩하거나 그곳에서 살 꿈조차 꿀 수 없는 환상적인 공간이다. 삼신산형(三神山型)은 『열자』에 나오는 오신산(五神山)[1], 『사기』에 나오는 삼신산(三神山)[2]에서 유래한 공간이다. 이곳은 모든 산물이 넘쳐날 정도로 풍요로우며, 모든 생물은 죽지 않는 생

1 『列子』, 「湯問」에 의하면, 발해의 동쪽 수억만 리쯤에 끝이 없는 골짜기가 있고 그 골짜기 가운데 산이 다섯 있다. 즉 오신산이다. 거기에는 금과 옥으로 지은 높은 누각이 늘어서 있고, 순백색 새와 짐승이 있으며, 구슬로 된 나무도 우거져 있는데, 그 나무의 열매를 먹으면 늙지도 않고 죽지도 않는다. 본래 그 산은 거북들의 등에 업혀 있었는데, 어떤 거인이 그중 거북 몇 마리를 낚아 지고 가버리는 바람에 두 산은 바다에 잠겨 버리고 삼신산만 남았다고 한다. (渤海之東, 不知幾億萬里, 有大壑焉, 實惟無底之谷, 其下無底, 名曰歸墟. [⋯] 其中有五山焉: 一曰岱輿, 二曰員嶠, 三曰方壺, 四曰瀛洲, 五曰蓬萊 [⋯] 其上台觀皆金玉, 其上禽獸皆純縞. 珠玕之樹皆叢生, 華實皆有滋味, 食之皆不老不死 [⋯] 而龍伯之國, 有大人, 擧足不盈數步而暨五山之所, 一釣而連六鼇, 合負而趣, 歸其國, 灼其骨以數, 是岱輿員嶠二山. 流於北極. 沈於大海.)

2 『史記』, 「秦始皇本紀」에 의하면 진시황이 방사 서불에게 동남동녀 삼천 명을 데리고 동으로 삼신산에 가서 불로초를 구해 오게 하였다. 이 세 산 봉래산, 방장산, 영주산을 삼신산이라 한다. (既已, 齊人徐市等上書, 言海中有三神山, 名曰蓬萊 · 方丈 · 瀛洲, 僊人居之. 請得齋戒, 與童男女求之. 於是遣徐市發童男女數千人, 入海求僊人.)

명력을 갖고 있고, 생물과 자연이 조화를 이루는 사회이지만 신(神)만 살 수 있다. 무릉도원형(武陵桃源型)은 인위적 권력을 배제하여 현실 속에 이룬 이상공간이다. 뒤에 살펴보겠지만, 현실과 단절된 채 세상 어느 곳에 구축한 이곳에 사는 사람들은 수백 년간 살고 있다. 즉 이 공간은 인간이었다가 불사(不死)의 경지에 도달한 신선(神仙) 같은 존재들이 사는 곳으로 묘사되고 있다. 신만의 공간이거나 상상 속의 공간은 현실의 유토피아와는 거리가 있으므로 현실에서 건설하는 유토피아 논의에는 무릉도원형만 살피면 된다. 유교적 이상공간은 대동사회형(大同社會型)이라고 할 수 있다. 『예기』(禮記) 「예운」(禮運)에서 "대도가 행해지면 천하가 공평해진다(大道之行也, 天下爲公)."라고 한 것에서 유래한 공간으로 유교적인 이상에 의해 정치가 행해지는 세상, 궁극적으로 요·순(堯舜) 등 선대의 성군(聖君)이 다스렸던 곳 같은 세상을 대동사회형 유토피아라 할 수 있다. 옛것을 모델로 하는 복고적인 성향이 강한 이상공간이다. 불교적인 이상공간은 미타정토(彌陀淨土)와 미륵정토(彌勒淨土)가 있으나, 불교적 이상공간은 기본적으로 내세 지향적이기 때문에 현실에서의 유토피아 논의에서는 논외로 한다.

이 글의 논의는 상상력에 근거한 '문학'에 나타나는 유토피아를 주요 대상으로 하지 않는다. 궁극적으로 현실에 더 나은 이상공간, 행복공간을 구축하자는 목표를 갖는 것이므로, 특히 우리나라 조선시대의 유토피아 공간 논의 중 현실에서의 '개연성', '사실성'을 갖는 기록을 주로 다룰 것이다. 그래서 허균의 〈홍길동전〉에 나오는 율도국, 박지원의 〈허생전〉에 나오는 무인도와 같은 공간은 다루지 않는다.

요컨대 여러 이상공간 중 현실에 건설하는 유토피아 논의인 무릉도원형과 대동사회형만 여기에서 살펴볼 것이다.

Ⅱ. 대동사회형 유토피아

대동사회(大同社會)형은 유교적인 이상을 현실에 실현해 보려는 시도에서 나왔다. 사회를 떠나지도 않고 사회 속에서 건설되기 때문에 주변 사람들이 그 공간을 알고 있고 그곳을 방문한 이들도 있으며 기록으로 남아 있기도 하다.

1. 유래와 성격

대동사회형 유토피아는 『예기』「예운」이 그 기원이다. 도가 행해져서 이상적인 사회가 되는데 그 정도에 따라 대동(大同)의 세상과 소강(小康)의 세상으로 구분한다. 그중 대동의 세상은 이렇다.

> 큰 도가 행하여지자 천하를 공공물로 생각하여, 어질고 유능한 인물을 선택하여 서로 전하였다. 당시의 사람들은 거짓 없기를 힘쓰고 화목함을 이루었다. 그러므로 사람들은 자기 어버이만 친애하지 않고 자기 자식만 돌보지도 않았다. 노인이 그 생을 편안히 마칠 수 있게 하고, 장년들이 쓰일 곳이 있게 하며, 어린이가 의지하여 성장할 곳이 있게 하였다. 환과고독과 폐질에 걸린 자가 다 부양을 받을 수 있게 하며, 남자는 사농공상의 직분이 있고 여자는 돌아갈 남편의 집이 있었다. 재화가 헛되게 땅에 버려지는 것을 미워하지만 그것을 반드시 자기에게만 사사로이 감추어 두지 않았으며 힘이란 것은 사람의 몸에서 나오지 않아서는 안 되는 것이지만 그 노력을 반드시 자기 자신의 사리를 위해서만 쓰지는 않았다. 그런 까닭에 간사한 꾀는 없어져 다시 일지 못하였으며, 도적이나 난적(亂賊)이 일어나지도 않았다. 그러므로 바깥 대문을 닫는 일이 없었다. 이것이 대동의 세상이라고 하는 것이다.[3]

대동의 세상은 한마디로 '큰 도'가 행해지는 세상이다. 큰 도를 한마디로 규정할 수야 없지만, 그 도가 행해지는 것의 효과는 한마디로 규정된다. 천하의 모든 것을 자기 것이라고 여기지 않고 모두의 것이라고 여긴다는 것이다. 그러므로 빼앗거나 소유하기 위한 다툼도 없이, 남녀노소가 나이나 형편에 맞게 누구를 부양하거나 누구에게 부양되고 모두가 적절한 자리를 얻게 된다.

유가에서는 특히 삼황오제(三皇五帝)가 다스리던 시절이 그런 때였다고 말한다. 황보밀(皇甫謐: 215-282)이 편찬한 『제왕세기』(帝王世紀)[4]에, 요임금 시절에 들판에서 불렸다는 〈격양가〉(擊壤歌)가 있다. "해 뜨면 일하고, 해 지면 쉰다. 우물 파서 마시고 밭 갈아 먹는다. 제왕의 힘이 나와 무슨 상관이란 말인가(日出而作, 日入而息, 鑿井而飮, 耕田而食, 帝力於我何有哉)."[5]라는 것이 그 노래의 내용이다. 물론 이 노래는 후대인의 위작(僞作)일 가능성이 높지만, 이 노래에서 그리는 모습은 대동 세상 그 자체이다. 왕의 인위적인 힘을 백성들이 느낄 필요가 없다는 것은 모든 것이 자연과 함께 잘 돌아간다는 말이다. 인위적 강제가 없어도 다들 자기에게 당장 필요한 만큼만 쓰고, 자기의 마음 가는 대로의 삶을 살 수 있어야 모두 편안히 지낼 수 있다.

대동 세상보다는 조금 못하지만 소강의 세상도 유교적 이상공간이다.

---

3 『禮記』, 「禮運」: 大道之行也, 天下爲公. 選賢與能, 講信修睦, 故人不獨親其親, 不獨子其子. 使老有所終, 壯有所用, 幼有所長. 矜寡孤獨廢疾者, 皆有所養. 男有分, 女有歸. 貨惡其棄於地也, 不必藏於己, 力惡其不出於身也, 不必爲己. 是故謀閉而不興, 盜竊亂賊而不作, 故外戶而不閉, 是爲大同.

4 이 책의 원전은 전하지 않고, 다른 책에 인용된 채 남아 있을 뿐이다. 그래서 후학들이 그 일문(逸文)을 모아서 『제왕세기』라며 인용할 뿐이다. 『제왕세기』를 인용출전으로 하여 〈격양가〉가 불린 사연을 남겨놓은 기록은 다음과 같이 둘이다. 李嶠, 「雜詠」 120首 注: 堯時八十老人擊土塊於路, 觀者歎曰, 大哉, 堯爲君, 老人曰, 吾鑿井飮, 耕田而食, 帝何力於我哉.; 『三教指歸』, 「覺明」의 注 下之下: 堯時, 天下大和, 有五十老人, 擊壤於道.

5 황보밀의 『高士傳』, 「壤父」. 관련 내용이 『論衡』, 「感虛」에도 나온다.

> 지금은 큰 도가 이미 없어져 천하를 사유물로 여기게 되었다. 자기 어버이만을 친애하며 자기 아들만 자애한다. 재화와 노동력으로 자기만을 위한다. 천자와 제후는 세습하는 것을 예로 하며, 성곽과 구렁을 견고하게 하여 스스로 지킨다. 예의를 기강으로 내세워 그것으로 임금과 신하의 분수를 바로 잡으며, 부자 사이를 돈독하게 하고, 형제를 화목하게 하며, 부부를 화합하게 한다. 제도를 만들어 밭과 마을을 만들고, 용맹과 지혜를 좋은 것이라 여기며, 공을 세워 자기를 위해 쓴다. 그런 까닭에 간사한 꾀가 이 때문에 일어나고 전쟁이 이것으로부터 일어난다. 우·탕·문·무·성왕·주공은 이 예의를 써서 잘 다스린 자들이다. 이 여섯 군자들은 예를 삼가지 않은 이가 없다. 그리하여 의를 밝히고 신의를 이루며, 허물 있는 것을 드러내 밝히고 인을 법칙으로 하며 겸양의 도를 강설하여 백성들에게 떳떳한 법이 있음을 보여주었다. 만약 이것을 좇지 않는 자가 있으면 권세자라도 내쫓아 백성들이 그를 재앙으로 여겨버린다. 이러한 세상을 '조금 평안한 세상', 즉 소강이라고 한다.[6]

유가에서는, 삼황오세 시절에는 큰 도가 행해졌지만 후대로 갈수록 도가 쇠퇴했다고 한다. 요순이 다스리던 시대가 지나고 우임금이 다스리던 하나라 이후에는 사유 의식이 생겨서 사람들이 자기 것, 자기 사람을 먼저 하게 되었다. 그래도 그 시절에는 인의(仁義)에 따라 덕치를 하는 군자가 있어서 그들이 세상을 바로 잡고 가르쳤다. 그래서 평안이 있는 세상이 되었다는 것이다.

사실 역사적으로 증명되는 중국 왕조가 우임금의 하나라부터이니 중국 역사상 확인 가능한 모든 시대가 이미 대동사회는 아니다. 요순으로 대표되는 삼황오제의 이상적인 정치가 이루어지던 상고시대, 대동사회라는 것은 중국에서도 애초에 '이상'일 수밖에 없고, 그래서 유교적 대동사회는 '복고

---

6 『禮記』, 「禮運」: 今大道既隱 天下爲家 各親其親 各子其子 貨力爲己 大人世及以爲禮 城郭溝池以爲固 禮義以爲紀 以正君臣 以篤父子 以睦兄弟 以和夫婦. 以設制度 以立田里 以賢勇知以功爲己 故謀用是作 而兵由此起. 禹湯文武成王周公 由此其選也 此六君子者 未有不謹於禮者也 以著其義 以考其信 著有過 刑仁講讓 示民有常. 如有不由此者 在勢者去 衆以爲殃 是爲小康.

적'일 수밖에 없는 것이다.

유래로만 살피면 대동사회는 상고시대에만 존재할 수 있었던 공간이지만, 후대에는 유교적인 원리에 의해 다스려지는 세상을 넓게 잡아 대동사회형 유토피아라 했다. 이 공간의 특성은 어떠한가? 다른 공간과 비교해서 생각하면 더 명확해진다.

조선 중기에 유교적인 통치원리를 향촌사회에 적용하여 덕업상권(德業相勸)하고 상부상조(相扶相助)하며 유교적인 도덕을 실현하자는 시도로 나타난 것이 '향약'이다. 지방별로 소규모로 유교의 이상적인 통치원리를 생활에 적용하여 그런 사회를 구성하고자 하는 노력으로 드러난 것이다. 이이의 해주향약 등이 그 예이다. 이들이 대동사회형 유토피아와 비슷하기는 하지만, 향약은 향촌 단위의 자치적인 권유이지만, 대동사회형은 그보다 강제성이 강하여 규율에 따라 엄격히 관리되었다. 향약이, 향촌 그 자체에서 시도되는 것이라면, 대동사회형은 세상과 조금 떨어진 궁벽하고 조용한 곳으로 옮겨서 시도된다. 그곳이 널리 알려지고 세상 도회지와 연결되는 정도가 심해지면 결국 대동사회는 사라지게 되는 것이다.

그렇지만 이 대동사회형을 무릉도원형과 비교해 보면 또 달리 설명할 수 있다. 뒤에서 살피겠지만, 무릉도원형은 세상과의 격리를 기본으로 한다. 세상에서는 그 공간의 존재를 알지 못하고 마음대로 그곳으로 들어가지 못하는 '단절'이 필수이다. 하지만 기본적으로 대동사회형 유토피아는 세상과 연결되어 있다. 어느 정도 조용하고 궁벽진 곳에 구성되지만, 세상과 연결되는 곳에 자리 잡고 있어서 근처의 사람들이 그 이상공간에 사는 사람을 만나기도 한다. 그 소문을 듣기도 하며 찾아갈 수 있고, 심지어 그곳에서 추구하는 이상에 따라 그 규율을 지킬 마음만 있으면 그곳으로 옮겨가 함께 살 수도 있다. 세상과 단절되지 않기 때문에 국가에 세금도 내고, 과거에 급제하면 나가서 벼슬도 하고, 사직하고 그곳으로 돌아오기도 한다. 유교 경전을 공부한 선비가 그 예와 의를 세상에 구현하고 싶은 마음을 담아 조성하는 공간이다. 국가 권력이 미치는 곳이기 때문에 수탈 등으로부터 그곳을 비호해 주는 세력이 있어야 좀 더 오래 유지될 수 있는 것도 사실이다. 또 무릉도원형 공간은 국가 권력의 수탈이나 강압 등을 피하여 구축된 공간이기 때문에 권력, 규율, 통제 등이 드러나지 않지만, 대동사회형은 강력한 규율에 따른 교육과 통제로 사회가 유지된다는 특징이 있다. 물론 대동사회형은 연장자, 덕이 있는 자가 대표가 된다는 점에서 제왕(帝王)에 의해 질서가 유지되고 통치되는 것과는 다르다.

2. 현실화 시도 : 판미동(板尾洞)

유교적인 이상세계를 실제 현실에 실현하려는 예는 여럿 있었다. 예를 들어 다산 정약용이 〈미원은사가〉(薇源隱士歌)에서 묘사한 미원이라는 곳(심경호, 1992: 101-115)도 심씨 일족이 현재의 양평 벽계 부근에 구축한 유교적 유토피아이다. 정약용은 이 소식을 전해 들은 후 부러움을 표시하면서 이 공간을 기록으로 남겼다. 심씨 일가가 집을 팔아 미원으로 가서 개간하는 장면, 농사짓고 가축을 기르며 서로 혼인하고 원예를 가꾸는 장면을 그렸다. 하지만 노래로 표현한 글이라 공간 구성이나 운영 원리 등까지 알기는 어렵다.

더 확실한 자료가 있는 예는 판미동이다. 이것은 전 연세대 황원구 교수가 소개한 곳으로, 그의 논문 뒤쪽에 관련 인물 족보, 판미동 부근 지도, 판미동고사(板尾洞故事), 계첩서(禊帖序), 동헌절목(洞憲節目), 강신홀기(講信笏記), 전곡잡물식(錢穀雜物式)을 함께 영인 · 수록하여 모든 것을 자세히 살펴볼 수 있다.[7]

7 황원구, 「한국에서의 유토피아의 한 시도 – 판미동 고사의 연구」, 『동방학지』 32집, 연세대학교 국학연구원, 1982, 59–96쪽. 申尙權의 문집을 황원구 교수의 스승 민영규 선생이 가지고 있었고, 이것에 담긴 판미동 고사를 바탕으로 황원구 선생이 현장 답사 등까지 겸하

판미동은 고령 사람 신석(1650-1724)이 현종 15년이자 숙종 즉위년인 1674년에 자기 가족, 처조카 가족, 누이네 가족 등 직계, 방계를 통틀어 여남은 가정과 함께 지금의 가평으로 이주하여 거기에서 새 거처를 꾸미면서 시작되었다. 신석의 신세가 고단하기도 하였고, 당시에 해적이 경기도 일원에 출몰한다는 소문이 도는 등 흉흉한 상태였다. 판미동고사 기록을 남긴 신상권은 "현종 갑인년간에 해적이 온다는 뜬소문에 경성의 사대부들이 피난간 자들이 많았다(顯廟甲寅年間, 訛言海浪賊來, 京城士夫多避地者)."고 하면서, 조부 신석의 이동을 설명하기 시작하였다. 가평에는 지금도 호환(虎患)이 있을 법하게 깊은 산이 있다. 그러니 17세기 당시 신석 일행이 상당히 궁벽진 곳으로 들어온 것이다. 판미동에서 엄격한 규례에 따라 관리되는 유교적 이상향을 이룩하였다가, 약 100년 3대 만에 흐지부지되었다. 신석의 자손들의 출세 등 여러 사정이 겹친 탓이었다.

황원구 교수의 설명과 필자가 영인본 자료를 검토한 내용을 추가하여, 판미동의 조성과 운영 방식을 정리하면 다음과 같다.

판미동에 들어온 후 신석 일행은 집과 사당을 짓고 전답을 일구고 밤나무를 심어서 길이 살 세거지(世居地)를 구축해 나갔다. 인근 사람들을 위한 구휼을 시행하기도 했다. 동시에 신석은 동헌(洞憲)을 만들고 강신(講信)의 자리를 만들어 끊임없이 예의와 염치를 가르치고 지키도록 엄격히 관리하였다. 동헌 몇 개를 예로 들면 이런 것들이다. 제사를 잘 받들고 손님 접대를 잘하는 자에게는 상을 내린다. 불효하고 형제간 우애하지 않으며 화목하지 않고 […] 구휼하지 않는 자는 죄를 묻는다. 학업에 열심이고 농업에 열심이며 이로움을 일으키고 해로움을 제거하는 자에게 상을 준다. 어린 자가 어른을 능멸하거나 아랫사람이 윗사람을 능멸하는 자는 죄를 묻는다. 이웃과 화목하지 않는 자에게는 벌을 내린다. 조세 납부를 거부하는 자는 벌을 내린다. 강신에 불참하면 벌로 쌀 두 말을 내고, 모든 공회(公會)에 참여하

여 자손상황, 현장 지도 등의 자료를 더 찾았다고 한다. 신상권은 신석의 손자이다.

지 않으면 다섯 되를 내며, 회문(回文)을 전하지 않으면 한 말을 낸다[8] 등이다. 벌의 구체적인 정도까지 자세히 적혀 있다.

이곳에는 공간 전체를 통제하는 일정한 '규율'뿐 아니라, 이를 통제하는 '어른'이 있다. 신석 이래로 이 공간의 대표자는 그 공간을 관리하기 위하여 끊임없이 애를 썼다. 동헌절목(洞憲節目) 첫 번째가 "여씨향약의 예에 의거, 나이가 있는 덕이 있는 사람을 추대하여 대소사를 막론하고 명을 받아 시행하도록 한다(依呂氏鄕約之例推有齒德者一人爲都憲, 毋論大小事禀命而行之)."라고 되어 있는 것만 보아도 그 공간이 어른에 의해 유지됨이 잘 드러난다. 물론 정부 '관리'가 감시하고 지시하며 수탈하는 것과는 차원이 다르고, 규율도 국가적인 법과는 다른 유교윤리적인 예의와 법도이다. 그런 원리에 의해 집안과 마을이 운영되고 유지된다. 예의를 가르치고, 형제 우애를 가르치며, 이웃 사랑을 가르친다. 잘못한 이들에 대한 마을 차원의 꾸짖음과 훈계가 있다.

판미동은 세상과 단절된 공간이 아니다. 지나는 사람이 볼 수도 있고, 들어갈 수도 있는 공간이었다. 당대인 중 유난히 예의 바르고 기품이 있는 사람을 보면 그는 틀림없이 판미동 사람일 것이라고 짐작할 지경이어서, 근처에 사는 사람들이 언젠가 이 마을 근처로 이사 가기를 꿈꾸는 그런 곳이었다. 예를 들어 강흥주(姜興周)라는 사람이 본래 거지로 떠돌다가 우연히 이 판미동에 들어오게 되었는데, 신석이 보고 그 용모가 범상치 않다 하여 그를 아끼며 그 동네에서 살게 해 주었다는 내용도 나온다.[9]

이곳 사람들은 놀고먹지 않는다. 앞서 소개한 동헌에도 드러나듯 농사에 근면하기, 학업에 열심을 내기 등이 권장된다. 납세를 성실하게 하는 것

8 『板尾洞古事』, 영인 90쪽: 善奉祭祀, 善接賓客者, 論賞. 不孝不悌不睦 [⋯] 不恤者, 論罪. 勤於學業者, 勤於農作者, 興利除害者, 論賞. 以少凌長, 以下凌上者, 論罪. 隣里不和者, 施罰. 租稅還上拒納者, 施罰. 講信不參, 罰米二斗, 凡公會不參, 五升, 回文不傳一斗.

9 『板尾洞古事』, 영인 83쪽: 姜興周者, 初以流丐入洞, 相貌不凡, 承旨公一見佳之, 仍使居接於此洞.

도 권장되니 다소 궁벽한 곳으로 이동해 있기는 하되, 국가 권력도 인정하고 그 국가의 통제 안에서 구축되는 공간인 것이다. 이런 면에서 보면 무릉도원형 유토피아와는 확연히 다르다고 하겠다.

앞서 말한 『예기』의 맥락에서 보면 판미동은 뜻 있는 '군자'의 통제와 '유교 윤리 교육'에 의해 사회가 유지되는 소강사회에 가깝다. 군자가 있고, 그 군자가 힘을 다하여 관리하며, 백성들 역시 그 교화에 따라 살게 될 때 그 사회는 유지된다. 판미동은 100여 년간 유지되는 것에 그쳤다. 신석의 아들과 손자 대에서 조정에 벼슬하는 이가 나오면서 이곳의 관리에만 몰두하기 어려워지고, 엄격한 동헌을 견디지 못하는 사람들이 생겼기 때문이다. 게다가 초기 정신을 알 리 없는 2대 · 3대 사람들이 섞이고, 자본 경제가 유입되며 생기는 사회경제적인 변화, 인구 규모의 확대 등 여러 요인이 섞이면서 새 공간 구축 시도는 끝나게 된 것이다. 하지만 우리 역사상 유교적 이상세계를 실제로 구축하여 실행한 예로 이만한 예는 보기 드물다. 그래서 이것이 귀한 시도이고 자료이다.

Ⅲ. 무릉도원형 유토피아

도교적 무릉도원형 유토피아는 기본적으로 세상과 단절된 어느 비밀의 공간에서 시도되어, 그 공간 구성의 자초지종이나 구성 원리 등을 일목요연하게 아는 것 자체가 불가능하다. 이 점을 고려하며 살펴야 한다.

1. 사상과 표현의 유래

무릉도원이라는 용어는 도연명의 〈도화원기〉(桃花源記)에서 왔다. 용어 자체는 이 글로부터 생겼지만, 그곳에 대한 공간 의식이나 사상의 원류는 노자의 『도덕경』에 있다. 노자는 이상적 공간을 '소국과민'(小國寡民)으로 묘사했다.

> (이상적인) 나라는 (국토는) 작고 백성의 수는 적다. 온갖 기물이 있어도 쓰지는 않는다. 백성은 죽음을 중히 여기고 멀리 이사하지 않는다. 배나 수레가 있어도 타지 않고, 갑옷과 무기가 있어도 쓸 일이 없다. 백성들은 결승문자를 다시 쓴다. 그 밥은 달고 그 옷은 아름답다. 그 거처는 편안하고, 그 풍속은 즐겁다. 개 짖고 닭 우는 소리가 들릴 만큼 이웃나라가 빤히 바라다뵈도 백성들은 늙어 죽을 때까지 서로 왕래하지 않는다.[10]

노자의 이상공간에는 현실 문물에 대한 강한 거부감이 드러난다. 배나 수레, 갑옷이나 무기, 문자 등을 통해 일어나는 현실 문제를 차단하려는 것이다. 소규모로 구축되며 무엇을 더 얻거나 뺏으려는 시도도 하지 않는다. 이웃이 바라다보여도 서로 왕래하지 않을 만큼 스스로 고립 혹은 단절한 공간이다. 공자가 노자에게 예를 물었다는 기록[11]으로 미루어볼 때 노자는 춘

10 『道德經』 80장: 小國寡民, 使有什佰之器而不用, 使民重死而不遠徙, 雖有舟輿, 無所乘之, 雖有甲兵, 無所陳之, 使人復結繩而用之, 甘其食, 美其服, 安其居, 樂其俗, 隣國相望, 鷄犬之聲相聞, 民至老死不相往來. 정민, 『초월의 상상』, 휴머니스트, 2002, 71-116쪽에서는 한시를 중심으로 우리나라 사람들이 꿈꾼 유토피아를 설명해 주어 관련 논의를 하는 데에 큰 도움이 된다. 『도덕경』 80장의 번역도 거기에 따른다.

11 『史記』 「老子韓非列傳」에 공자가 주나라에 가서 노자에게 예에 관하여 물었다는 내용이 나온다. 공자는 노자를 평가하기를, 새나 물고기 같이 잘 알거나 잡을 수 있는 존재가 아니라 용 같은 존재라고 감탄하였다고 기록되어 있다. (孔子適周, 將問禮於老子. [⋯] 孔子去, 謂弟子曰: "鳥, 吾知其能飛; 魚, 吾知其能游; 獸, 吾知其能走. 走者可以爲罔, 游者可以爲綸, 飛者可以爲矰. 至於龍吾不能知, 其乘風雲而上天. 吾今日見老子, 其猶龍邪!") 이런 기록에 따라, 노자와 공자는 비슷한 시기에 살았으나 연배는 노자가 위였다고 할 수 있다.

추시대 말기의 사람이다. 약육강식의 원리, 전쟁을 통한 천하병합 시도로 점철되어 있는 시기에 대한 대응으로 이런 이상공간을 그렸던 것이다.

도연명(陶淵明, 365-427)은 동진(東晉) 말기부터 남조(南朝)의 송(宋) 초기 인물이다. 도연명은 의희(義熙) 원년(405) 41세의 나이로 팽택 현령으로 있던 중, 심양군 장관의 직속인 독우(督郵)가 순찰을 온다면서 의관을 정제하고 멀리까지 나와 맞이하라고 하자 "쌀 닷 되 월급으로 받으려고 소인배에게 허리를 굽힐 수는 없다"면서 취임 80일 만에 사임하고 고향으로 돌아가 평생 은거한 인물이다. 도연명이 노장 사상에 경도된 인물이었다는 사실은 널리 알려져 있다. 그런 사상적 영향 아래에서 〈도화원기〉라는 공간 묘사가 나타나게 된 것이다.

> 진(晉) 태원(太元) 시절 한 무릉 사람이 고기잡이를 생업으로 하고 있었는데 시냇물을 따라 가다가 어디쯤 왔는지 길을 잊고 말았다. 갑자기 복숭아 꽃 숲이 나타났는데 시냇물 양쪽으로 수백 보의 평지에 다른 나무는 없이 싱그러운 풀들이 자라고 떨어지는 꽃잎이 이리저리 흩날렸다.
>
> 어부는 매우 이상하게 여겨 다시 앞으로 나아가 그 숲 끝까지 가보려고 했다. 숲이 끝나고 물이 발원하는 곳에 이르러 문득 산 하나가 나타났다. 산에 작은 구멍이 있는데 불빛이 새어나오는 듯했다. 곧 배를 놓고 구멍을 따라 들어갔다. 처음에는 매우 좁아 겨우 사람이 들어갈 정도였다. 다시 수십 보를 나아가자 넓게 탁 트였는데 넓은 토지에 집들이 우뚝하고 기름진 밭, 아름다운 연못, 뽕나무 · 대나무 등속이 있었다. 길은 이리저리 뻗어 있고 닭 울고 개 짖는 소리가 들렸다. 그 가운데를 돌아다니며 농사일 하는 남녀들의 의복을 보니 모두 딴 세상 사람 같은데 늙은이나 젊은이나 모두 행복하고 즐거운 표정이었다.
>
> 어부를 보고는 깜짝 놀라며 어디서 왔느냐 물었다. 자세히 대답하자 곧 집으로 가자고 하여서 술을 내고 닭을 잡아 음식을 장만하였다. 마을 사람들이 이 사람 소식을 듣고는 다들 와서 질문을 해댔다.
>
> 스스로 설명하기를, 선대에 마을 사람들이 진(秦)나라 때의 난리를 피해 처

자를 거느리고 외진 곳에 와서 다시는 나가지 않아 마침내 바깥사람들과는 두절되었다고 하면서 지금은 어느 시대냐고 물었다. 한(漢)나라가 섰는지조차 알지 못하거늘 위(魏)나 진(晉)은 말할 것도 없었다. 이 사람이 일일이 아는 대로 자세히 말해 주자 다들 탄식하였다. 나머지 사람도 각기 자기 집으로 초대하여 다들 술과 음식을 내왔다. 며칠을 머물고는 인사하고 돌아가게 되었다.

그들 중 한 사람이 "바깥사람에게는 말하지 말아 주십시오"라 했다.

나와서 자기 배를 찾아 전에 왔던 길을 되잡아 오면서 곳곳마다 표시를 해 두었다. 마을에 이르러서는 태수를 찾아가 이 이야기를 하였다. 태수가 곧 사람을 보내어 갔던 곳을 따라 표시해 둔 것을 찾았으나 끝내 길을 잃고 다시는 길을 찾지 못했다.

남양(南陽)땅 유자기(劉子驥)는 뜻이 높은 선비이다. 이 이야기를 듣고는 기뻐하며 찾아가려 하였으나 이루지 못하고 얼마 후 병으로 생을 마쳤다. 그 뒤로는 끝내 그 뱃길을 묻는 사람이 없었다.[12]

〈도화원기〉는 진·송(晉宋) 교체기 군웅(群雄)들의 다툼과 폭정, 이들로 인한 백성들의 유리(遊離)와 절망을 바탕으로 하고 있다. 이러한 때에 세상으로부터 떠나 알 수 없는 어느 곳에 구축한 공간이 유토피아인 셈인데, 이곳을 무릉에 살던 한 어부가 우연히 방문했다가 돌아왔지만 다시는 찾을 수 없었다는 내용을 문학적으로 형상화한 작품이다. 무릉 사람이 간 곳이며, 이곳에 복숭아꽃 핀 나무가 가득했다고 하여 무릉도원(武陵桃源)이라 한 것

12 陶淵明, 〈桃花源記〉: 晉太元中, 武陵人捕魚爲業, 緣溪行, 忘路之遠近. 忽逢桃花林, 夾岸數百步, 中無雜樹, 芳草鮮美, 落英繽紛. 漁人甚異之, 復前行, 欲窮其林, 林盡水源, 便得一山, 山有小口, 彷彿若有光, 便舍船, 從口入. 初極狹, 纔通人, 復行數十步, 豁然開郎, 土地平曠, 屋舍儼然, 有良田美池桑竹之屬, 阡陌交通, 犬鷄相聞. 其中往來種作, 男女衣著, 悉如外人, 黃髮垂髫, 並怡然自樂. 見漁人, 乃大驚, 問所從來. 具答之, 便要還家, 設酒殺雞作食. 村中聞有此人, 咸來問訊. 自云, 先世避秦時亂, 率妻子邑人來此絕境, 不復出焉, 遂與外人間隔. 問今是何世. 乃不知有漢, 無論魏晉. 此人一一為具言所聞, 皆歎惋. 餘人各復延至其家, 皆出酒食. 停數日, 辭去. 此中人語云, "不足爲外人道也." 既出, 得其船, 便扶向路, 處處誌之. 及郡下, 詣太守, 說如此. 太守即遣人隨其往, 尋向所誌, 遂迷不復得路. 南陽劉子驥, 高尚士也, 聞之, 欣然規往, 未果, 尋病終. 後遂無問津者.

인데, 이후 '무릉도원' 혹은 '도원'이 동양에서 '유토피아'의 상징적 이름으로 널리 쓰였다.

노자가 말한 '소국과민'과 비교하면, 도연명의 '무릉도원'에는 진입로를 묘사한 것, 어느 사람의 우연한 방문과 이후 재방문 불가능성을 묘사한 것, 난리에 처한 세상을 피해 구축했다는 설명 등이 추가되었다. 하지만 바깥과 두절되어 소통하지 않는 모습이나 개 짖는 소리나 닭 우는 소리가 들리는 공간으로 묘사한 것은 기본적으로 노자의 사상을 진전시키고 구체화한 것임을 잘 보여준다.

2. 무릉도원의 구체적 형상화

〈도화원기〉에서 묘사된 공간적인 특징은 이후 동양의 유토피아 논의에서 거의 그대로 계승된다. 사람은 알고 있던 것을 기반으로 꿈꿀 수 있는 것이기에, 실제로 별세계를 구축하려고 했다는 온갖 잡록(雜錄)에 나오는 공간이 실제로 〈도화원기〉의 모습과 다르지 않다. 그러므로 이 작품을 자세히 살피는 것이 중요하다.

1) 도화(桃花)의 상징성

도연명은 유토피아 공간을 문학으로 형상화하면서 왜 복숭아꽃이 많이 핀 곳이라고 하였을까? 크게 두 가지를 말할 수 있다. 우선 복숭아나무가 도연명 당대에 이미 주변에 많이 있었던 수목이었기 때문이요, 다른 하나는 복숭아나무는 장수를 상징하는 신선과 밀접한 관련을 가진 것으로 당대 문화에서 받아들여지고 있었기 때문으로 보인다.

복숭아나무는 황하 상류지대를 원산지로 하는데, 중국 농업 초기부터 있었을 만큼 오래 된 수종이다. 진한(秦漢) 시기에 완성된 동양 최고의 약물학 서적인 『신농본초경』(神農本草經)[13]에 복숭아나무가 나온다. 이 책에는 총 365종의 약물이 상·중·하품(上中下品)으로 제시되는데, 그 곳곳에 여러 종의 복숭아나무가 언급된다.[14] 진한 때의 책에 복숭아나무가 나오니, 그 이후 도연명이 살던 동진(東晋) 시기나 남북조(南北朝) 시기에 복숭아나무가 있었다는 것은 더 말할 것도 없다.

덧붙이자면, 우리나라에도 일찍부터 이 수종(樹種)이 전래된 것이 확실하다. 『삼국사기』 온조왕(溫祚王) 때에 복숭아꽃이 핀 것을 적은 기사[15]가 있다. 백제 개국이 기원전과 기원후의 경계선 무렵이고 시조 온조왕이 죽은 것이 기원후 28년인 것을 고려할 때 기원전 1세기에 이미 우리나라에 복숭아나무가 있었다는 말이다. 무릉도원 서술을 우리나라 사람들이 잘 이해할 수 있는 기틀이 마련되어 있었던 것이다.

복숭아나무는 동양 문화권에서 신선과 연결되는 상징적 의미를 지닌다. 신선은 초세(超世), 피세(避世)적 이미지와 장수(長壽)의 이미지를 동시에 지닌다. 복숭아를 천도(天桃), 반도(蟠桃), 선도(仙桃)라고도 부르는데 이 모든 것이 장수의 상징으로서의 신선과 관련이 있다. 신선 세계에서 삼천년에 한 번씩 핀다는 반도 이야기는 널리 알려져 있다. 〈서유기〉(西遊記)에서 손오공이 천상에 올라 반도를 먹어버린 것 때문에 벌을 받은 것은 어린이들까지 아는 이야기이니, 동양 문화권에서 복숭아가 장수의 상징이라는 것은 더 말할 것이 없을 것이다. 요지(瑤池)에서 서왕모가 주관하는 신선들의 모임을 반도승회(蟠桃勝會)라고도 부른다. 우리나라 시조 중에 이런 것도 있다.

---

13 이 책 자체는 전하지 않으나 그 일부 내용이 다른 서적에 포함되어 있어서 이것들을 모아서 전하는 것이 지금의 『본초경』이다.

14 예를 들어 『神農本草經』, 「上經」 중 玉泉 부분, 淮木 부분, 辛夷 부분 및 中經 중 巵子 부분 등 여러 곳에서 복숭아나무의 효능을 언급하고 있다.

15 『三國史記』 23권, 「百濟本紀」 1, '溫祚王'조에 왕이 말갈의 침략을 물리친 것을 말하면서, 기상 이상 현상으로 10월에 우레가 치고 복숭아꽃, 배꽃이 핀 사실을 기록했다.(三年, 秋九月, 靺鞨侵北境, 王帥勁兵, 急擊大敗之, 賊生還者十一二. 冬十月, 雷. 桃李華.)

요지(瑤池)에 봄이 드니 벽도화(碧桃花) 다 피었다
삼천 년 맺힌 열매 옥반에 담았으니
진실로 이 반(盤) 곧 받으시면 만수무강 하오리라.

복숭아를 쟁반에 담아 올리면서 부른 시조인데, 거기에 복숭아와 만수무강 사이의 상징적 연결이 명확히 드러난다.

유향(劉向: B.C. 77–B.C. 6)의 『열선전』에는 70명의 신선 이야기가 실려 있는데, 그중에 나무로 양을 깎아 팔던 사람 갈유가 어느 날 그 양을 타고 서촉의 수산에 갔다면서 이렇게 기록했다. "그를 따라간 사람들은 다시 돌아오지 않고 모두 신선의 도를 얻었다. 그래서 속담에 수산의 복숭아 하나면 신선은 못 되더라도 호걸 되기에는 충분하다고들 한다"[16]라 했다. 신선과 복숭아를 연결하는 모습이 오래전부터 명확히 있었던 것이다.

별 중에 카노푸스(Canopus)는 동양에서 노인성(老人星)이라 불렸다. 남극노인성(南極老人星), 남극성(南極星), 수성(壽星), 남극수성(南極壽星) 등으로도 불렸는데, 동양에서는 이 별이 인간의 수명과 국가의 평안을 좌우한다고 믿었다. 그래서 『고려사』나 『조선왕조실록』 곳곳에 노인성에 제사를 지냈다는 기록이 나온다. 중국에서도 우리나라에서도 남극수성을 그린 그림을 보면 그가 손에 복숭아를 들고 있는 경우가 많다. 모두 장수를 상징하는 것이다.

이처럼 복숭아는 신선을 상징하기도 하고, 장수를 상징하기도 한다.[17] 이런 이미지를 이용하여 도연명이 이상세계를 형상화하면서, 세속적이지 않은 아름다운 '신선세계', 세상의 난리 가운데 생명을 위협받는 것에서 벗어나 '장수를 이루는 세계'를 표현하려고, 이곳을 복숭아나무가 가득하고 복

16 劉向, 『列仙傳』, 「葛有」: 隨之者不復還, 皆得仙道. 故里諺曰, 得綏山一桃, 雖不得仙, 亦足以豪.

17 물론 복숭아는 이렇게 신선, 장수를 상징할 뿐만 아니라 귀신퇴치, 여색, 간사함 등을 상징하기도 한다. 복숭아가 지닌 여러 문화적인 의미는 이상희, 『꽃으로 보는 한국문화』 3, 넥서스BOOKS, 2004에 자세하다. 복숭아가 동양문화권에서 지니는 상징적인 의미를 자세히 설명하고 있다.

숭아꽃이 만발한 장소로 묘사한 것이다.

2) 진입 방식 및 차단 방식

무릉도원은 난리를 피하여 생명을 보존하고 생활을 영위하려는 것을 일차적인 목표로 구축된 공간이다. 아무나 드나들 수 없고, 세상으로부터 단절되어야 세상 어지러움이 영향을 줄 수 없게 된다. 그래서 무릉도원에 이르는 길은 매우 좁고 험하며 신비스럽게 묘사되어 있다. 〈도화원기〉에서는 어부가 복숭아꽃을 보고 숲 끝까지 가본 것도 모자라 산 속에 작은 구멍이 있었고, 그곳을 거쳐 간신히 기어들어 가서야 도원에 도착할 수 있었다. 말하자면 그 조그마한 동굴이, 그 좁고 험한 길이 세속과 도원 사이의 차단 장치인 것이다. 차단 장치는 여기에서 그치지 않는다. 어부는 다시 찾아올 양으로 표시를 하면서 나왔지만, 결국 다시 길을 찾을 수 없었다고 했다. 무슨 장치인지는 드러나지 않지만 도원 자체는 세속 사람이 찾겠다고 하여 찾을 수 있는 곳이 아니라고 형상화한 것이다. 처음 어부가 찾아갈 수 있었던 것은 꽃잎을 우연히 본 덕이었다. 도화 때문에 도원이 폭로당한 것 같지만, 사실 도원 쪽에서 주도권을 가지고 특정한 사람을 초청한 것이라고 볼 수밖에 없다. 표시해 두고 나왔어도 다시는 찾아갈 수 없었다는 것이 바로 그것을 보여준다. 진나라 시기부터 남북조 시기까지 그곳이 유지될 수 있었다는 것 자체가 바로 그것에 대한 방증이 되도록 형상화되어 있다.

왕조의 흐름을 전혀 알지 못하고 살고 있었다고 한 것은 세속 정치에 대한 강한 부정 의식을 담은 것이기도 하다. 특별히 정치권력의 수탈이나 횡포, 위협 등을 그리지는 않았지만 진나라 이후 초한의 각축전이 벌어졌다가 한나라가 서고 또 그 한의 말년에 위·촉·오 삼국의 싸움, 이어서 위·진-남·북조로 이어지는 시기의 내용을 일부러 생략함으로써 이들에 대한 강한 거부감을 드러낸 것이다. 유토피아란 그런 정치, 그런 세상에 대한 강한 반발로 만들어지는 것임을 알 수 있다.

3) 생활 방식 및 제도

생활 방식이나 제도 면에서 많은 것을 알 수 있지는 않다. 밭과 물이 있으니 농사를 짓고 사는 것이요, 뽕나무 등속이 있다고 했으니 그것으로 옷을 만들어 입는 것을 알 수 있다. 그곳은 사람이 일하지 않아도 먹을 것이 거저 생기는 곳이 아니다. 다들 열심히 일하며 사는데, 행복하고 즐거운 표정이었다고 했다. 다투어 자기 집으로 손님을 초대하고 잘 대접하였다고 했으니 모두가 넉넉한 가운데 살고 있음도 드러난다. 재산을 공유했는지 여부는 알 수 없으나, 바깥출입을 하지 않았다고 했으니 대부분의 것을 자급하며 사는 땅이다. 발전된 문물이나 교역 등은 거부한 채 옛 방식으로 산다. 일하며 사는 것이 고통스럽게 느껴지지 않고, 땅이 기름져 소산을 내는 것도 풍성하다. 도연명이 그린 유토피아는 이렇게 소박하다.

4) 시간 원리 & 장수의 꿈

〈도화원기〉에 의하면, 무릉도원은 바깥세상과 다른 시간 속에 흘러가고 있다. 무릉의 어부가 도원을 방문한 것은 태원 무렵이라고 했다. 태원은 동진(東晉)의 효무제(孝武帝)의 연호로 그 기간은 376-396년이다. 도원에서 살던 사람들은 진(秦)나라(B.C. 221-B.C. 206)의 학정을 피해서 들어와 살고 있다고 했다. 그러니 도원 사람들은 약 500년간 살고 있다는 말이다. 도연명은 도원에서 사는 사람들이 500년 이상 살고 있는 것으로 그림으로써, 그들이 단순히 난리를 피하기만 한 것이 아니라, 장생불사의 꿈을 이룬 것으로 형상화한 것이다. 이 공간의 배경을 복숭아가 가득한 곳으로 묘사한 것 역시 장생불사를 이룬 모습을 그리려는 의도에서이다. 무릉도원에서의 시간 흐름은 세속의 그것과 달라 인간이 장수한다는 인식은 이후 유토피아를 그린 글에서 자주 드러났다.

5) 남양(南陽)땅 유자기(劉子驥)

도연명은 무릉 어부가 이곳을 다시 찾지 못했다는 이야기에서 이 글을 마치지 않고 남양땅 유자기가 이 소식을 듣고 이곳을 찾으려 했다는 말을 덧붙였다. 굳이 하지 않아도 될 말을 덧붙이는 것은 왜일까? 유자기는 『진서』(晉書) 「은일전」(隱逸傳)[18]에 나오는 인물인 유린지(劉驎之)로, 그는 산수에서 노니는 것을 좋아했던 인물이었다. 위·진-남·북조 시기 은일사상이 팽배할 때 그 대표적인 인물로 꼽혔다. 『세설신어』(世說新語)[19]에도 장현(張玄)이 유자기를 우연히 만나 이야기를 나누고 함께 회와 고기를 먹는 장면이 나온다. 『몽구』(蒙求)에도 유자기의 일화가 나올 만큼 널리 알려진 인물이다. 도연명은 그런 실존인물을 끌어 와 자신이 가공으로 꾸민 공간인 무릉도원의 신빙성을 높였던 것이다. 유자기조차도 찾지 못한 곳이라면 누가 찾아나서도 찾지 못하는 미지의 공간, 그래서 신비한 공간이라는 의미도 함께 담았다고 볼 수 있다.

3. 우리나라 글에 나타나는 유토피아 묘사

예로부터 우리나라에서는 청학동(青鶴洞), 오복동(五福洞), 이어도(離於島)

18 『晉書』, 「隱逸傳」 4, '劉驎之': 劉驎之字子驥, 一字道民. 好游于山澤, 志在存道. 常采藥至名山, 深入忘返. [···] 或說囷中皆仙方秘藥, 驎之欲便尋索, 終不能知. 桓沖請為長史, 固辭. 居于陽岐 ······

19 『世說新語』: 桓車騎在荊州, 張玄為侍中, 使至江陵, 路經陽岐村. 俄見一人持半小籠生魚, 徑來造船, 云: "有魚, 欲寄作膾." 張乃維舟而納之, 問其姓字, 稱是劉遺民(劉驎之). 張素聞其名, 大相忻待.

등 여러 이름의 별세계가 존재했다. 어느 인물이 이들 각각을 찾아 나섰다는 전설이 오래전부터 전해진다. 이상공간을 찾아가는 기사는 여러 문인의 잡록(雜錄)과 문헌설화집에 나온다. 가장 이른 시기의 것은 고려후기 이인로의 『파한집』인데, 지리산 어느 곳에 청학동이 있다는 소문을 듣고 이인로와 최당이 찾아 나섰지만 실패했다는 사연을 적은 것이다. 찾지 못하였다는 기사이므로 그 구체적인 공간 묘사는 나올 수가 없다. 때문에 현재 유토피아의 구체적인 공간 묘사가 나오는 것은 거의 조선시대 자료이다.

도교적 이상공간 중에서, 사람이 저승이 아닌 이 땅에 구축할 수 있고, 방문할 수 있는 유토피아는 무릉도원형뿐이다. 특히 문헌설화에 무릉도원형 유토피아를 방문했다는 내용이 많이 나온다. 이들 기사는 대체로 비슷한 양상을 보인다. 찾아가는 과정, 사는 모습, 돌아와서의 상황 등이 대체로 도연명의 〈도화원기〉와 같다. 유토피아가 있다는 소식을 듣고 찾아 나섰다가 실패한 이야기나 단순히 누가 어디에 유토피아를 구축하여 목숨을 부지했다는 데서 그치는 이야기는 제외하고, 실제로 공간의 모습이 드러나는 기록만을 중심으로 조선시대 유토피아 공간의 특징을 정리해 보자. 여러 기록 중 권진사가 춘천에서 어느 사람을 만나 무릉도원을 방문한 이야기를 예로 들어 살펴본 후 전반적으로 이 공간의 특징을 정리하면 다음과 같다.

1) 조선의 무릉도원형 유토피아의 예: 권진사가 방문한 도원

어려서부터 과거 준비에는 흥미가 없고 유람만 좋아하던 권진사가 춘천에 갔을 때 한 노인이 나아와 자기 사는 곳에 방문해 보겠느냐고 한다. 그러마 하자 노인은 자기가 데려온 소로 권진사를 태우고 출발했다. 처음에는 30리쯤 떨어진 곳이라 했으나 오직 소의 걸음에 맡겨 가다보니 80리를 왔는지 100리를 왔는지 가늠할 수 없었다. 심산유곡, 암석이 가득한 길, 정강이가 빠질 정도로 낙엽이 쌓인 좁은 길을 계속 가다가 중간에 도시락밥도 먹고 계속 간 후 밤중에야 어느 곳에 도착했다. 소, 심산유곡, 암석, 낙엽 등 모든 것이 세상과 그 고장 사이의 차단 역할을 하고 있다. 오직 거기 주민인 노인의 주도적인 초청이 있었기 때문에 이런 공간이 한 번이나마 공개될 수 있는 것이다. 아무나 갈 수 없고, 아무 때나 볼 수 없어서 무릉도원형 유토피아이다.

노인은 그 공간으로 들어오게 된 계기를 권진사에게 이렇게 설명하였다.

> 선대는 본래 고양에 살았는데, 제 증조부께서 마침 이곳을 얻으셔서 온 가족을 이끌고 들어오셨습니다. 그 때에 성이 같은 8촌 이내의 친척, 외가와 처가의 8촌 이내의 친척, 그리고 인척 중에 따라오기를 원하는 이들까지 모두 30여 호가 함께 들어왔습니다. 한번 들어온 후로는 세상과 왕래하지 않기로 하고 다만 약간의 책과 소금, 장만을 가지고 왔습니다. 일대를 개간하여 밥을 만들이 먹고 살았으며, 혼인은 이 여러 사람이 대대로 서로 관계를 맺어 소위 주진촌 같은 곳을 이루게 되었습니다. 이후 자손들이 번성하게 되어 한 우물 물을 마시는 집안이 거의 200여 호나 됩니다.[20]

몇몇 친인척이 고향을 떠나 궁벽한 곳으로 이주하여 땅을 개간하며 거처를 이루었다고 하였다. 앞서 본 판미동 고사와 비슷하다. 하지만 여기에서는 유교적인 규율에 의한 관리자도 없고, 세상과 단절되어 있다는 면에서 다르다. 온 가족이 고향에서 훌쩍 떠나는 데에 대단한 계기가 있었을 법 하나 여기에서는 드러나지 않았다.

권진사가 살펴본 이곳의 삶의 모습은 이렇게 묘사되어 있다.

20 『靑邱野談』 3권, 「訪桃源權生尋眞」: 先世本居高陽, 吾之曾祖, 適得此處, 撤家入來時, 同姓堂內至親, 外家妻家, 堂內之族, 或姻婭之願從者, 合三十餘家, 與之偕入, 相議以一入之後, 勿爲往來於世, 只持如干經書鹽醬而來, 一邊起墾, 作沓而食. 至於婚嫁, 則此中諸族, 代代爲瓜葛, 便成朱陳之村, 伊後子孫繁盛, 同井之室, 殆近二百餘家矣.

> 동네의 인가는 200호쯤이었다. 앞쪽으로 넓게 펼쳐진 곳은 양전·미토(良田美土) 아닌 것이 없었다. 넓이를 물으니 20여 리쯤 된다는데 완연히 세상 밖에 이룬 도원이었다. 또 벽을 나누어 만든 여러 방에서 밤마다 책 읽는 소리가 들렸다. 물으니 동네 젊은이들이 방탕하게 놀지 않고 매 가을 겨울마다 낮에 일하고 밤에 글을 읽는다고 하였다. 반드시 여기에 모여 함께 공부한다고들 한다. […] "근처의 시장에 왕래할 때에는 반드시 이 소를 이용하여 소금을 사 옵니다. 그러니 온 마을의 소금은 오로지 이 소 하나에 달려 있지요. 산 고기로는 노루, 사슴, 돼지, 양 등이 있습니다. 꿀통 300여 개를 산 아래편에 늘어놓고는 온 동네 사람들이 따로 주관하는 자 없이 서로 양보하며 씁니다."[21]

이 공간의 유래를 설명하는 부분에서도 명시적으로 나오듯 '땅을 개간하여 논을 만들어' 농사를 지었다고 했다. 낮에 일하고 저녁에 공부한다 하였고, 양봉을 한다는 내용까지 나온다. 고기를 먹기 위해 짐승을 잡는다. 인용하지는 않았으나 권진사가 여기 있는 동안 소년들이 못에서 물고기를 잡는 모습도 묘사되고 있다. 이곳은 신비스럽게 먹을거리가 절로 생기는 공간이 아니요 밖에서 빼앗아오는 것도 아닌 스스로 노동해서 먹고 사는 공간이다. 특별한 것이 있다면 산속 골짜기에 구축한 곳이지만 땅이 모두 기름졌다는 것이다. 또 물고기를 잡을 때 겨와 쭉정이를 이용하여 고기를 모아 뾰족하게 깎은 막대기로 고기를 잡는데, 잡은 물고기들은 크기가 1자, 즉 30cm나 되더라고 하였다. 풍성했다는 것이다. 지력(地力)을 모두 빼앗을 만큼 심하게 농사하지 않고, 심하게 고기잡이도 하지 않기 때문에 풍성함이 유지될 수 있었다는 것을 은연중에 알려주는 것이다.

이곳에서 사유재산을 인정했는지 여부는 명확히 드러나지 않는다. 하지

---

21 『靑邱野談』 3권, 「訪桃源權生尋眞」: 洞中人戶, 恰爲二白餘數, 前坪一望平鋪, 無非良田美土, 問其周廻, 則爲二十餘里, 隱然是世外桃源也. 又隔壁數間房內, 夜夜有讀書聲, 問之, 則以爲洞中年少, 不可浪遊, 每當秋冬, 晝耕夜讀, 必會此而課業云. […] 隣場往來, 必以此牛, 貿塩而來, 故一洞塩政, 專賴於此牛. 至於山肉, 則有獐鹿猪羊之屬, 蜜筒數三百箇, 列置于山底, 一洞別無主者, 互相推用矣.

만 알아볼 단초는 있다. 낮에 일하고 저녁에 책을 읽는데 한데 모여서 한다고 했고, 소 하나가 나르는 대로 소금을 쓴다고 했으니 상당히 많은 부분을 공동으로 하고 있음을 알 수 있다. 따로 주관하는 사람 없이 양봉통을 나누어 쓴다는 것도 사유재산의 개념보다는 공동 사용을 말해 준 것이다.

한 달 정도 머문 권진사가 떠날 때 그 노인은 이렇게 부탁한다.

> 이 마을은 춘천도, 낭천(狼川)도 아닙니다. 이 앞의 평야가 몇 리쯤 되는지 알지 못하는 데다가 사람들이 이곳에 이른 적도 없어, 세상에 알려지지 않은 곳입니다. 진사님께서 이곳에 오신 것은 또한 인연이 있어서였습니다. 산을 나가신 후에는 바라건대 다른 사람들에게 말씀하여 번거롭게 하지 마십시오.[22]

권진사는 이곳을 알고 찾아간 것이 아니다. 노인이 권진사를 직접 찾아가 데려온 것일 뿐이다. 유토피아 측에서 주도권을 갖고 어느 누구의 방문을 이끄는 것이다. 사람들이 온 적도 없고 알려지지도 않은 곳이라고 단절성을 명확히 했다. 들어올 때에 있었던 소, 산속 오솔길, 낙엽길 등과 함께 세속과의 단절성이 강조되는 것이다. 나가도 알리지 말라고 하는 부탁도 같이 한다. 물론 권진사는 나가서 찾으려고 했지만 결국 가지 못해서 안타까워했다며 이 이야기가 마무리된다. 〈도화원기〉에서와 같은 맥락인데, 무릉도원형 유토피아에서는 모두 이런 문법을 보인다.

2) 조선의 무릉도원형 유토피아들 : 공간의 문법

권진사가 도원을 방문한 이야기 외에 무릉도원형 이상세계를 방문한 이야기들도 대체로 비슷한 양상을 지닌다.

---

22 『靑邱野談』 3권, 「訪桃源權生尋眞」: 及當出來之時, 僉知申托曰, 此洞, 非春川, 亦非狼川, 此坪前頭, 不知爲幾許里, 人所不到, 世所無知者, 進士主之到此, 亦有緣也, 出山後, 幸勿煩人說道.

(1) 진입로와 시간 흐름

무릉도원형 유토피아는 기본적으로 세상과의 단절로부터 시작한다. 그래서 세상에는 알려질 수가 없지만, 아주 특별한 경우 몇몇 사람이 우연히 방문한다. 기록에서는 '인연이 있어서' 특별히 그 사람이 한 번 방문할 수 있었던 것이라고 말하곤 한다. 그 사람도 두 번은 방문할 수 없다. 앞서 본 권진사 이야기에서 잘 드러나는 것처럼 말이다. 선비가 이천(伊川) 근처의 산속에서 길을 잃어 인가를 찾다가 우연히 돌문을 발견하여 유토피아를 방문한다(『청구야담』「覘天星深峽逢異人」). 이동고의 겸종(양반집에서 청지기로서 심부름하는 평민)의 사위가 가솔들을 이끌고 충주 근처 산속 도원에 들어가는데, 그곳은 암석이 우뚝하고 수목이 빽빽한 길을 여러 날 가다가 짐을 실은 말과 소마저 풀어 보내야 할 막힌 곳에 이르러 석벽 위로부터 내려온 한 줄을 잡고서야 올라갈 수 있다(『청구야담』「李東皐爲傔擇佳郎」). 줄이 없었다면 닿을 수 없는 곳이므로 이 줄은 속세와 선계를 연결시켜 주는 유일한 수단이다. 세상과 차단되는 곳이기 때문에 세상에서 그곳으로 들어가기 위해서는 험한 진입로를 지난다. 방문을 마치고 돌아갈 때에 알리지 말아달라는 부탁을 받게 되는 것, 다시 찾으려고 해도 찾을 수 없었다는 것 역시 도연명의 〈도화원기〉와 같은 맥락으로 나온다. 이 모든 것이 세속과의 차단 장치이다. 세속을 피하고 싶을수록 그 차단 장치가 견고하다.

유토피아의 시간은 세속의 시간과 다르다. 앞서 춘천 근처에서 권진사가 유토피아를 방문한 이야기에서는 오직 소의 움직임을 통해서 거리와 시간이 가늠될 뿐이었다. 소는 세속의 시간과 다른 유토피아의 시간을 상징한다. 유동지 등이 우연히 동해의 단구(丹邱)라는 섬에 들어가서 그곳 이상세계에 있다가 집에 돌아왔더니 이미 50여 년이 흘러버려 모든 사람들이 생면부지였다(『청구야담』「識丹邱劉郎漂海」). 남진이 종을 시켜 청학동에서 바둑 두는 사람에게 편지를 전하고 오라고 했는데, 종이 잠깐 사이에 심부름을 다녀왔는데도 산에 들어갈 때 2월이던 것이 나와서 보니 9월이었다(『기문총

화』 4권 「서계 남진 이야기」(南西溪趁). 이 밖에 여러 이상세계 방문 이야기에서 공통적으로 세속과는 다른 시간이 나온다. 예컨대 그곳에서의 하루가 세속에서의 1년과 같다는 식인데, 그렇게 된다면 그 세상에서 일 년을 산다면 세속에서는 365세를 사는 것과 같으므로 그야말로 장수의 꿈, 불사의 꿈을 이루는 것이다. 이런 식의 인식이 있기 때문에 〈도화원기〉에서 만난 사람들은 진(秦)나라 때에 구축한 장소에서 남북조 시기까지 500여 년 이상 살고 있었다고 묘사하는 것이다.

요컨대 사람들은 기본적으로 세상의 피폐함, 생명의 위협, 국가적 압제 등을 피해 이상세계를 꿈꾸는데, 이때 단순히 그 위험을 피하는 것뿐 아니라 오래 살고 싶은 꿈도 함께 꾸는 것이다. 그런 바람이 공통적으로 유토피아 형상에 반영되는 것이 시간관념이다.

(2) 생활방식

기록을 중심으로, 유토피아에서의 삶의 방식, 체계를 정리해 보면 다음과 같다. 첫째, 세상과 동떨어져 한 공간을 구축했는데, 그 공간은 모두가 함께 농사를 지으며 사는 곳이다. 특별히 감시자나 지배자가 있는 경우는 없고, 놀고먹는 어느 계층이 있는 것도 아니다. 최소한의 것만 세상에서 공급할 뿐 세상과 격리되어 사는데도 늘 풍족하고 행복하게 지낸다는 것이 주요 내용이다. 그것이 당시 사람들이 그리는 꿈의 내용이었다. 그렇다면 이 공간의 중점은 세상으로부터 '떨어져' 자연의 법칙 대로 사는 것이 '풍성함'의 비밀이라는 인식에 있다. 자연 속에서 모두가 정직히 일하며 자연의 풍성함을 누리는 곳이 유토피아이다.

유몽인이 묘향산에서 법환 스님을 만나 그가 별세계에 다녀온 이야기를 적은 대목 중 일부이다.

천계 2년 내가 송천사에서 노닐다가 법환이라는 한 중을 만났는데 그가 다

> 음과 같은 말을 해 주었다. [···] 한 곳에 이르니 산비탈에 밭이 있는데 나무를 베어내지는 않고 주변으로 껍질만 몇 자 되게 벗겨 나무가 선 채로 마르게 했다. 흙을 파서 어지러운 나무들 사이에 곡식을 파종하였는데 여기도 도랑이나 두둑이 없는데도 곡식 이삭이 말꼬리처럼 풍성했다. 나무를 베어 높은 시렁을 만들고 곡식을 그 위에 쌓아두었다. 곳곳마다 수많은 창고가 있었다. 바위 사이 골짜기를 끊어 큰 절을 일으켰는데 금빛 푸른빛이 가득 비추고 있었고, 따뜻한 방마다 백여 명의 승려가 거처하고 있었다. 우마차 등의 탈 것도 없고 외부인과 오가는 일도 없이 소금만 수천 리 밖에서 사올 뿐이었다. [···] 소금이 금처럼 귀한 까닭에 푸성귀로 국을 끓이고 풀과 나무즙으로 조미하였다. 날씨는 몹시 추워 이중창과 이중 구조 집이 아니면 편안하게 살 수 없는 지경이었다. 곡식을 늘어놓고 사람마다 백여 년도 넘게 사니 진실로 이른바 별천지이지 인간이 사는 곳이 아니었다.[23]

승려들이 거처하는 특별한 장소로 묘사하지만 승려라는 거주민만 다를 뿐 거처하는 방식은 여느 무릉도원형 유토피아와 같이 묘사되고 있다. 이 기사에 의하면, 백여 사람이 묘향산 깊은 곳에 최대한 자연은 그대로 둔 채 별세계를 만들고, 농사를 짓고 사는 모습이 드러난다. 땅이 비옥하여 풍성하게 쌓아둘 수 있게 했다. 오직 소금을 사러 나갈 뿐 그 외에는 따로 드나들지 않고 살면서 다들 장수하는 곳이라 표현했다. 금은보석이 넘쳐나는 곳이 아니라 일하며 농사짓고 채소로 국 끓이며 사는 곳이니 매우 소박하다. 평양 위쪽에 있는 묘향산이고, 또 그중에 깊은 곳이니 당연히 추울 것이다. 그래서 집을 이중으로 하지 않으면 추운 곳이라 표현했다. 꽃 피고 예쁘고 따뜻한 '환상'의 공간을 그린 것이 아니다. 있는 그대로의 자연 현실이 있는

---

23 『於于野談』 5권, 萬物篇, 天地(경문사, 1979), 241쪽: 天啓二年余遊松泉寺遇一衲名法環 [···] 至一處, 有粟田依山坡, 皆不伐木, 只剝皮周數尺, 使木立槁, 破土, 種粟於亂木間, 亦無溝澮畦畝, 而其粟穗如馬尾, 斬木爲高架, 積粟其上, 處處如千囷萬廩, 跨岩截谷, 起大刹, 金碧照爛, 皆溫房燠室, 有僧百許人, 居之, 無牛馬車乘, 不與內地人相往返, 只因貿塩於數千里外, [···] 故塩貴如金, 凡沈菹作羹, 皆取草木酸汁, 調其味, 風土苦寒, 非重窓複閣不可安, 而積粟陳陳, 人皆壽過百歲, 眞所謂別天地非人間者也.

곳인데 그곳이 별천지라고 표현하고 있다. '세상을 피해' 떠나 사는 사람들이 구축한 것이 바로 이런 곳이니, 이들이 꿈꾸는 가장 좋은 곳은 일하지 않고 맛있는 고기나 먹는 곳이 아니요 '세상'으로부터 오는 그 무엇을 피하고 싶은 공간임이 드러난다.

대동촌 사람 홍초가 금강산에서 한 스님을 만나 그의 안내로 이화동을 구경했다 돌아온 이야기에서 이화동(梨花洞)의 모습은 이렇게 나온다.

> 경치가 마치 그림 같고 토양은 비옥하였다. 집이 수십 채 있었는데 승려가 머무는 곳이었다. 꽃과 나무가 우거져 있고, 샘이 바위를 돌아 흐르는데, 골짜기 전체가 배나무였다. 집집마다 배를 쌓아 놓고 있었다.[24]

꽃 피는 계절이 되면 온 골짜기가 눈으로 뒤덮인 아침 같다고 하여 이화동이라 했다는데, 이곳은 비옥한 토양에 가득한 배나무에서 딴 배를 쌓아 두고 사람들이 편안히 지내고 있는 땅이다. 복숭아꽃 가득 피었다는 무릉도원의 영향을 받아 그것을 좀 더 '우리것화'하여 배꽃 핀 이화동이라 했을 것이 짐작된다. 그 모습은 특별히 자세히 나오지 않는다. 다만 골짜기에 배를 심고 그 배를 쌓아둔다는 것으로 보인다. 어떤 거처를 만들 때 주변에 실과나무를 심고 집을 짓고 농사를 짓는 경우가 많은데 그런 맥락인 듯 보인다. 이것 역시 세상과 떨어진 곳에 일하며 사는 곳이 유토피아로 표현되는 것이다.

유토피아 공간의 두 번째 특징은, 국가, 권력, 수탈이 없는 곳으로 표현된다는 점이다. 첫 번째 특성에서 알 수 있듯, 풍성함을 누리고 싶은데 그 첫 번째 조건이 세상으로부터 격리되는 것이라고 했다. 그렇다면 세상의 무엇으로부터의 격리를 원한 것인가?

---

24 『東野彙輯』 3권, 「設白帳避兵獲女」: 景物如畵, 田疇肥沃, 有閭家數十多, 是禪房, 花木掩翳, 泉石回環, 滿洞皆梨樹, 家家積梨實 ……

유토피아는 공통적으로 농사를 지어 자급자족하는 산업 형태를 갖추고 있다. 하긴 20세기 중후반까지도 우리나라의 주요 산업은 농사이므로 농사를 짓는다는 것은 그리 특별할 것이 없다. 단지 방식이 문제이다. 농사를 짓되 특정한 사람들만 하는 것이 아니라 남녀노소 누구나 다 같이 열심히 일한다는 것이 중요하다. 이곳에는 계층이 전혀 없다. 일을 하는 사람, 관리하는 사람, 공부만 하는 사람 등의 구분이 전혀 없다. 주인이나 종이라는 신분 관계도 없다. 모두가 일하고, 농한기나 저녁에는 함께 모여 글을 읽거나 한다. 이런 것은 그렇지 않은 현실에 대한 반발이다. 세속에서는, 적은 사람이 농사지어 많은 노는 사람을 먹이거나, 많은 사람이 일을 하여 소수의 사람들이 호의호식(好衣好食)을 유지하게 한다. 이런 모습이 국가, 권력, 수탈이 없는 곳이라는 형상으로 드러나는 것이다. "밭 갈아서 먹고 베 짜서 입으니 시비(是非)할 것이 없고 조세도 내지 않습니다. 다만 나뭇잎이 지면 가을이라 여기고 꽃이 피면 봄이라 생각한답니다"[25]라고 명확히 말하는 대목도 나온다. 조세를 내지 않는다는 것은 국가 권력의 수탈이 없다는 말이다. 전란 이후 삼정(三政)은 더욱 문란해지고 각종 강제적 수탈이나 횡포는 심해지기만 했는데, 이에 대한 사람들의 부정적이고도 비판적 의식이 위와 같은 유토피아 묘사로 표현된 것이다.

이중환(1690-1752)이 편찬한 인문지리서 『택리지』(이익성 역, 1993: 161)에도 비슷한 인식이 보인다. 이 책에서 이중환은 선경(仙境), 복지(福地), 동천(洞天), 낙토(樂土), 부산(富山) 등 여러 이름으로 살기 좋은 곳, 유토피아 같은 곳을 설명해 놓았다. 그중에 한 대목을 보자.

> 지리산은 [⋯] 흙이 두텁고 기름져서 온 산이 모두 사람 살기에 알맞다. 산 안에 백 리나 되는 긴 골이 있다. 바깥쪽은 좁으나 안쪽은 넓어서 가끔 사람

---

25 『青邱野談』 1권, 「覘天星深峽逢異人」: 而耕田而食, 織布而衣, 是非不到, 租稅不出, 只以葉落爲秋, 花開爲春.

> 이 발견하지 못한 곳이 있고, 나라에 세도 바치지 아니한다. 지역이 남해와 가까우므로 기후가 따뜻하여 산중에는 대가 많고 감과 밤도 매우 많아서 절로 열렸다가 절로 진다. 기장이나 조를 높은 산봉우리 위에 뿌려 두어도 무성하게 자란다. 평지의 밭에도 모두 심으므로 산중에는 촌사람과 중들이 섞여서 산다. 중이나 속인이 대를 꺾고 감 · 밤을 줍는데, 크게 수고하지 않아도 생리(生利)가 족하다. 농부와 공장(工匠)도 심히 노력하지 않아도 충족하다. 이리하여 이 산에 사는 백성은 풍년 · 흉년을 모르므로 부산(富山)이라 부른다.

바깥은 좁으나 안은 넓다고 하였으니 세상과 비교적 단절된 궁벽한 곳이다. 그 안에서 감, 밤, 기장, 조를 심고 가꾸는 모습을 말하고 있다. 무엇을 만드는 사람도 있고 농사하는 사람도 있다는데 그중에 "나라에 세도 바치지 아니한다"고도 언급된다. 살기 좋은 터를 설명하는 이 지리서에서도 국가 권력으로부터 멀어진 곳에 있는 그 땅을 부산(富山)이라는 이름의 유토피아라고 소개하고 있는 것이다. 국가 권력으로부터의 노피는 많은 사람이 바라는 별세계의 조건이었음을 알 수 있다.

세 번째는, 시대의 특수성을 반영한 유토피아 특성이 추가된다는 점이다. 예컨대 임병양란이라는 심각한 전쟁을 겪은 직후에는 전란이 미치지 않은 곳이 유토피아라는 인식이 퍼졌다. 매창이 함경도 갑산을 유람하다가 방문한 태평동도 유토피아의 하나인데 거기에 대한 기록에서도, 찾기 어려운 깊은 진입로에 대한 설명 끝에 이렇게 설명했다. 조여적(趙汝籍)의 『청학집』(靑鶴集)에 나오는 대목이다. "이곳이 태평동이다. 국세도 없고 병화도 미치지 못하는 곳이라 태평동이라 한다. 맑은 샘, 흰 돌, 약초와 아름다운 나무가 있고, 땅은 비옥하여 벼농사가 잘 되었다."(이종은 역, 2004: 157) 그 밖에 다른 설명은 없다. 너댓 가구가 살고 아름다운 꽃과 맛있는 술이 있다는 정도이다. 강조되는 것은 세금도 전쟁도 없어서 태평한 곳, 그래서 유토피아라는 인식이다. 이 기록을 쓴 조여적은 생몰년은 미상이나 1588년 과거에 떨어져 귀가하다가 스승 이사연을 만나 선법(仙法)을 익혀 나중에 이 책을 썼다(이종은, 2004: 해제)고 하였으니 이 책은 임란 직후에 나온 것이다. 그 전까지는 국세로 대표되는 국가 권력이 없는 곳이 유토피아라는 인식만 있었다가, 전란 직후이기 때문에 이 책에서는 특히 병화(兵禍)가 미치지 않는 곳이 유토피아라는 인식이 추가되어 나타나는 것이다.

『청구야담』에는 이생의 아내가 만든 유토피아 이야기도 나온다. 이생이 아내에게 얼마의 돈을 주며 자신이 출타한 동안 살라고 하고는 몇 년 만에 돌아와 봤더니 아내가 그동안 식재(殖財)를 잘 하였더라는 이야기가 나온다. 그러다가 어느 날 아내의 뜻에 따라 세상 살림을 접고 산에 들어가게 되었는데 그곳을 이렇게 묘사한다.

> 터를 크게 개척하여 새로 큰집을 짓고 여염집을 넓게 두어 사람들을 모아 그곳에 들어가 사니, 그대로 하나의 큰 마을을 이루었다. 잡초를 제거하고 황무지를 개척하니 비옥하지 않은 땅이 없었다. 일 년에 거두는 곡식이 수천 석에 이르니 의식이 풍족하여 일생을 편안히 지냈다. 임진년 난리에 사람들은 어육(魚肉)이 되었지만 이생이 살고 있던 마을만은 전쟁의 화를 겪지 않았으니, 이곳을 산속의 무릉도원이라고들 한다.[26]

아내의 비범함을 사람들도 알았는지 그 가정을 따라 산에 들어간 집이 여럿 있었던 것 같다. 그들이 산속에서 개척하여 한 마을을 이루고 산다고 하였다. 여기에서도 다들 농사일로 사는 것이 보인다. 세속과 다른 것이 풍년이며, 그 때문에 편안히 지낸다는 것이다. 그리고 한 가지 더 추가되는 것은 '전쟁'의 화를 겪지 않았다는 것이다. 임진왜란, 병자호란 이후에 무릉도원형 이상세계에 관한 이야기에 이런 내용이 들어가는 경우가 많았다. 대체로 그 모습은 궁벽한 곳에 새로 거처를 마련해서 살았다는 것인데 빠지지

---

26 『靑邱野談』 4권, 「安貧窮十年讀易」: 大拓基址, 新搆甲第, 廣置閭舍, 募民入處, 居然成一大村落矣. 闢草萊開荒蕪, 無非膏腴之地. 歲收穀幾千石, 衣食豊足, 一生安過. 壬辰之亂, 生民魚肉, 而生之一村, 獨不經兵燹, 此是山桃源云.

않는 것이 '세상은 난리이지만 거기에 살던 사람은 전쟁의 화를 겪지 않았다'는 것이요, 그래서 그곳이 '무릉도원'이라고 불렸다는 내용이다. 전쟁의 상황에서 그릴 수 있는 유토피아는 '생명이 위험하지 않은 안전한 곳'이었던 것이다.

요컨대 도연명의 〈도화원기〉의 영향을 그대로 받아 세상을 피해 깊은 곳 어딘가에 유토피아를 구축하는 모습이 조선 시대 내내 이어진다. 세상으로부터 떨어져 모두 일하며 사는 모습이 공통적으로 드러난다. 이 모든 것에서는 국가 권력, 수탈에 대한 반발이 명확히 드러나며, 이를 피하여 구축한 공간이 유토피아라는 사실이 잘 나타난다. 이런 바탕에 시대에 따라 전쟁으로부터 안전하게 내 몸을 보호할 수 있는 '보신처'(保身處)가 유토피아라는 인식이 추가되기도 한다.

Ⅳ. 공간 유지의 원리 : '정신적 원리'의 현대적 적용과 관련하여

중국인이나 조선인이나 유토피아에 대한 꿈은 소박하기 그지없다. 현실에서 불만인 것, 변화를 간절히 바라는 것을 이룰 공간을 꿈꾸었을 텐데, 그 소망은 별다른 것이 아니었다. 일 안 하고 먹자는 것이 아니요, 좋고 화려한 것을 입고 갖자는 것도 아니었다. 국가 권력의 수탈이 없는 곳에서 살고 싶다는 것, 전쟁 같은 상황이 없이 생명을 안전히 보존할 수 있는 곳에 살고 싶다는 것, 장수하고 싶다는 것 정도이다. 소박한 꿈이지만 현실에서는 바랄 수 없어서, 속세와 단절된 어느 공간에 그런 공간이 있을 것이라며 꿈꾸었던 것이다.

토머스 모어의 『유토피아』에 그려지기로는 미지의 공간인 유토피아 섬에 노예도 있고 용병도 있고 전쟁도 있고 식민지도 있다. 하지만 동양의 유토피아 논의에서는 사람들의 장소 이동이 거의 없고, 인위적인 권력 행사도 없으며, 그나마 있었던 문물 기계 등은 쓰지 않는 것으로 드러난다. 오히려 사회나 문물, 제도를 떠나 자연의 법칙으로 더 회귀하려는 방향으로 유토피아 논의가 이어졌다. 그런 방향에는 인간의 인성, 인격에 대한 믿음으로 그 공간이 유지될 것이라는 인식이 들어 있다.

동양의 유토피아 논의가 가진 오늘날의 의의는 그 '무형의 원리'가 아닐까 싶다. 유토피아 기록 중 눈여겨볼 것은 그 땅들이 모두 기름진 옥토여서, 늘 풍성한 수확을 낸다고 하는 점이다. 단순 묘사 같지만 땅의 상태에 대한 이 언급은 이 공간에 사는 사람들의 삶의 태도와 원리를 보여주는 것이다.

온갖 자연 재해가 인간의 욕심에서 비롯된다. 깎지 않아야 할 산을 깎아 홍수나 가뭄이 나고, 과도하게 지력을 빼앗는 작물을 계속 재배해서 수확량이 떨어지고, 밤낮으로 불을 환히 밝혀서 산짐승의 균형이 깨진다. 그런데 유토피아에서는 모두가 풍성하다고 했다. 자연의 원리에 따라 자고, 일어나고, 쉬고, 일한다. 너무 과도하게 거두지도 않고, 인위적으로 깎거나 파거나 만들지 않는다. 전쟁으로 폐허를 만들지도 않는다. 그래서 속세의 땅은 척박해도 이곳은 산속일망정 풍성하게 물산을 낸다.

앞서 소개했듯, 권진사가 춘천에서 한 노인을 만나 방문했던 이상향에서는 소 한 마리로 온 동네 200여 호 이상이 먹는 소금을 사 온다고 했다. 누군가 욕심을 부려 쌓아두거나 혹 과도하게 많이 쓰는 사람도 없기에 한 마리 소로 사 나르는 것으로도 부족하지 않게 쓸 수 있는 것이다. 산속에서 노루, 사슴, 돼지, 양 등의 짐승을 잡아먹는다 했는데, 하루이틀 산 것도 아니요 그 노인의 증조부 때부터 거기에 살았다고 하였으니 100년 넘는 시간이 흐르도록 이런 짐승들이 부족하거나 없어지지 않은 것이다. 누군가 과도하게 잡아먹거나 욕심 부려 쌓아놓거나 하지 않고 적절하게 잡아먹었기 때문이다. 벌꿀통 300여 개를 늘어놓아 이것을 나누어 먹고 쓰는데 별도로 주관하는 사람도 없다고 하였다. 누군가 사유하려고 하지 않고 과도하게 쓰지도 않기 때문에 함께 쓸 수 있는 것이요, 이것은 누군가 관리하기 때문에 할 수 없이 그렇게 조절하는 것도 아니라고 하였다.

결국 한 가지 원리이다. 상호 간의 '신의'를 지킨다는 말이다. 내가 지금 쌓아놓지 않으면 조금 후에는 다른 사람이 다 챙겨가서 나중에 내가 쓸 것이 없어질 것이라는 생각이 들면 나는 '지금 쓸 것'만 쓰지 못하게 된다. 남이 먹는 것, 남이 쓰는 것이 아까워 나만 독점하려고 한다면 '주관하는 사람'이 있어도 서로 같이 쓰는 원리가 유지될 수 없다. 나도 필요한 만큼 쓰고 남도 필요한 만큼 쓸 것이라는 믿음이 있고 그 신뢰를 지키는 신의가 있어야 이것이 가능하다. 서로를 아끼고 함께 살고자 하는 마음, 즉 상생의 정신이 있어야 모든 것이 유지된다. 남보다 많이 갖고 싶어서 동물을 더 잡고, 과도하게 채집하거나 경작하면 이 균형은 깨진다. 하지만 모두 그렇지 않았던 것이다. 이렇게 하므로 자연도 믿음직한 반응을 보여주는 것이다. 심은 대로 잘 맺히고 잘 익게 하여 풍년이 된다. 그렇게 서로를 믿고 자신도 믿음직하게 살면 내가 더 많이 가지려고 하지 않아도 쓸 것이 풍성하리라는 것이 무릉도원형 유토피아에 담긴 생각이다. 이화동 시렁에 배가 그득하였고, 묘향산 속 유토피아에는 시렁에 쌀이 가득하여 넓은 창고 같았다고 하는 것이 다 그런 것이다.

특별히 자연의 어느 면을 개발하거나 어떤 도구를 사용하지 않고, 사람들이 이곳저곳 이동해 다니지도 않으며, 소수가 모여 살면서 누군가 특별한 권력을 갖지도 않으며, 누군가 더 높아지려고 전쟁도 하지 않는다는 점에서 이런 공간은 노자가 말한 '소국과민'의 원리와 통한다. 무릉도원형 유토피아는 본래 도교 사상에 기반한 것이지만 이런 원리는 도교만의 것도 아니다. '공자는 낚시는 했으나 그물질은 하지 않았고, 주살질은 했어도 자는 새를 쏘지 않았다'[27]고 하였고, 이를 더 발전시켜 맹자는 왕도정치를 역설하면서

27 『論語』, 「述而」: 子釣而不綱, 弋不射宿.

"농사짓는 때를 어기지 않으면 곡식은 다 먹을 수 없을 만큼 얻게 되고, 너무 촘촘한 그물을 못에 넣지 않으면 물고기를 다 먹을 수 없을 만큼 얻게 되며, 도끼를 들고 숲에 들어가되 적절한 때를 지켜 하면 재목을 다 쓸 수 없을 만큼 얻게 된다"[28]고 하였다. 권력을 휘두르거나 욕심을 부려 세상을 소유하려 하지 않을 때 진정 이상적인 세상을 이룰 수 있다는 것인데, 무릉도원형 유토피아가 유지되는 원리도 이와 다르지 않은 것이다.

지금과 다른 유토피아에 살겠다고 세상과 단절된 어느 산에 들어가 살자고 하는 것도 부적절하고, 모두 농사짓고 살자고 하는 것도 지금 시대와 맞지 않는다. 일 하지 않고 공부만 하는 사람이나 관리만 하는 사람도 모두 없애자고 하기도 어려울 것이다. 하지만 옛 유토피아에서 오늘날에도 적용할 만한 것을 배운다면 그것은 그 공간의 유지, 조절을 가능하게 만들었던 그 정신적인 가치일 것이다. 나도 지키고 남도 지킬 것이라는 신뢰 가운데 필요한 것을 쓰고 거기에서 멈추어, 쓸 것이 부족하지 않는 세상을 만든다면 꼭 산속으로 가지 않더라도 지금 여기에서 새 세상을 살 수 있을 것이라는 원리는 지금도 적용할 수 있을 것이다. 더 가지려고 자연을 함부로 해치거나 유지 원리를 바꿔버리지도 않으므로 자연도 지력이나 풍성함을 유지하여 그만큼의 물산을 낼 것이다. 그러면 누구나 살 수 있다는 원리이다.

물론 이런 것은 공자나 맹자가 '인의'(仁義)에 의한 덕치, 왕도정치를 말할 때 춘추전국 시대의 군주들이 시대를 모르는 이야기라며 비웃고 받아들이지 않았다. 하지만 지금까지도, 아니 오늘날 더 그들의 사상이 다시 이야기되는 것은 결국 그렇게 되어야 다들 행복하고, 세상이 유지될 수 있음을 느끼고 있기 때문이다. 그래서 더 발전할 수 있는 기술도 어느 정도에서 멈추고, 더 만들어 낼 수 있는 것들도 하지 말자고 합의하기도 하는 세상에 우리가 살고 있다. 사유재산을 폐지하고 공유제를 하거나, 좀 더 편리한 기

---

28 『孟子』, 「梁惠王 上」 不違農時, 穀不可勝食也; 數罟不入洿池, 魚鼈不可勝食也; 斧斤以時入山林, 材木不可勝用也. 穀與魚鼈不可勝食, 材木不可勝用, ……

계를 만들어 사람이 일하지 않게 하는 것은 사람들에게 행복을 주는 유토피아가 아니라는 것을 우리는 이미 경험했다. 지금 세상에서 유토피아를 찾고 만들기 위해 노력하려면 유토피아의 정신적인 원리를 회복하거나 넓혀가는 것이 가장 효과적일 수 있을 것이다. 내가 지금 내가 쓸 것만 가져가도, 남도 그렇게 자기에게 필요한 것만 사용하여 내가 또 필요할 때 내가 쓸 것이 남아 있을 것이라는 믿음을 갖게 된다면 그 때부터 유토피아가 될 수 있다. 상호 간의 이런 믿음을 갖고 넓히는 노력이 바로 오늘날 할 수 있는 가장 효과적인 유토피아 만들기가 되지 않을까 싶다. 물론 지금도 춘추전국 시대 군주들처럼 비웃을 이들이 많겠지만, 그 속에서도 공자나 맹자의 주장이 궁극적으로 옳다는 것을 언젠가는 알고 따라갈 사람들이 없으리라고 어떻게 말하겠는가.

참고문헌

강민경 (2004). 조선 중기 유선문학 연구, 한양대 박사논문.

권소현 (2014). 16세기 성리학 유토피아. 서울: 민음사.

김동욱 (1998). 김영복 소장본 천예록에 실린 지리산노미진에 대하여, 문헌과 해석, 1998년 봄호, 파주: 태학사.

김영한 (1988). 르네상스의 유토피아 사상. 서울: 탐구당.

김왕수 (1994). 이상사회에 관한 한국인의 전통적 관념, 인문과학, 72호, 서울: 연세대학교 인문과학연구소.

김은미 (1989). 몽유도원도 題讚의 桃源觀 연구, 이화어문논집, 10호, 서울: 이화여대 한국어문학연구소.

모어, 토머스 (2011). 유토피아. 김남우 역. 서울: 문예출판사.

서신혜 (2006). 이상세계 형상과 도교 서사, 파주: 한국학술정보.

서신혜 (2010). 조선인의 유토피아, 파주: 문학동네.

심경호 (1992). 다산의 미원은사가에 담긴 귀전원 의식에 대하여, 정신문화연구, 15권 3호, 성남: 한국정신문화연구원.

이종은 역 (2004). 해동전도록 · 청학집. 서울: 보성문화사.

이종은 외 (1996). 한국문학에 나타난 유토피아 의식 연구, 한국학논집, 28집, 서울: 한양대 한국학연구소.

정　민 (2002). 초월의 상상. 서울: 휴머니스트.

정재서 (1994), 不死의 신화와 사상, 서울: 민음사.

조용호 (2001). 김광수의 몽유록 연구, 고소설연구, 11집, 한국고소설학회, 2001.6.

주강현 (2012), 유토피아의 탄생 – 섬 이상향 이어도의 심성사, 파주: 돌베개.

최규홍 외 (2013), 유토피아 인문학, 서울: 석탑출판.

한국사시민강좌편집위원회 (1992). 한국사시민강좌, 10집(특집–韓國史上의 理想社會論), 서울: 일조각.

황원구 (1982). 한국에서의 유토피아의 한 시도 – 판미동 고사의 연구, 동방학지, 32집, 서울: 연세대학교 국학연구원.

chapter **8**

왜 토머스 모어는 성인인가? : 토머스 모어에 대한 신학적 성찰

이 규 성

(서강대학교 신학대학원)

왜 토머스 모어는 성인인가? : 토머스 모어에 대한 신학적 성찰

이 규 성 (서강대학교 신학대학원)

Ⅰ. 성인이란?

20세기 최고의 가톨릭 신학자 중의 하나로 손꼽히는 한스 우르스 폰 발타살(Hans Urs von Balthasar, 1905-1988)은 성인(聖人)들에 대하여 다음과 같이 칭송한 바가 있다. "그리스도 복음에 관한 설명서가 의문의 여지없는 진리로 가득 차 있다 해도, 복음의 진리를 이 세상에 그럴듯하게 표현해 주는 것은 딱딱한 설명서가 아니라 […] 성인들이다."[1] 즉 복음서가 증언하고 선포하고자 하는 예수 그리스도에 대한 이해는 교의적인 가르침 또는 이론적인 해명을 통해서라기보다는 성인들의 증거를 통해서 더 잘 이루진다는 뜻이다. 성인들의 행적이 다른 여러 가르침들보다 훨씬 더 효과적이라서 그럴 것이다.

1 GL 1, 494.

일반적으로 성인이란 하느님으로부터 은총을 받아 하느님의 원천적인 거룩함에 참여하는 모든 신자들을 뜻한다. 이러한 거룩한 관계를 통해서 그들은 신학적 · 도덕적인 덕행을 실천하도록 노력한다. 즉 하느님의 법을 지키고 사랑을 실천하는 신자들은 모두 성인 또는 성도라고 불린다. 이보다 더 좁은 의미로 성인이란 전술한 내용을 전제로 그리스도와 긴밀한 결합과 일치를 이루어 탁월한 그리스도교적 삶을 보여주거나 또는 신앙으로 말미암아 순교당한 이들을 교회가 시성(諡聖)을 통하여 성인이라고 선포한 이들이다.[2] 성인들은 이상적인 그리스도교적 실존에 가깝다고 할 수 있다. 예수회원 데이비드 모쓰(David Moss)는 이러한 면에서 성인에 관하여 다음과 같이 말한다.

> 성인(聖人)들은 신앙의 보고(寶庫, deposit of faith) 안에 있는 의심의 여지없는 보물들을 밝게 드러내 준다. 그들은 우리를 그리스도교 신앙의 원천으로 되돌려주는데, 예를 들어 교회적 순명(ecclesial obedience)이나 경건한 제자직(reverent discipleship)이라는 관점에서뿐만 아니라 하느님 자신의 삼위의 삶이라는 모든 생명의 근원 그 자체로 우리를 되돌려준다는 면에서 그렇다.[3]

이들의 삶을 통해서 동시대와 후대의 많은 사람들이 그리스도교의 핵심적인 가르침인 '사랑'이 어떻게 구체적으로 실현될 수 있는지가 밝혀진다. 그들은 타의 모범이 되는 삶을 영위하지만 그렇다고 해서 자신들의 열정과 거룩함으로 말미암아 일반적인 사람들과 멀리 떨어져 위대한 신앙업적을 쌓는 사람들이 아니다. 성인들은 사람들이 따라가지도 못할 최상의 도덕적 또는 금욕적 업적을 성취하는 사람들은 아니다. 그들은 오히려 세상 한 가

---

2 윤민구, 한국 가톨릭 대사전 제7권, 4751–4754 참조.

3 David Moss, *The saints*, *in*: *The Cambridge Companion to Hans Urs von Balthasar* (Ed. E.T. Oakes, SJ/D. Moss), 81, Cambridge University Press, 2004.

운데에서 구체적으로 살아가고 있는 평범한 사람들 중의 하나라고 하는 것이 옳을 것이다. 따라서 그들은 종교적 근본주의자들이나 광신도도 아니며 종교적 신경쇠약에 걸린 이들도 아니다. 그들은 교회로부터 전달받은 계시진리를 객관적인 언어와 행위로 해석해 내어 자신의 이웃에게 하나의 구체적인 삶의 신앙적 전범(典範)으로 제시하는 이들이다. 그들은 일반 신앙인들과 같이 평범한 일상을 살아가면서도 자신이 속한 시대의 징조를 그리스도교적으로 해석하고 그 문제점을 통찰하고 해결책을 자신의 몸으로 구체적으로 제시한다. 일상에서 드러나는 이들의 행위는 이웃 인간들의 삶에 반성적인 빛을 주어 그들의 삶의 어두운 면을 일깨우게 하고 새로운 삶으로 이끌도록 자극한다. 결국 성인들은 자신들 고유의 삶을 통하여 그 삶을 영위하도록 이끄는 하느님의 놀라운 섭리를 이웃 인간들에게 보여준다. 신앙인들은 일상생활 속에서 성인들의 구체적인 삶을 통하여 결국 하느님에게로 인도되는 것이다. 성인들은 우리에게 구체적으로 어떻게 살아가야 하는지 자극을 준다. 그러나 그렇다고 해서 그들이 모든 면에서 완벽하다고 말할 수 없다는 것도 사실이다. 성인들은 많은 단점을 갖고도 구체적인 삶의 장에서 하느님의 거룩함에 참여하고 또 그 거룩함을 거꾸로 구체적으로 실현한다. 이러한 면에서 그들은 단순히 모든 면에서 두루 잘 사는 것이 아니라 역사적 맥락에서 자신의 고유한 과업을 실현하는 이들이라고 할 수 있다.

성인들은 그렇지만 그리스도교 신자로서 단지 웰빙과 같은 세속적 행복으로 삶을 꾸려나간 사람들과는 거리가 멀다. 오히려 그들은 그 반대의 삶을 수행하여 갔다고 할 수 있다. 즉 성인들은 어려움 없이 또는 순조로운 삶을 영위하면서 거룩함의 차원으로 상승 또는 비약하는 것이 아니라 나자렛 사람 예수 그리스도의 삶에 초대되어 존재의 더욱 깊은 차원에서 자신의 삶을 정화하여 살아간 사람들이라고 할 수 있는데 이러한 삶은 사실 어떠한 면에서는 외로운 실존적 고투(苦鬪)라고도 할 수 있다. 그것은 신비주의자들이 말하는 '어둔 밤'에 대한 경험이기도 하다. 달리 말해서 성인들은 신비롭기는 하지만 깊고 어두운 고통을 경험함으로써 십자가 위에서 버림받고 고통 속에서 죽어가는 예수 그리스도를 드러낸다. 따라서 먼저 찾아보아야 할 것은 고통 경험을 통해서 성인들이 어떠한 방식으로 예수 그리스도의 고통을 드러내는가이다. 그리고 그것은 영웅적인 모습으로 당당히 고통을 지고 가는 모습이 아니라 부족한 인간의 깊은 실존적인 면모를 보이면서도 그와 동시에 예수 그리스도와의 일치를 보여주는 차원이 된다. 그것은 즉 나약한 인간의 고통을 통해서 하느님의 영광을 드러내는 변증법적인 차원이라고 할 수 있다.

이러한 면에서 성 토머스 모어의 삶과 사상을 신학적인 차원에서 고찰하려면, 주의할 것은 그를 무조건적으로 가톨릭 교회의 영웅으로 만들려는 목적을 가져서는 안 된다는 것이다. 따라서 그를 있는 그대로 살피고 고찰하는 것이 중요한 요소로 등장한다. 이러한 목적을 이루기 위해서는 아마도 먼저 토머스 모어가 등장하기까지의 교회사적 배경과 당시의 철학적 · 신학적 맥락을 이해하여야 한다. 그러고 나서 토머스 모어의 저작을 통해서 드러나는 그의 사상과 영성이 신학적 차원에서 이해될 수 있을 것이다.

Ⅱ. 성(聖)과 속(俗)의 권력투쟁

토머스 모어가 생존하던 시절의 영국 국왕은 헨리 8세였다. 그는 토머스 모어를 반역죄 혐의로 처형하기까지 로마 교황청과 알력을 갖고 있었다. 그리고 헨리 8세가 교황권에 대결한 유일한 국왕도 아니라는 것도 주지의 사실이다. 교황과 국왕 간의 긴장 및 대결구도는 이미 중세에서 자주 벌어지는 사건이라고 할 수 있다.

그러나 다른 한 편으로는 중세의 유럽은 '그리스도교 왕국'이라는 단어로 특징지을 수 있다. 고대 이후 라틴 문화권은 물론 동구와 북구를 포함하여 유럽의 모든 나라들이 그리스도교화되었기 때문이다. 비록 지역과 민족 그리고 문화가 다르다고 하더라도 유럽의 모든 나라와 민족들은 그리스도교 신앙으로 일치할 수 있었다. 즉 유럽이라는 거대한 그리스도교 왕국은 교회와 국가가 현상적인 차원에서는 일치한 모습이라고 말할 수 있다.

고대 로마가 멸망하면서 서구는 일단 교황의 관리하에 있게 되었지만 9세기에 이르자 교회는 암흑의 세기(Saeculum obscurum)로 들어가게 되었다. 교회는 더 이상 이전만큼 유럽에 영향을 미칠 수가 없었으며 교황직은 몰락하기 시작하였다. 교회사학자 프란쯘은 이 시절의 교황직에 대하여 다음과 같이 말하기도 하였다. "교황직은 타락한 로마 귀족들의 당쟁에 휩쓸려 들어가서 그 보편적인 의의를 상실하고 지방권력의 노리개가 되었다."[4] 그에 의하면 11세기 중반까지 몇몇의 교황을 제외하고는 존경할 만한 교황은 찾아볼 수 없었던 것이다. 프란쯘은 나아가서 당시의 부정적인 상황을 다음과 같이 매우 비판적으로 표현하였다. "로마 주교좌가 보여준 모습은 교황직의 보편적인 중요성에 전혀 어울리는 것이 못 되었다. 로마 주교좌는 평범한 일개 지방 교구가 되어버렸고, 당시의 다른 많은 교구처럼 야만적이고 지배욕에 사로잡힌 귀족들의 파벌투쟁의 대상이 되었다."[5] 이러한 정치적 갈등은 대립교황의 탄생으로 이어지게 되었다. 여러 교황이 동시에 존재하게 되었지만 그들의 목적은 교회와 세상을 바른 길로 인도하는 것이 아니라 개인이나 가문의 정치적 욕망을 경쟁적으로 대변하는 것이었다. 이러한 혼란 중에 오토 1세(Otto, 912-973)가 로마 교황직에 개입하게 되어 교황권은 안정을 되찾게 되었다. 그러나 이는 또 하나의 문제를 야기하는 서막에 불과할 뿐이었다. 오토 대제는 교황권을 보호해 주는 것을 조건으로 자신은 교황으

4 아우구스트 프란쯘(1982), 〈교회사〉, 분도출판사, p.192.
5 위의 책, p.193.

로부터 황제등극을 인정받게 되었지만 자신의 제국을 새롭게 정리하면서 주교들을 통하여 자신의 권력을 유지하고자 하였다. 프란쯘에 의하면 카롤링거 왕조의 칼 마르텔(Karl Martell, 680–741)이 교회를 국유화했다면 오토 대제는 국가를 교회화하려고 시도했다고 한다.[6] 그는 이에 대해서 다음과 같이 말하였다.

> 오토는 의식적으로 교회의 소유지를 늘리고, 제후의 특전과 황제의 권리를 부여함으로써 주교들의 지위를 구축하려 하였다. 그는 주교들에게 온갖 유의 백작의 권리, 재판권, 조세권, 주화권, 개시권, 공무면제 특권, 그 밖의 권리들을 위임하였다. 이로써 그는 성직자 제후권력과 중세 봉건교회가 탄생할 토대를 놓았다.[7]

오토 대제가 이렇게 교회에 많은 힘을 주려던 이유는 자신의 중앙권력을 더욱 강화하려는 속셈이 있었기 때문이었다. 오토로부터 권력과 재산을 양도받은 교회는 그 재산을 지키기 위하여 강력한 중앙권력을 필요로 하였다. 거꾸로 "왕은 독신생활을 하는 주교와 신부들로부터, 그들이 상속과 일가세력을 형성할 필요가 없었으므로 왕권에 대한 야심을 두려워할 필요가 전혀 없었다. 그래서 황제와 교회의 이해관계가 여기서 일치하였다. 뿐만 아니라 대부분의 교회재산은 황제의 증여에서 유래하였고, 그래서 교구와 수도원을 제왕의 사유교회요 국토로 간주하고 그렇게 취급하려는 생각은 당연한 것이었다."[8] 즉, 제후들에게 권력과 토지를 양도해 주는 것보다 교회에 권력과 재산을 나누어주는 것이 황제 자신의 권력유지에 유리하였기 때문이다.

그 정치적인 배경이 어떠하든 간에 교회는 영(靈)과 성(聖)의 차원 그리

---

6 위의 책, p.197.

7 위의 책, p.197.

8 위의 책, p.197.

고 국가는 속(俗)적인 부분을 담당하게 되어 완연한 일치를 최소한 겉모습으로 보여준 것만은 틀림없다. 적어도 오토의 치세 때에는 국가적 · 교회적 이해관계가 서로 일치하였다고 할 수 있었다. 그러나 오토의 정책은 결국 성권과 속권의 일치보다는 그 우위권 쟁탈전의 단계로 발전하게 된다. 이 긴장은 교황 그레고리오 7세와 황제 하인리히 4세에 이르러 최고조에 달하였다. 1075년 교황 그레고리오 7세는 '평신도 서임권'을 폐지하고 그 모든 성직 임명에 관한 권리를 세속 군주로부터 교회로 되찾아왔다. 황제가 주교의 선임권을 가질 수 없다고 교황이 선언을 한 것이었다. 이를 통해 교황은 교회가 세속권력으로부터 독립하고자 하였다. 그러나 서임권을 통해 국가를 유지하던 황제 하인리히 4세는 이러한 조치에 당연히 찬성할 수 없었다. 그는 새로운 교황을 선출하겠다고 공포하고 자신의 가신을 밀라노의 주교로 임명하기에 이르렀다. 이 결과로 교황 그레고리오 7세는 하인리히 4세를 파문하였을 뿐만 아니라 교황청의 명령에 반대하여 황제의 편에 섰던 주교들까지도 파문 또는 직무 정지를 시켰다. 그와 동시에 교황은 황제의 신하들에게는 충성의 의무를 면제시키기도 하였다. 게다가 신성 로마 제국의 제후들이 파문을 계기로 새로운 황제를 선출하려는 조짐까지 있게 되었다. 이렇게 고조된 긴장은 결국 황제의 항복 외에는 다른 방법이 없었다. 1077년 그 유명한 '카노사의 치욕'이라는 사건을 통해서 하인리히 4세는 교황에게 굴복하였다. 하지만 이로써 교황과 황제 사이에서 이루어지는 쟁탈전이 막을 내린 것은 아니었다. 교황 이노첸시오 3세에 이르러 그 권한은 정점을 이루게 되고 14세기 보니파시오 8세(1294-1303)를 마지막으로 교황 우위의 시대는 막을 내린다.

14세기 당시 유럽의 패권을 차지하고 있던 필립은 교황 보니파치오 8세에게 군사를 보내어 감금하였다. 이 충격으로 얼마 안 있어 교황이 서거하자 필립은 1309년 교황좌를 자신의 세력권인 아비뇽으로 강제적으로 옮기도록 하였다. 이후 1377년까지 교황좌는 아비뇽에 머무르게 되었고 결국 교황직은 프랑스의 정치적 관심사에 따라 움직이게 됨으로써 보편적인 교회권위를 상실하게 된 것이다.

Ⅲ. 교황 수위설과 공의회 수위설

교황좌가 1377년 로마로 돌아오지만 그것은 교회 내의 심각한 분열로 확대되었다. 강압적인 교황선출 분위기로 말미암아 이에 반대하였던 추기경들이 추후에 다른 장소에서 또 다른 교황을 선출하였기 때문이었다. 두 교황 체제하에 어느 한 측도 양보를 하지 않은 상태에서 후계자들이 뒤를 잇게 되어 30여 년간 대치상태에 있게 되었다. 결국 이 문제를 해결하기 위하여 1409년 양측에 속한 추기경들이 피사에 모여서 두 교황의 허락이 없는 상태에서 공의회를 소집하여 새 교황을 선출하게 되었다. 이로써 세 명의 교황이 생기게 되었다.

피사에서 선출된 알렉산더 5세의 후계자 요한 23세는 대립교황의 문제를 해결하기 위하여 콘스탄츠에서 공의회(1414-1418)를 소집하였다. 선임자가 공의회를 통해서 선출되었고 자신이 그의 합법적인 후계자이므로 이 공의회를 통해서 요한 23세는 자신의 입장을 더욱 공고히 할 수 있으리라고 꿈꾸었다. 그러나 그것은 자신만의 꿈이었을 뿐이었다. 콘스탄츠에 모인 주교들은 3명의 교황을 모두 퇴위시켜야 일치가 회복될 것이라고 생각하였기 때문이었다. 체코의 개혁적인 신학자 얀 후스를 소환하여 결국은 화형까지 시킨 이 공의회는 "신앙, 이교의 극복, 머리와 지체의 교회개혁에 관해 공의회가 결의하는 것"에 복종해야 한다고 무소불위의 결정을 하였다.[9] 즉

9 아우구스트 프란쯘(1982), 〈교회사〉, 분도출판사, p.266.

교황조차도 공의회의 결정에 따라야 한다는 것이었다. 그 결과 요한 23세는 체포되어 심리를 거쳐서 폐위가 되었고 로마계 교황 그레고리오 12세는 자진하여 퇴위하였으며 퇴위를 거부하였던 완고한 아비뇽계 교황인 베네딕토 13세 또한 외교적 압력과 심리를 거쳐서 퇴위로 결정되었다.

세 명의 교황을 퇴위시킨 후 콘스탄츠 공의회는 교황직과 관련하여 교회의 개혁을 어떻게 관철할 것인가에 집중하였다. 강경한 공의회주의자들은 개혁을 먼저 결정 및 반포하고 나중에 선출된 교황을 반포된 개혁 안에 예속시켜 궁극적으로는 교황직을 공의회의 하부구조로 만들자고 주장하였다. 그들은 또한 공의회도 교황이 10년마다 정기적으로 개최하여야 한다고 하였다. 이러한 것을 주장한 이들은 주로 독일과 영국 출신의 주교들이었다. 그러나 이와는 다른 생각을 가진 이들과의 논쟁이 있게 되자 타협의 결과 공의회는 개혁을 다루기 전에 교황을 먼저 선출하고 개혁의 과제를 교황에게 맡기자고 결정하기에 이른다. 이 결과로 마르티노 5세가 선출되었다. 이로써 40년간의 분열은 막이 내렸지만 아직 '교황지상주의'와 '공의회주의'의 긴장은 해결되지 않은 채였다. 간과하면 안 될 것은 공의회주의가 승리를 거두고 콘스탄츠 공의회가 폐막되는 것으로 보이지만 실은 공의회주의자들은 극소수에 불과하였다는 사실이다. 그럼에도 불구하고 공의회주의는 바젤 공의회(1431-1447)에도 많은 영향을 미쳤다고 할 수 있다.

바젤 공의회를 소집한 교황 에우제니오 4세는 공의회에 참석한 공의회주의자들과의 긴장을 피할 수가 없었다. 당연히 공의회주의자들은 공의회가 교황보다는 상급 기관이라고 생각하였기 때문에 자신을 최고의 재판 및 행정 기관이라고 여겼다. 나아가서 공의회주의자들은 교황을 호출하여 여러 가지 사안에 대해서 해명을 요구하기도 하였다. 이에 반발한 에우제니오 4세는 공의회를 페라라로 이전하였는데, 바젤에 남아 있는 공의회주의자들은 새 교황을 선출하기에 이르렀다. 그러나 펠릭스 5세로 자신을 칭한 새 교황은 오로지 제한된 지역에서만 교황으로 인정되었기에 1449년에 자진

퇴위를 하였다.

결국 교회 내의 일치가 가능하게 되었지만 교회 내의 상처는 크게 남게 되었다. 그것은 곧 공의회가 소집될 경우 공의회주의자들이 교황권에 대항하여 어떠한 일을 벌일지 모른다는 두려움이 그 이후의 교황들을 사로잡았기 때문이었다. 그리고 이는 후에 종교개혁의 시기에도 그대로 작용하여 교회가 분열되는 계기가 되었다. 공의회수위설과 교황수위설의 논란은 16세기의 교회분열을 준비하였던 것이다.

Ⅳ. 영적인 개혁운동

교황과 황제를 둘러싼 교회와 제국 사이에서의 권력투쟁 그리고 교황권과 공의회수위권을 둘러싼 교황들과 공의회주의자들의 교회 내 권력투쟁은 많은 사람들을 실망시켰지만 그럼에도 불구하고 교회가 유지될 수 있었던 것은 여러모로 보나 교회 내에 지속적인 개혁운동이 있었기 때문이었다. 이러한 개혁운동의 선두로서 우선 수도원을 중심으로 한 영적 개혁운동을 손꼽아야 할 것이다. 오토 대제 이후로 급속히 부유하게 되는 교회와 달리 수도자들은 오히려 세상과 거리를 두고 자신들의 수도생활을 통해 교회의 내부적인 개혁을 추진하게 되었다. 그들은 침묵 가운데 전례생활에 전념하고 수도 공동체의 정신을 키워나갔다. 특히 10-12세기에 걸친 클뤼니 수도원의 영적 개혁운동은 탁월하였다고 볼 수 있다. 물론 봉건적이고 귀족적인 면모를 띄고 있었던 기존의 제국 수도원들은 황제의 후원을 바탕으로 성장하였기에, 클리뉘 수도원의 개혁운동에 찬동할 수는 없었다. 이들은 또한 교황과 황제 사이에 긴장이 있었을 때에도 거의 대부분 황제의 편을 들어준 사람들이었다.[10] 하지만 클뤼니 개혁운동은 그리스도교인들에게 영성생활이 어떠한지를 알려주게 되었고, 자신들의 가난한 공동 수도생활을 통하여 세상과 교회의 타락 그리고 그 해결방법을 간접적으로나마 잘 제시하였다고 할 수 있다.

새로운 그리스도교적 삶의 차원을 열어 보인 클뤼니의 개혁운동은 그리스도교인들을 다양한 수도생활로 이끌도록 영향을 주었다. 그것은 주로 공동체적인 것이긴 하였지만 때로는 개인적인 것이기도 하였다. 어떤 이들은 고행을 하면서 설교하고 유랑을 하기도 하였고 어떤 이들은 공동체를 결성하여 청빈과 금욕의 사도적 생활을 영위하기도 하였다. 이러한 영적 개혁운동의 한가운데에 카르투시오회도 창설되었다. 이 수도회는 훗날 토머스 모어가 젊은 시절 자신의 성소를 확인하기 위하여 몇 년간을 머물던 곳이기도 하다. 카르투시오는 회원수가 많은 적이 없었지만 설내침묵과 기도를 통해 자신의 삶을 영위하였다. 공동생활이 중요하긴 하지만 일반적으로 거의 홀로 독방에 거처하고 홀로 관상생활을 하였던 이들은 개혁이 필요 없는 수도회라고 일컬어지기도 하였다. 왜냐하면 그들의 삶에는 개혁이 필요가 없었기 때문이었다고 한다(Cartusia numquam reformanda, quia numquam deformata).[11]

사도생활을 영위한다는 것은 프란쯘에 의하면 그리스도와 그의 사도들의 모범을 따라 가난한 순회선교생활을 한다는 이상과 밀접히 연결되어 있다.[12] 게다가 십자군 전쟁으로 말미암아 사도적 생활에 대한 갈망은 더욱 커져만 갔다. 이로 말미암아 많은 사람들이 성경에 대한 관심을 갖게 되었

---

10 아우구스트 프란쯘(1982), 〈교회사〉, 분도출판사, p.209.

11 이외에 베네딕도 수도회를 쇄신하는 시토회의 개혁운동이 일어나기도 하였다. 나아가서 개혁적인 재속성직자들도 나타났다. 그들은 수도서원을 할 필요가 없었기에 청빈서원을 하지는 않았지만 공동생활을 위해서 정결과 순명을 서원하였다. 재속성직자들의 개혁은 그 영향이 커서 오늘날 예수회도 여기에 뿌리를 두었다고 할 수 있겠다.

12 아우구스트 프란쯘(1982), 〈교회사〉, 분도출판사, p.232.

고 성경 말씀을 해설해 주는 명연설가들의 해설을 들으면서 예수 그리스도와 사도들의 삶을 자신의 것으로 삼으려고 하였다. 이러한 경향은 피동적인 차원으로만 그치지는 않는다. 왜냐하면 제국이 번성하면서 이에 따라 국가와 밀접한 관계를 유지하던 교회가 부유하게 되지만 다른 한편으로는 시민계급의 성장도 함께 있었기 때문이다. 새로운 사회적 계층을 형성하게 된 이들은 이제는 성직자들의 지도를 단순히 따르지는 않을 만큼 정신적으로도 성장해 있었다. 그들은 이제 독자적으로 종교적인 문제에 개입하고 숙고하고 판단할 상태로 커져 있었다. 이들에게는 성경을 직접 읽고자 하는 갈망이 있었고 직접 공부하려는 자세도 있었다. 교회의 삶에 시민계급이 주도적으로 투신하는 것에는 교회의 영적 삶이 풍요로워진다는 장점을 갖는 것도 있지만, 당시에는 체계적인 교육의 부재로 말미암아 오류 및 이설에 노출될 위험도 있었다. 따라서 교회가 이러한 새로운 운동을 어떻게 인도하는가도 중요한 문제로 등장하게 된다. 비록 청빈한 영성적 개혁운동이긴 하였지만 왈도파 운동과 정결파 운동이 나타나기도 하였다. 이단으로 판정된 이들의 영성적 개혁운동은 부유한 교회에 대항하여 스스로 가진 것을 모두 가난한 사람들에게 나누어 주어 청빈생활을 영위하며 나아가서 엄격한 속죄생활을 수행하여야 한다고 주장하였다. 그들의 가르침은 잘못된 성서이해를 바탕으로 이루어졌기에 이단으로 판명될 수밖에 없었지만 당시 교회의 부유함에 일침을 놓는 운동이었다고 할 수 있겠다.

청빈 영성과 관련하여 프란치스코회는 가장 대표적이라고 할 수 있다. 십자군 전쟁의 와중에 회심을 한 프란치스코는 지속적인 속죄행위와 청빈의 삶으로 유럽에 많은 영향을 주었다. 그는 하느님의 나라를 선포하여 대립과 전쟁보다는 사랑과 평화를 강조하였다. 그의 활동을 통해서 교회는 청빈이라는 개념을 다시 새롭게 이해할 수 있었다. 프란치스코회와 더불어 동시에 창설된 수도회는 도미니코회이다. 도미니코는 프란치스코의 엄격한 청빈 사상에 감화되어 가난하게 살기를 결심하였다. 그러나 그는 가난함을 실천적인 차원에서 구현하는 것도 중요하지만 여러 이단이 출몰하는 상황하에서는 좋은 신학교육을 시키는 것도 중요하다고 생각하였다. 이러한 이유로 말미암아 도미니코는 사도적 청빈을 실행하는 순회설교사로서 그리고 그와 동시에 신학자로서의 명성을 얻게 되었다.

Ⅴ. 다양한 신학운동

캔터베리의 안셀무스(Anselmus Cantuariensis, 1033-1109)를 필두로 신학은 그 전과는 다른 면모를 갖게 되었다. 중세 전기에는 교부학 및 성서신학적인 전통을 갖고 있었다면 안셀무스 이후로는 좀 더 체계적인 사고를 갖게 되어 철학적 사유의 도움을 빌리기도 하였다. 이 무렵 장원제도가 서서히 몰락하고 대도시가 건설되기 시작하자 스콜라 신학의 학문 활동은 수도회에서 벗어나 대학으로 옮겨지게 되었다. 토머스 아퀴나스와 보나벤투라를 위시한 중세 중기의 스콜라 학풍은 그 전성기에 달하였다고 할 수 있다. 아리스토텔레스의 철학적 사유를 기반으로 주지주의적인 색채를 띠는 토머스 아퀴나스는 특히 보편교회를 강조하고 성체성사의 실체변화(Transsubstantiatio)를 주장하였다. 그는 또한 하느님을 아는 것을 신학적으로 추구하였다고 할 수 있다. 반면에 플라톤과 아우구스티누적 사유에 기반을 두고 있는 보나벤투라는 주의주의적 색채를 띠고 있으며 무엇보다 하느님의 사랑을 추구하는 신학자였다. 또한 둔스 스코투스(Duns Scotus, 1266-1308)와 윌리엄 오캄(William of Ockham, 1285-1349)이 전술한 위대한 학자들의 뒤를 따랐다. 이들은 특히 토머스 아퀴나스에 반대하는 입장을 보였다. 둔스 스코투스는 신에 대한 철학적 논증은 불가능한 것이며, 신학은 계시에 바탕을 두어야 하고 개별성이 구체적으로 완성의 길을 가는 것이기에 보편성에 못지않게 중요하다고 보았다. 또한 그는 보나벤투라를 따라 인간의 지성보다는 의지가 더 중요한 것으로 간주하였다. 의지가 인간의 개별적 특성을 부여하는 것이기 때문이다. 윌리엄 오컴 또한 둔스 스코투스와 같은 입장을 취하며 보편 개념이 존재하는 것은 아니고 그것은 오로지 이름만 있는 것뿐이라는 유명론을 취하였다. 따라서 이름뿐인 보편성보다는 구체적으로 존재하는 개별성이 더욱 우선적인 것이라고 주장하였다. 이는 토머스 아퀴나스의 보편실재론에 반대되는 주장이다. 윌리엄 오컴은 청빈논쟁의 한가운데 있었던 인물로서 교회의 사치스러움에 통렬한 비판을 가한 인물이기도 하였다. 이때는 교황청이 아비뇽에 있을 적이었는데 이러한 비판적 자세로 말미암아 윌리엄 오컴은 평생 교회의 박해를 받으며 살아야 했다.

신학적인 입장에서 교회의 부패와 사치를 비판한 이는 그 뒤에도 뒤를 잇게 된다. 존 위클리프(John Wycliffe, 1320-1384)가 그 대표적인 인물이라고 할 수 있다. 존 위클리프는 성체성사에 예수 그리스도가 참으로 존재하는지에 대하여 의문을 제기하였다. 그는 또한 성서를 영어로 번역하여 많은 사람들이 읽을 수 있도록 하였지만 결국 이로 말미암아 교회로부터 이단이라는 선고를 받게 되었다. 그리고 위클리프의 이러한 시도는 종교개혁의 불씨를 당기게 되었다. 위클리프의 영향을 받은 체코의 신학자 얀 후스(Jan Hus, 1372-1415) 또한 성체성사에 대한 의문을 제기하였고 교회의 타락상을 고발하였을 뿐만 아니라 성경을 체코어로 번역하였다. 나아가서 그는 대중설교를 통해 많은 사람들의 지지를 이끌어 냈다. 그렇지만 이러한 이유로 말미암아 얀 후스는 콘스탄츠 공의회에 소환되어 자신의 입장을 소명하였음에도 불구하고 결국 화형에 처해졌다.

Ⅵ. 인문주의의 영향

십자군 전쟁 이후로 상공업이 발달되면서 유럽의 전통적인 봉건제도는 서서히 무너지기 시작하였다. 시민계층이 주도한 상공업은 대도시를 중심으로 발전되기 시작하였고 이곳에서 중세의 대학들이 탄생하였으며 다양한 학문의 기회가 제공되기에 이르렀다. 시민계층은 스스로 공부를 할 수 있는 좀 더 많은 기회를 갖게 되었다. 전통적 학문인 신학이나 철학만이 아니라 당시 다양한 학문들이 궁구되기 시작하였다. 삼학(trivium)으로 알려진 문법, 논리학 그리고 수사학, 사학(quadruvium)으로 알려진 산술학, 기하학, 음악 그리고 천문학을 배울 수 있었다. 신학이나 철학을 배우기 위해서는 오늘날 교양과목이라고 하는[13] 이러한 과목들을 기본으로 공부하여야 했나. 시민들이 자유롭게 참여할 수 있는 이러한 교육체계로 말미암아 교회는 더 이상 유럽인들에게 그 참된 영향력을 발휘할 수 없었다. 더군다나 교회가 부패와 사치로 비판을 받고 있는 입장에 서 있었다면 더 말할 나위도 없었다.

이러한 대학 교육에서 시작된 학문은 더 나아가 이탈리아의 인문주의자들에게 이어진다. 단테(Durante degli Alighieri, 1265-1321)나 페트라르카(Francesco Petrarca, 1304-1374) 그리고 보카치오(Giovanni Boccaccio, 1313-1375)가 그 대표자들로, 이들은 교회가 가르치는 것 외에 고대의 그리스와 로마 시대의 문학가들을 다시 발견하여 인간과 세상에 대한 새로운 이해를 추구하였다. 인간의 성품과 윤리적 능력, 세상에 대한 책임감 그리고 그 창조적 능력을 이들은 고대의 문학에서 찾으려고 하였으며 이상적인 인간을 교육시키고 사회에 배출함으로써 사회의 변화를 꿈꾸었다. 이들의 입장은

---

13 당시에는 자유학(artes liberales)이라고 불렸음.

북유럽의 에라스무스에게 영향을 미쳤고 에라스무스는 토머스 모어와의 교류를 통하여 고대의 작가인 루치아노를 함께 연구하기도 하였다.

Ⅶ. 평신도 수도자 및 인문주의자로서의 토머스 모어 ■

평민 출신이었던 토머스 모어는 법률가인 아버지 존 모어(John More, 1451–1530)의 후원으로 좋은 교육여건을 가질 수 있었다. 어려서 라틴어를 배우고 나서 그는 아버지의 주선으로 대주교 존 모튼(John Morton, 1420–1500)의 시동으로 들어가 공부할 기회가 있었다. 비록 긴 시간은 아니었지만 토머스 모어가 그곳에서 종교계의 거물이 갖고 있던 품위, 영국 교회의 상황 그리고 영국의 교회와 국가와의 관계에 대해서 어느 정도 배울 수 있었던 기간으로 짐작된다. 특히 존 모튼 대주교와 요크 왕가의 마지막 국왕이었던 리차드 3세 사이에서의 긴장과 갈등이 어떠했는지를, 그리고 그 왕들과의 관계를 어떠한 방식으로 풀어가는지를 비록 어리지만 간접적으로나마 배웠을 것이다.

토머스 모어는 그 이후 존 모튼의 영향으로 말미암아 옥스퍼드 대학교에 진학하여 그리스어 및 인문학을 배울 기회를 갖게 되었다. 그는 이 분야에 많은 관심을 가졌지만 아버지의 뜻을 따라 런던에서 법학을 공부하게 된다. 그 이후 그는 카르투시오 수도원에서 4년간 머물며 수도자가 될 고민도 하였다. 카르투시오회는 전술한 바와 같이 전통적으로 개혁적인 수도회이다. 여러 수도회 중에 어떠한 이유로 그가 하필이면 카르투시오회를 선택하여 그곳에서 기거하였는지는 알려져 있지 않았지만 그는 그곳에서 서원을 하지 않은 상태에서 수도자와 같은 수준으로 수도생활을 하였다. 그리고 이는 비록 수도자로서의 삶을 선택하지는 않았지만 수도자로서의 영성과 금욕적이고도 가난한 삶의 방식을 평생 수행하는 길잡이가 되었다. 그는 이러한 경험을 기반으로 기도하는 삶을 가질 수 있었고 영적 생활을 할 수 있었다. 1505년 그는 결혼하고 평신도로서의 삶을 결정하였지만 수도자로서의 면모를 지속적으로 가졌다. 런던으로 돌아와서도 토머스 모어는 그리스 문학을 공부할 기회를 갖기도 하였다. 훗날 그는 에라스무스를 만나서 함께 루치아노스(Lucianos, 120–180)를 연구하기도 하였다. 루치아노스의 저작을 번역하면서 토머스 모어는 사회 현실에 대하여 풍자와 해학으로 표현할 수 있는 능력을 배웠을 것이다. 그리고 이러한 그의 능력을 바탕으로 저술된 것이 『유토피아』다. 비록 최근 외국의 어느 드라마는 토머스 모어를 위선적이고 또 오만하며 독선적이라고 표현하지만 오히려 그를 가까운 거리에서 살펴본 에라스무스의 평가가 더욱 정확할 것으로 보인다. 그는 토머스 모어를 두고 다음과 같이 평가하였다.

> "자연이 지금껏 창조한 것으로 토머스 모어의 천성보다 더 너그럽고 더 감미롭고 더 만족스러운 것이 과연 있었을까?"[14]

토머스 모어가 살던 시대에는 교회의 전통이 비록 사회적인 차원에 영향력을 갖고 있었다고는 하나 그렇다고 해서 교회의 권위가 당연시 여겨지던 세상은 아니었다. 인문주의자들은 교회의 전통적인 가르침을 그냥 받아들이지 않았다. 교회의 가르침이 의미가 있으려면 단순히 권위 하나로 만족될 수 없으며 그것은 시민의 삶을 풍족하게 하고 윤리적인 삶으로 의미가 있을 때이다. 아우구스티누스의 『신국론』(Civitas Dei)에 대하여 많은 관심을 가졌고 또 이를 주제로 강의까지 하였으며 그와 동시에 인문주의에 관심이

---

14 M. Nichols, trans. and ed., *The Epistles of Erasmus: From His Earlist Letters to His Fifty–First Year*(1901–1918; reprint, New York: Russel and Russel, 1962), 1: 226.

많았던 토머스 모어도 비록 후에 정치인이자 법관으로서의 삶을 영위하지만 이 영향으로 인문주의적 가르침과 교회의 가르침을 통합하여 사회 안정과 윤리적인 삶에 많은 집중을 하고자 하였다. 따라서 윤리적 삶을 영위하는 데에 중요한 성품인 덕은 그에게 중요한 개념 중의 하나였고 이러한 이유로 그는 스스로 덕을 쌓으려고 노력을 한 인물이었다.

토머스 모어는 사회의 중요한 직위를 수행하면서 구체적인 삶의 차원을 중요시 여겼기에 중세에서 중요하게 여겼던 추상적이고 사변적인 토론에 대해서는 비교적 거리를 유지하였다. 예를 들어서 '바늘 끝 위에 얼마나 많은 천사가 설 수 있을까?'라는 식의 질문을 하고 여기에 대해서 신학 논쟁을 편다면 그것은 사회적으로나 더군다나 교회적으로나 아무런 도움이 되지는 않는 것이기 때문이다. 토머스 모어는 공동체 차원에서나 개인적인 차원에서나 구체적인 삶에 관심이 있었기 때문이었다. 그의 작품 『유토피아』에서도 그는 단순히 이상적인 사회를 그려내는 것이 아니었다. 유토피아는 비록 그 뜻 자체로 존재하지 않는 곳이지만 그럼에도 불구하고 그는 자신의 작품을 통해서 구체적인 사회에 대한 비판적 입장을, 때로는 풍자적인 입장을 보이면서 어떻게 하면 자신이 살고 있는 사회가 단순히 추상적인 사회가 아니라 구체적인 좋은 사회로 발전할 수 있는가에 대하여 관심을 보이고 있는 것이다. 그것은 앞으로 20년 후에 자신에게 벌어질 일까지도 우연하게나마 예측한 것이기도 하다. 현명한 자문 또는 정치적 동반자가 없게 된다면 왕이나 군주가 쉽게 독재자가 되기 쉽고 또 덕이 없는 조신들은 아첨에만 의존하게 된다고 그는 보았다. 그래서 그에게 지덕체(智德體)로 이해되는 덕은 인간에게 중요한 것이다.

그렇다면 그가 대법관 시절 종교개혁의 여파가 영국에까지 미쳤을 때 과연 그는 광적인 신자로서 행동을 했던 것일까? 서슴없이 윌리엄 틴들(William Tyndale, 1494-1536)과 같은 종교개혁가를 고문하고 화형을 집행하도록 명령하였던 가톨릭 근본주의자이자 무자비한 탄압자였을까?

우선적으로 토머스 모어는 신학에 대해서 조예가 깊지만 전문 신학자가 아니라는 것에 주의를 해야 한다. 또한 루터나 틴들은 로마로부터 이단으로 판정을 받았기 때문에 이에 대해서 토머스 모어는 어떠한 이의를 제기하지 않은 것으로 보인다. 그리고 토머스 모어의 입장에서 보면 자신은 신학자가 아니기 때문에 그들에 대한 이단심의를 할 수 있는 권한도 사실상 없는 것이다. 이러한 전제를 두고 보면 토머스 모어의 입장에서는—오늘날에는 종교개혁자라고 일컬어지는 이들이겠지만—그들은 이단이자 국가사회를 분열시키고 불안을 조성시키는 불순주의자로 드러난다. 실제로 토머스 모어는 자신의 입장에서 보면 종교개혁자를 만난 것이 아니라 이단자를 만난 것일 뿐이었다. 그는 이단을 "이단은 자신의 사고에 집착하여 가톨릭 교회의 가르침 및 구원에 반대되는 모든 이들"이라고 이해하였다.[15] 이단이란 공교회의 가르침보다는 자신의 개인적인 사고에 집착하고 구원질서를 해치는 자들인 것이다. 중세의 전통에 따르면 세상에는 두 가지 질서가 있다. 하나는 은총의 질서로서 그것은 교회에 귀속되는 것이다. 그리고 세속적인 질서가 있는데 그것은 국가에 귀속된다. 그러나 두 질서는 서로 분리되지 않고 사실 하나의 일치된 질서로서 드러나고 있다. 따라서 한 가지 질서가 훼손이 될 때에는 다른 질서에 영향을 미치게 된다. 인간의 구원과 관련한다면 그것은 교회이 일이지만 그렇다고 해서 국가적인 차원과 전혀 별개로 생각할 수 없는 것이 된다. 마찬가지로 국가질서에 관련한 일이 인간의 구원질서와 전혀 다른 것으로 생각할 수는 없다. 즉 두 가지 서로 다른 질서라고 하더라도 그 둘은 서로를 지향하며 일치를 이룬다.

이러한 면에서 토머스 모어가 '오직 성서만으로'(sola scriptura)를 주장한 루터에게 적대적인 입장을 보인다는 것이 이해될 수 있다. 루터는 성서에 대한 교회의 가르침보다는 성서에 대한 개인의 이해를 더 강조하는 것으로 보였고 나아가서 기존의 질서를 흩트렸기 때문이다. 즉 이단은 토머스 모어

15 CW 10:30

에게는 종교질서만이 아니라 사회적 질서를 해치는 것으로 이해되었다. 종교는 그에게 있어서 사회적 질서의 기반으로 이해되었기에 종교적 질서를 어지럽히는 것은 곧 사회적 질서를 파괴하는 시도로 간주되었다. 그리고 그는 위클리프의 추종자들에 의하여 영국의 사회질서가 혼란스럽게 되었다는 것을 먼저 배우기도 하고 경험하기도 하였기 때문이었다. 토머스 모어에게 있어서 이단은 사회의 질서를 어지럽히는 강도와 살인자와 동일하였다. 그리고 이에 대한 징벌은 죽음이었다. 토머스 모어는 물론 성직자가 아니었기에 종교재판으로 이단을 심판하지는 않았다. 그는 법관이었기에 법으로서 이단을 재판하였다는 것을 주의하여야 한다. 그는 그들의 이론에서 단지 신학적인 새로운 가르침을 발견하였기보다는 새로운 사회질서를 구축하려는 시도를 보았기 때문에 법관으로서 그 재판을 관할한 것이라고 할 수 있다. 그러나 그것은 또한 신앙인으로서 양심에 따라 수행하여야 할 일이기도 한 것이었다.

토머스 모어는 신앙과 정치적 사고 두 가지 입장을 어떻게 해서든 하나로 통합시키고자 하였다. 그것은 로마 가톨릭의 충실한 신자이자 영국의 법관으로서 서로 다른 차원의 것이긴 하지만 이 둘은 그에게 있어서 하나로 일치되어야 했다. 물론 이러한 내면적이자 외면적인 일치는 쉽지는 않다. 그러나 신자로서 토머스 모어와 법률가로서의 토머스 모어가 전혀 별개의 것이라고 한다면 그것은 내적인 불일치만이 아니라 외적인 불일치를 말하는 것이다. 어떠한 면에서 그것은 이율배반적인 그리고 이중적인 인격자로 보일 수 있는 것이다. 이러한 면에서 토머스 모어는 두 가지 차원의 것을 하나로 통합하려는 의지가 강하였던 것으로 보인다.

신앙인가? 아니면 정치인가? 이 두 가지 차원을 하나로 연결시키는 끈의 역할을 하는 것이 바로 양심이다. 신앙의 차원이든 또는 정치의 차원이든 간에 그는 양심에 입각해서 사안을 보려고 했던 것이다. 따라서 헨리 8세가 아라곤의 카타리나(Catherine of Aragon, 1485-1536)와의 이혼을 결심

하였을 때 그는 동의할 수 없었으며 나아가서 헨리 8세가 영국 교회와 로마 가톨릭과의 관계를 단절하고 자신을 영국 교회의 수장으로 선언하고자 하였을 때 동의할 수 없었던 것이다. 그것은 단순히 토머스 모어가 무조건 로마 가톨릭 교회의 편을 들려고 한 것이 아니라, 자신이 양심에 의거하여 교회의 가르침을 따르는 것이 옳다고 생각하였기 때문이었다.

토머스 모어의 시대에 교회는 과거와 같은 절대적인 권위를 차지하지는 못하였다. 교회는 때때로 조롱거리였다. 또한 교회의 말에 무조건적인 순명을 한다는 것은 사실 바보스러운 것으로 여겨지기도 하였다. 토머스 모어는 이러한 시대를 살면서도 비록 교회의 상층부를 구성하는 인물들의 단점들이 있을지언정 교회의 가르침은 인간 세상의 구원을 위하여 중요한 것이고 객관적인 질서를 부여한다고 보았다. 권위를 잃어가고 있는 로마 가톨릭 교회의 가르침을 대변한다는 것은 토머스 모어에게는 물론 다른 정치인들에게도 유리할 수는 없었다.

우리는 토머스 모어가 국왕 헨리 8세의 명령을 감히 어긴 대담한 인물이라고 이해할 수 있다. 자신의 양심에 어긋나는 것에 대해 동의할 수 없었다는 사실은 매우 영웅적인 것이라고 이해할 수 있다. 그러나 그 또한 연약한 인간이기도 하였다. 그가 런던탑에 갇혀서 작성한 마지막 저술인 「그리스도의 슬픔에 관하여」(De Tristitia Christi)라는 글을 보면 앞으로 닥칠 고통에 대해 두려워하는 그리스도가 슬퍼하는 모습을 그린다. 물론 자신의 입장을 수난을 앞둔 예수 그리스도에게 모두 감정이입을 한 것은 아니겠지만 그는 고통 앞에 서 있는 인간 예수 그리스도를 자세히 그리고 예리하게 파악한다. 그에게 있어서 예수 그리스도는 고통에 두려워하지 않는 슈퍼맨이 아니었다. 그리고 자신도 예수 그리스도의 그러한 입장에 동의하는 것으로 보인다. 예수 그리스도의 수난을 자신의 고통으로 여기는 이해방식은 전통적인 성서해석과는 다른 차원을 보인다. 우의적이거나 예형적이고 분석적인 성서해석보다 토머스 모어는 오히려 영적인 성서해석의 방법을 보이고 있다. 이를 통해서 그리스도의 깊은 신비적인 차원에 도달하려고 하였고 또 그러한 방법은 성서를 읽는 어느 누구에게도 가능한 방법으로 제시하는 것으로 보인다. 성서에서 드러나는 성자 예수 그리스도는 하느님이지만 그와 동시에 우리와 동일한 인간이라는 것을 그는 이 묵상서를 작성하면서 보여주고자 하였다. 그것은 고통 앞에서 괴로워하는 이는 누구나가 심지어 예수 그리스도조차 괴로워할 수밖에 없다는 것을 알려주는 것이었다. 심지어 예수 그리스도의 세 제자들조차도 여기서 자유로울 수는 없었다. 예수 그리스도가 겟세마니 동산에서 고통을 당하고 있을 때 그들은 잠들고 만 것이다. 그리고 인간은 이러한 어처구니없는 일을 저지르는 존재이기도 하다는 것이 토머스 모어의 입장이다. 사도들의 후예가 당시의 주교라고 여겨졌기에 토머스 모어는 간접적인 방식으로 당시 교회의 고위 성직자들을 비판하기도 한 것이었다. 어떤 이들은 고통에 대한 두려움으로 말미암아 예수 그리스도의 가르침을 지키기가 쉽지 않다는 것을 토머스 모어는 알리고자 하였다. 따라서 신앙 때문에 또는 양심 때문에 순교를 당하더라고 그것은 당당하고 떳떳한 일이기도 하지만 어떤 이들에게는 괴로움과 고통이 없을 수는 없다는 것을 토머스 모어는 보여주고 있다. 이를 통해 런던탑에서 자신의 내적 경험을 토머스 모어는 간접적으로나마 잘 보여주고 있다고 볼 수 있다.[16] 이러한 면에서 토머스 모어는 당시 유행하였던 전통적인 성인전인 「황금전설」(Legenda aurea)과는 다른 모습을 보이고 있다. 왜냐하면 「황금전설」에서는 신앙의 영웅들이 과장되어서 소개되기 때문이다. 그리고 이러한 면에서 토머스 모어는 인간에 대해서 균형 잡힌 이해를 보이고 있다고 볼 수 있다. 아마도 그의 이러한 면모는 인문학적인 배경으로 말미암은 것이라고 할 수 있다.

---

16 CW 14:249.

Ⅷ. 나가면서

2000년 10월 31일 교황 요한 바오로 2세는 성 토머스 모어를 정치인들의 수호성인으로 선포하면서 다음과 같은 말을 한 적이 있다.

> 성 토머스 모어의 삶과 순교는 인간 양심의 양도할 수 없는 존엄을 수세기에 걸쳐 모든 지역의 사람들에게 말해 주는 메시지의 원천이 되어 왔습니다. 제2차 바티칸 공의회는 우리에게, 인간의 양심이란 "인간의 가장 은밀한 핵심이며 지성소이다. 거기에서 인간은 홀로 하느님과 함께 있고 그 깊은 곳에서 하느님의 목소리를 듣는다."(현대 세계의 교회에 관한 사목 헌장[Gaudium et Spes], 16항) 하고 상기시켜 줍니다. 인간이 진리의 외침에 귀 기울일 때마다 양심은 그들의 행동을 확실하게 선으로 이끌어 줍니다. 성 토머스 모어는 진리가 권력에 우선한다는 것을 목숨을 바쳐서까지 증언하였기 때문에 도덕적 고결함의 영원한 본보기로 존경받고 있습니다. 또한 교회 밖에서까지, 특히 민족의 운명을 책임지고 있는 사람들 사이에서, 그는 인간에 대한 봉사를 최고의 목적으로 삼는 정치 제도를 위한 영감의 원천으로 인정받고 있습니다.

교황 요한 바오로 2세에게 있어서 토머스 모어는 '양심의 인간'으로 비추어진 것이다. 그는 정치권력 또는 교회권력에 아첨을 한 것이 아니라 자신이 양심에 의거하여 옳다고 확신한 것을 선택하였으며 그것을 위하여 자신의 모든 삶을 바쳤다. 양심은 인간의 가장 거룩한 장소이고 이 거룩한 장소는 그 어떠한 권력에 의해서도 훼손될 수 없기 때문이었다.

토머스 모어는 '양심의 화신'이었지만 이것만으로 그를 이해하기에는 매우 부족하게 보인다. 그는 '시대의 화신'이었다고 볼 수 있다. 그는 교회의 전통과 가르침을 잘 알고 있었을 뿐만 아니라 정치적 상황을 잘 이해하고 있었던 인물이었다. 그리고 인문주의적 학습을 통해서 새로운 자신이 속한 시대와 인간의 문제를 잘 숙지하고 있었다. 나아가서 그는 이러한 문제들이 어떠한 방식으로 해결될 수 있는지를 다양한 저술을 통하여 제안하고자 하였고 또 문제제기를 통하여 다른 이들의 동참을 호소하기도 하였다.

그는 비록 부유한 가문에서 태어났고 또 고위직을 영위하였지만 가난한 삶을 영위함으로써 그리스도교적인 가치관을 관철하고자 하였다. 이는 당시 다른 고위 성직자들에게조차 어려운 일이었다. 그는 좋은 남편이자 좋은 가장이었다. 나아가서 그는 좋은 모범이 되는 사회인이었다. 교황 요한 바오로 2세는 다음과 같은 말을 할 정도였다.

> 변함없는 도덕적 고결함, 영민한 정신, 개방적이고 재치 있는 성격, 출중한 학식으로 모든 사람에게 큰 존경을 받고 있던 그는 영국이 정치, 경제 위기를 겪고 있던 1529년에 국왕을 통하여 대법관직에 임명되었습니다. 평신도로서는 처음으로 이 직위에 오른 토머스는 이 어려운 시기를 맞아 국왕과 국가에 봉사하고자 노력하였습니다. 그는 자신의 원칙에 충실하면서, 힘없는 사람들을 희생시켜 자기 이익만 챙기려 하는 사람들의 해악을 막고 정의를 증진하는 데에 온 힘을 기울였습니다. 1532년, 영국 교회를 지배하려는 헨리 8세의 계획을 지지하고 싶지 않았던 그는 대법관직을 사임하였습니다. 그는 공직 생활에서 물러나, 가족들과 함께 가난을 견디었으며, 시련의 때에 거짓 친구들임이 드러난 많은 사람에게 버림을 받았습니다.

그는 결국 국왕 헨리 8세로부터 반역죄 의혹을 받고 런던탑에 갇히게 되었지만 자신이 국왕을 배신하였다고 생각하지는 않았다. 단지 옳지 못한 일에 대해서 동의를 하지 않았던 것일 뿐이다. 사실 그는 헨리 8세의 앤 불린과의 결혼을 막지도 않았다. 단지 자신이 그 동의서에 도장을 찍고자 하지 않았던 것이다. 그는 자신의 양심을 권력에 팔려고 하지 않았다. 런던탑에 갇혀 있으면서도 그는 헨리 8세가 국왕으로서 잘 치세하기를 염원하였다. 그리고 그는 예수 그리스도가 성목요일에 겟세마니 동산에서 고통을 받는 장면을 묵상하면서 『*De Tristitia Christi*』라는 책을 저술하면서 자신의 죽음을 준비하였다.

교황 요한 바오로 2세는 토머스 모어가 왜 정치인들의 수호성인이 되어야 하는지에 대해서 다음과 같은 이유를 들었다.

> 토머스 모어를 정치인과 공직자들의 수호성인으로 선포하는 이유는 많이 있습니다. 그 가운데 하나가 정치계와 행정계에서 느끼는 믿음직한 역할의 모범에 대한 필요성입니다. 힘든 도전과 중대한 책무가 늘어나는 역사적 시기에는 진리의 길을 가리킬 수 있는 본보기가 필요합니다. 오늘날은 실제로 매우 혁신적인 경제 세력이 사회 구조를 재형성하고 있습니다. 다른 한편, 생물 공학 분야의 과학적 성취는 모든 단계의 인간 생명을 수호하여야 할 필요성을 분명히 나타내 줍니다. 반면, 혼란스러워하는 여론에 성공적으로 제시된 새로운 사회에 대한 전망은 가정과 젊은이들, 노인과 소외된 이들을 위한 명확한 정치적 결정을 절박하게 요구합니다.
>
> 이러한 맥락에서 성 토머스 모어의 모범을 살펴본다면 도움이 될 것입니다. 그는 바로 권력이 아니라 정의라는 숭고한 이상에 봉사하려는 의향을 가지고 합법적 권위와 제도에 변함없이 충실하였던 것으로 유명하였습니다. 그의 삶은 우리에게, 정치란 무엇보다도 덕의 실천임을 가르쳐 줍니다. 이러한 엄격한 도덕적 태도를 견지하였던 이 영국 정치인은 공직 활동을 통하여 사람들, 특히 힘없고 가난한 사람들에게 봉사하였습니다. 그는 공평성에 대한 뛰어난 감각으로 사회적 논쟁을 다루었으며, 가정을 옹호하고 수호하는 데에 힘을 다 바쳤고, 또한 젊은이들의 전인 교육을 지지하였습니다. 명예와 부에 대한 철저한 무관심, 청렴하고 기꺼운 겸손, 인간의 본성과 성공의 무상함에 대한 균형 잡힌 이해, 신앙에 뿌리박은 판단에 대한 확신, 이 모든 것은 그에게 역경과 죽음에 직면하여서도 그를 지탱해 준 확신에 찬 내적 힘을 주었습니다. 그의 성덕은 순교로 빛났지만, 하느님과 이웃에 대한 헌신으로 일관된 전 생애에 걸쳐 준비된 것이었습니다.

토머스 모어는 영국 시민이자 대법관이자 동시에 교회의 신자로서 일치된 삶을 영위한 인물인 것이다. 그는 일상의 직업 및 사회생활에서 종교적 가르침을 거룩하게 수행하여 나갔다. 그는 교회를 통하여 수여받은 과업을 수행하였지만 그것은 그와 동시에 국가사회를 위한 정의로운 헌신과 봉사로 드러났다. 그에게서는 자연인 토머스 모어와 거룩한 은총을 받은 토머스 모어가 단 하나의 인격으로 통합되었고 그렇게 실현되었다고 할 수 있다.

참고문헌

프란쯘, 아우구스트 (1982). 교회사, 분도출판사.

한국가톨릭대사전 편찬위원회 (2004). 한국가톨릭대사전 제7권. 한국교회사연구소.

Moss, David (2004). *The saints, in: The Cambridge Companion to Hans Urs von Balthasar*. ed. E. T. Oakes, SJ/D. Moss. 81, Cambridge University Press.

Nichols, M. (1962). trans. and ed., *The Epistles of Erasmus: From His Earlist Letters to His Fifty-First Year*(1901-1918; reprint, New York: Russel and Russel, 1962), 1: 226.

저자약력

서신혜(한양대학교 창의융합교육원 교수)

- 한국학중앙연구원 전임연구원 역임
- 〈한국전통의 돈의 문학사 나눔의 문화사〉, 〈조선인의 유토피아〉 등 다수 저서 집필

신선영(이화여자대학교 독어독문학과 박사과정)

- 독일 브레멘대학/포르투갈 포르투대학 독문학 석사 (에라스무스문두스 석사과정 장학생)
- 이화여자대학교 독어독문학과 학사

윤혜준(연세대학교 영문과 교수)

- 연세대학교 인문학연구원장 역임
- 케임브리지대학교/런던대학교 방문교수

이규성(서강대학교 신학대학원 교수)

- 서강대학교 신학대학원 원장
- 서강대학교 신학연구소 소장

이상헌(건국대학교 건축전문대학원 교수)

- 미국 MIT 건축학 박사
- 건국대 건축대학장 겸 건축전문대학원장 역임

이종수(연세대학교 행정학과 교수)

- 연세대학교 국가관리연구원장
- 정부 자치단체 합동평가단 단장

이준서(이화여자대학교 독어독문학과 교수)

- 독일 알렉산더폰훔볼트재단 중견연구자펠로우십
- 독일 베를린자유대학 박사(독일고등교육진흥원장학생)

이화용(경희대학교 공공대학원 교수)

- 경희대학교 공공대학원 부원장 역임
- 한국정치사상학회 편집위원장 역임

홍기원(프랑스 투르대학교 르네상스고등연구소 방문연구원)

- 스위스 제네바대학교 종교개혁사연구원 초빙연구원(2005)
- 프랑스 낭트학술원 초빙연구원(2014-2015)

유토피아

–낙원에 대한 기억, 혹은 미래에 대한 희망–

2017년 6월 15일 제1판 1쇄 인쇄
2017년 6월 20일 제1판 1쇄 발행

저 자 이 종 수 편
발행인 강 희 일 · 박 은 자

저 자 와 의 협 의 하 에 인지첨부를 생략합니다.

발행처 **다 산 출 판 사**
서울특별시 마포구 용강동 494–85
등 록 1979. 6. 5. 제 3–86 호(윤)
전 화 717–3661~2, 718–1751~2
FAX 716–9945
조판 민 하 디 지 탈 아 트

정가 16,000원 파본은 바꾸어 드립니다.

http://www.dasanbooks.co.kr
ISBN 978-89-7110-545-0 93300